岩波現代文庫

中国（下）

ヘンリー・A.キッシンジャー
Henry A. Kissinger

塚越敏彦・松下文男・横山　司・
岩瀬　彰・中川　潔［訳］

社会 324

岩波書店

ON CHINA

by Henry Kissinger

First published 2011 by The Penguin Press,
an imprint of Penguin Group (USA) Inc., New York.

First Japanese edition published 2012,
this Japanese paperback edition published 2021
by Iwanami Shoten, Publishers, Tokyo
by arrangement with The Wylie Agency (UK), Ltd., London.

目次

キッシンジャー回想録　中国（下）

上巻目次

第10章　擬似同盟関係——毛沢東との会話

中国への秘密訪問によって米中関係は回復した。ニクソン訪中によって戦略的協力関係の時代が始まった。しかし、協力関係の原則はできたものの、その枠組みは依然として未解決だった。上海コミュニケの文言には一種の同盟関係が暗示されていた。中国が自力に頼る政策をとっていたために、文言に書かれた形を実体に結び付けることは難しかった。

同盟関係は、歴史に国際関係が登場して以来、存在し続けてきた。同盟関係が形成されたのは、個々の同盟国の力を結集するためとか、相互援助に義務を付与するためとか、現時点での戦術的動機を超えて抑止的要素を持たせるためとか、多くの理由からだった。米中関係が特別だったのは、パートナーが互いに協調して行動することを公式には義務化しないまま、協調することを求め合ったことだった。

こうした状況は、中国が国際関係をどう認識するかという、そのあり方に由来していた。毛沢東は中国が「立ち上がった」と宣言し、米国に接触を働き掛けたものの、どのような挑戦に直面しようとも、中国の力が不十分だとは決して認めなかった。毛はまた、国益にとって必要な範囲を超えて支援を与えるような抽象的な義務は、それがいかなる場合に生じようが、受け入れようとはしなかった。毛が指導者になった初期の段階では、中国は一カ国とだけ同盟関係を結んでいた。すなわち中華人民共和国の初期にソ連と同盟を結んだが、その頃、中国は国際的立場の確立に向けて手探り状態にあって、支援を必要としていた。中国は一九六一年に北朝鮮と友好協力相互援助条約を結んだ。その条文には、外部からの攻撃に対する相互防衛の条項が含まれていて、現在も依然として有効である。しかし中国の歴史からみれば当然ながら、その条項は朝貢関係という意味合いを持っていた。北京は北朝鮮に保護を提供し、北朝鮮と相互に依存するという関係ではなかった。ソ連との同盟関係が初めから不安定だった主な原因は、毛が従属を暗示するものですら受け入れなかったからである。

ニクソンの中国訪問の後、米中間には文書化された公式の相互保証という形をとらずに、パートナーシップが出現した。それは非公式合意に基づく戦術的同盟ですらなかった。一種の擬似同盟であり、一九七三年二月と一一月の毛沢東との会話、ならびに一九七三年の十数時間続いた周恩来との長い会談での了解から生まれた。その後、中国は、もはやニクソン大統領の訪問前のように、米軍事力の展開を制約ないしは阻止しようとすることはなかった。その代わり中国の公然たる目標は、明確な戦略構想に基づき、「北極熊」［ソ連のことを指す］とのバランスをとる重りとして、米国の協力を求めることになった。

米中が並んで進むというこの並行論は、中国と米国の指導者が、とりわけソ連に対して地政学上の共通目標を持つことができるか否かにかかっていた。米国の指導者は中国の指導者から、ソ連の意図について個人的なセミナーを受けていた。中国側はこの問題はあまりにも重大なので、いつものように巧妙に方向性を示さないでおくことはできないとでもいうように、しばしば無機質でぶっきらぼうな言葉を使って説明した。これに対し米国は、戦略構想について広範な説明で応えた。

米中に新たな関係が樹立された初期には、中国側指導者はときどき米帝国主義に対してイデオロギーの「大砲」を撃つことを続けたが、その一部はこれまでによく繰り返されたレトリックだった。しかし中国側は非公式には、米当局者はどちらかといえば、あまりにも外交政策に拘束されすぎていると批判した。事実、一九七〇年代を通じて中国は、米政府がソ連の意図に対して、米国民や議会の大多数が望むよりも、もっと強固に対抗することを望んでいた。

「横線」――ソ連封じ込めに対する中国の対応

この構想に関して、長年、欠如していたものは毛沢東の正式承認だった。彼はニクソンとの会談で全般的な方向性は称賛したものの、戦略ないしは戦術のどちらについても、議論することを明確に拒否した。その理由は、上海コミュニケがどうなるか、依然として決まっていなかったからかもしれない。

毛沢東は二回にわたる私との会談でこの溝を埋めた。最初の会談は一九七三年二月一七日で午後一一時三〇分から翌日午前一時二〇分まで続いた。二回目は一九七三年一一月一二日で午後五時四〇分から同八時二五分までだった。会談の背景にあった出来事が、彼らの考えを説明している。最初の会談が行われたのは、北ベトナムの首席代表のレ・ドク・トと私が、ベトナム戦争終結のパリ和平協定に調印してから一カ月足らずの時だった。この協定によって、中国は北ベトナムに対して共産主義の連帯を示すための努力を新たにする必要がなくなった。二回目の会談は、一九七三年のアラブ・イスラエル戦争［第四次中東戦争を指す］で米国が決定的役割を果たし、その結果としてアラブ側、とりわけエジプトが、ソ連依存から米国依存に転換し始めた後に開催された。

どちらの会談でも毛沢東は集まったメディア関係者の前で、米中関係を温かく称賛した。二月に彼は、米国と中国はかつては「二つの敵国」であったが、「われわれは今、両国間の関係を友好関係と呼ぶ」と語った。(1) 新しい関係を友好関係と宣言することによって、毛は米中関係に運用上の定義付けをする段階へと進めた。たとえ話のように話すことが好きだった毛は、われわれがほとんど懸念していなかった問題、すなわち中国訪問中の米当局者に対する中国側の諜報活動の問題を選んだ。それは相互に実施することを求めはしなかったが、一種のパートナーシップを間接的に宣言する方法であった。

しかし、偽りの言葉を話したり、策略を巡らせたりしないことにしよう。われわれはあなた方の文書類を盗まない。あなた方はわざと文書類をどこかに置いて、われわれを試してもいい。われわれは傍受や盗聴もしない。こんなつまらない策略は無駄なことだ。大きな策略も無駄なことだ。この話は、あなた方の特派員のエドガー・スノー氏に言った。……わが国には情報機関があるが、彼らについても同じだ。彼らはうまく機能していない(周首相が笑う)。例えば、彼らは林彪について知らなかった(周首相が笑う)。それから、彼らはあなた方が訪問したがっていることも知らなかった。[2]

中国と米国が互いに相手方の情報収集をやめる見込みは、まずなかった。もし米国と中国の関係が本当に新しい時代に入ったのならば、互いに隠し事はせず、双方の考え方を突き合わせることが重要だった。しかし、両国関係の出発点から、双方の情報機関の活動制限に着手することは、あり得なかった。毛主席は隠し事をしないだけでなく、自分が足をすくわれることもないと伝えていた。これは毛が一一月の会談でも示した点だった。会話の前置きとして、彼はユーモアと軽蔑、それに戦略を交えながら、自分が一万年におよぶソ連とのイデオロギー闘争を遂行するとの公約を、どのようにして修正したかを詳述した。

毛　彼らはルーマニアの(共産党指導者ニコラエ・)チャウシェスクを通じて和平を試み、イデオロギー分野での闘争を継続しないように、われわれを説得しようとした。

キッシンジャー　彼がここに来たのを覚えています。

毛/周　それはかなり前のことだ。

周　(英語で)彼はその時、初めて中国に来たのです。

毛　それから次には(ソ連首相のアレクセイ・)コスイギンが来たが、それは一九六〇年のことだった。われわれは彼に、一万年にわたって彼と闘争するつもりだと宣言した(笑い)。

通訳　主席は一万年の闘争について話しました。

毛　この時、私はコスイギンに譲歩した。私は当初、この闘争が一万年続くと宣言したと言った。コスイギンが個人的に私に会いに来たことを考慮して、私はそれを一〇〇〇年に短縮した（笑い）。私がいかに寛容であるか、分かるだろう。私が譲歩したので、それは一〇〇〇年になった(3)。

基本的なメッセージは同じだった。可能ならば協力し、一切の策略はしないということだった。考えられるあらゆる種類の紛争をくぐり抜けてきたこの老練家をだますことは不可能だった。より深い意味では、もし和解ができなければ、中国は執拗で恐ろしい敵になるという警告でもあった。

一年前にニクソンと会談した際、毛沢東は台湾について実質的に一切触れなかった。毛は脅威のあらゆる要因を取り除くために、米中関係全体から台湾問題を明確に切り離したのだった。「われわれと米国の関係をめぐる問題は、われわれと台湾の関係をめぐる問題から切り離されるべきである」。日本が実施したように（非公式の社会・経済関係を維持しながら）、米国も「台湾との外交関係を断絶すべきである」。「そうすれば、われわれ両国は外交関係の問題を解消することが可能となる」と毛は提案した。しかし、北京と台湾の関係に関する問題については、毛は「それは非常に複雑である。私は平和的な移行を信じていない」と警告した。毛は姫鵬飛外相に向かって「君は信じるか」と尋ねた。部屋にいた他の中国人とさらに話した後、毛は自らの主要な論点を明らかにした。それは時間的なプレッシャーはまったくないということだった。

毛　彼らは反革命分子の一団だ。彼らがわれわれと協力できるわけがない。われわれは当面、台湾なしでもやっていけるし、一〇〇年後にそれを取り扱おうではないかと言っている。この世界の物事をそのように性急に捉えるべきではない。そんなに大急ぎでやる必要がどこにあるのか。一千数百万人が住む島にすぎないじゃないか。

周　人口は一六〇〇万人です。

毛　あなた方との関係について、私は一〇〇年はかからないと思う。

キッシンジャー　そうあってほしい。私はもっと早く達成すべきと思います。

毛　しかし、それはあなた方が決めることだ。われわれがせかすことはない。あなた方が必要と思えば、われわれはそうする。あなた方が今できないと思うなら、われわれは後日に延期できる。

……

キッシンジャー　それは必要かどうかの問題ではありません。それは実行できるか否かの問題です。

毛　同じことだ(笑い)。[4]

毛沢東の典型的な逆説的な話し方の中に、同じように重要な論点が二つあった。一つは、北京は台湾に対する武力行使の選択肢を放棄しないということ。それは当然ながら、いつの日にか武力を行使するつもりということだった。二つ目は、少なくとも当面は、毛はこの武力行使の日を先延ばしするつもりだということだった。実際に彼は、一〇〇年間待ってもよいと口にした。気さくな会話は、主要テーマへの道を開くためのものだった。主要テーマとは、ソ連体制はその拡張を阻止されれば国内の緊張が高まり、その結果として崩壊するというジョージ・ケナン［一九〇四―二〇〇五、米国の外交官、政治学者。冷戦時代の外交政策を策定］が提唱した封じ込め理論を、軍事的に適用することだった。(5) ケナンはこの原則を主に外交および国内政策に適用したが、毛は行使できるあらゆる圧力をかけて直接対決しようと主張した。

毛沢東が私に語ったところでは、ソ連は世界的に脅威を与えており、世界中で抵抗することが必要である。他の国家がどうであれ、中国はたとえ自国の軍隊がゲリラ戦を戦うために国の内陸部に撤退しなければならなくなったとしても、攻撃には反撃する。ソ連が抱える長期的な弱点によってこの闘争の勝敗は決しているが、米国や他の同じ考えを持つ国家と協力すれば、勝利を早めることになる。中国は支援を求めないし、他国との協力において、条件付きの協力をすることもない。しかし中国には、特に米国との並行戦略を採用する用意はあった。その絆は共通の信念であって、公式の義務ではなかった。毛は次いで、ソ連の野望は自らの能力を超えており、世界中でソ連を封じ込めるという政策は必ず勝利するだろうと指摘した。

毛　彼らはあまりにも多くの敵を相手にしなければならない。太平洋を相手にしなければならないし、日本を相手にしなければならない。彼らは中国も相手にしなければならない。かなり多数の国から成る南アジアも相手にしなければならない。それなのに、彼らには今、一〇〇万の兵力しかない。これは自らを防衛するためにさえ十分ではなく、ましてや攻撃の兵力としては少ない。しかし、あなた方がまず彼らを招き入れなければ、彼らは攻撃できない。まず、彼らに中東と欧州を与えれば、彼らは東方に兵力を展開できる。そうなれば一〇〇万を超える兵力をそれに割くことになる。

キッシンジャー　そうはならないでしょう。欧州と日本、米国が団結すれば――実際わが方は、主席が前回、私と会談で話されたことを中東で実行しているのですが――中国に攻撃を仕掛ける危険性は極めて低くなるという点で、主席に同意します。

毛　わが方もまた、彼らの部隊の一部を引き付けており、これは欧州および中東であなた方にとって有利となっている。例えば、彼らは外モンゴルに部隊を駐留させているが、これはフルシチョフ時代にはあり得なかったことだ。あの時点では彼らはまだ、外モンゴルに部隊を駐留させていなかった。なぜなら珍宝島事件はフルシチョフ以後に起きたからだ。あれはブレジネフ時代に起きた。

キッシンジャー　一九六九年でした。だから西欧と中国、米国がこの時期に協調路線を追求しているのは重要なのです。

毛　そうだ⑥。

毛沢東が実行するように勧めた協力は、アジア問題に限ったものではなかった。皮肉など一切なく、毛はソ連という、中国の宣伝機関がずっと強く反対してきた、まさに「帝国主義的侵略」そのものに対抗するため、米軍が中東に関与するよう勧めた。一九七三年のアラブ・イスラエル戦争の直後に、サダム・フセインがモスクワを訪問したことで、毛はイラクに注目し、世界戦略の一環として示した。

毛　今ここに重大な問題がある。それはイラク、バグダッドの問題である。われわれはあなた方が、この地域で何かできることがあるのかどうか分からない。わが方にとっては、何かやれる可能性はあまり大きくはない。

周　それを実行するのはかなり困難です。イラクと接触するのは可能ですが、彼らの方向性を変えるには時間がかかります。イラクが自らの方向性に悩んだ末に、それを変えることはあり得ます。(7)

周恩来が示唆したのは、エジプトがたどったのと同様に、イラクにとってソ連への依存は非常に高くつくので、イラク自身が方向性を変えざるを得なくなるような協調政策が必要だという点だった(それはソ連の同盟国が、中国と同じように、ソ連の尊大なやり方に飽き飽きしているという憎まれ口でもあったようだ)。このように毛沢東は、中東のさまざまな国について、ほとんど一国ずつ、その強みと弱みを論評した。彼はソ連の拡張を食い止める防波堤として、トルコ、イラン、パキスタンの重要性を強調した。イラクに加えて、彼は南イエメン(8)にも懸念を示した。毛は米国に、インド洋で勢力を増強して欲しいと要請した。彼は典型的な冷戦の闘士だった。米国の保守派なら、きっと彼を支持したことだろう。

日本は毛沢東の協調戦略において、主要な構成要素になることになっていた。一九七一年の秘密会談で、中国の指導者は日米が手を結んでいるとの見方に、依然、かなり疑念を抱いていることを表明した。周恩来は日本に気を付けろと警告した。日本が経済復興し米国に挑戦する立場になれば、既存の友好関係は弱まると指摘した。一九七一年一〇月に周は、日本は「翼の羽が厚くなり、今にも飛び立とうとしている」と強調した(9)。私は、日本が米国と同盟関係を結ぶなどといったことをせず、国際秩序に取り込まれないまま孤立すれば、よりいっそう難しいことになると答え、ニクソンも自らが訪問した際にその点について詳細に説明した。一九七三年一一月のわれわれとの会談で、毛は米側の見解を了承した。彼はその時点で、日本により注意を払い、日本の指導者との親交を深めるため、より多くの時間を割くように私に要請した。

毛　日本について話したい。今回あなたは日本を訪問し、数日滞在する予定だね。

キッシンジャー　主席は日本のことではいつも私をしかります。私は主席の言うことを真剣に受け止め、今回は二日半滞在します。主席の言うことはまったく正しい。日本が孤立し取り残されたと感じないことが極めて重要です。日本が何か画策したいと思うような衝動を、われわれはあまり起こさせるべきではありません。

毛　すなわち、彼ら[日本]をソ連側に追いやらないということだ(10)。

米国と中国との国際的な協調はどのように実行されるのだろうか。毛沢東は両国が自らの国益について明確な概念を練り上げ、それぞれの必要性に基づいて協力することを提案した。

毛　われわれはまた、(自らの手で指し示しながら)あなたの大統領がここに座って語ったことを、同じ状況で話している。それは、米中双方にはそれぞれ自分たちの方法があり、自分たちが必要だから行動したということである。その結果、両国は手に手をとって行動することになった。

キッシンジャー　その通りです。われわれは同じ危険に直面しています。目標は同じでも、時には異なった方法をとるべきかもしれません。

毛　それでいい。目標が同じである限り、わが方はあなた方に危害をもたらさないし、あなた方もわれわれに危害をもたらさない。われわれは協力し、一緒になってろくでなしの相手をすることができる(笑い)。実際のところ、しばらくの間は、われわれはあなた方を時には批判したくなるし、あなた方もわれわれを批判したくなるだろう。あなたの大統領が言ったように、それはイデオロギーの影響だ。あなた方は共産主義者を追い払えと言うだろうし、われわれは帝国主義者を追い払えと言う。時には、われわれはそんなことも言う。そうしないと、うまくいかない(11)。

言い換えれば、米中両国は、ソ連の脅威に対して必要な協力を妨げない限りにおいて、国内での必要性に応じて、イデオロギー的なスローガンを使って、自らを武装できることになった。イデオロギーは国内運営のために使うものに格下げされ、外交政策とは無縁になった。当然のことながら、イデオロギー上の停戦は、共通の目標が存在している限りにおいてのみ有効だった。

毛沢東は政策を実行するうえで、現実主義者であり得た。現実主義的考えから、彼は常に、何らかのすべてに優先する原則を求めていた。半世紀にわたってイデオロギー運動のリーダーだった毛は、突然、正真正銘の現実主義者に変身したわけではなかった。ケナンの封じ込め理論は、主に欧州や大西洋地域の関係に当てはまるものだった。毛の理論は世界に当てはまるものだった。毛の考えでは、ソ連拡張主義の脅威を受けている国々は「横線を引くべきである」[12]。すなわち米国―日本―パキスタン―イラン……トルコ、欧州へと結ぶ横線である（イラクが初期の対話に登場したのは、このためだった）。毛は一九七三年二月に自分の考えを私に提示し、いかにしてこの集団がソ連と戦うべきかについて説明した。その後、彼はこの考えについて、対ソ前線に沿った国々で構成される「大きな領域」の観点から、日本の外相と議論した[13]。

われわれはこの分析の論旨には同意した。しかし、協力してソ連にどう対抗するかをめぐって、中国と米国の国内体制の違いが、それを乗り越えようとする努力にもかかわらず、再浮上してきた。政治体制の異なる二つの国が、一体どのようにして、同じ政策を実行に移すのか。毛沢東にとっては、考え方とそれを実行することは、同じだった。米国では、ウォーターゲート・スキャンダルがニクソン大統領の権威を危うくしており、米国民および同盟国の間で好意的な世論を形成するのは難しかった。

ソ連に対抗して横線を堅持する戦略には、国際情勢に関する中国の冷静な分析が色濃く出ていた。そうした戦略が必要なことが、戦略自体を正当化するものだった。しかしその戦略には、主として国益に基づいた政策に特有の曖昧さがあった。個々の案件について、同盟国がすべて同じ判断を持続できるかどうかは、各国の能力にかかっていた。米国、中国、日本、欧州の連合はソ連に勝利しなければならなかった。しかし、こうした仲間の一部が異なった判断をした場合、特に公式の義務が決められていない場合には、どうなるのだろうか。中国が恐れるように、仲間の一部が、均衡を保つ最善策はソ連と対峙するのではなく、米国か欧州か日本がソ連と調停を図ることだと結論付けたら、どうなるのだろうか。三極関係を構成する国の一つが、三極関係を安定化させるのではなく、三極関係の性格を変更するチャンスだと考えたら、どうなるのだろうか。要するに、他の仲間の国々が、超然とした自立政策という中国の原則を自分たちにも適用したら、どうなるのだろうか。かくして、中国と米国の指導者は、最も偉大な協力関係を締結するという時になって、擬似同盟を構成するさまざまな国々が、その同盟を自分たちの利己的な目的のために役立てようという誘惑に駆られる可能性について、議論する羽目になった。中国の指導者たちは、自力依存という考え方をしていたために、仲間の国が喜んで中国と同じリスクを冒すことが信じられないという、矛盾した結果を招くことになった。

矛盾についての専門家である毛沢東は、横線を引くという考え方を適用する際に、不可避的に一連の矛盾に直面した。その一つは、この概念が中国の自力依存という考え方と両立することが難しかったことである。他国との協力は、それぞれの独立した分析を持ち寄ることに依拠している。分析結果のすべてが中国の分析と一致すれば、問題はなかった。しかし、仲間の国との間で不一致が生じた場合には、中国は独特の疑念を抱き、それが大きくなって克服するのが難しくなる。

横線という概念は、西側の集団安全保障の概念を、さらに強化したものを意味していた。しかし、現実には集団安全保障は、最も緻密な地政学的政策を持つ国家の信念に基づいてではなく、最も共通性の少ない因子に基づいて、運用されがちなのである。これは米国主導の同盟関係において、米国がまさに体験してきたことである。

毛沢東にとって、世界のあらゆる安全保障制度につきもののこうした困難が、さらに事態を悪くした。というのは、［中国が］米国と関係改善をしても、毛が当初計算していたようには、米ソ関係に衝撃を与えなかったからである。毛が米国に関係改善を働き掛けたのは、米ソの食い違いが究極的には、二つの核保有超大国の間での実質的な妥協を防ぐことになるとの信念に基づいていた。ある意味で、これは一九三〇年代および四〇年代の共産主義の「統一戦線」戦略を適用したものである。この点は、ニクソン訪中後に広まった「矛盾を利用し、敵を一つ一つ撃退する」というスローガンの中で示されている。毛は、米国が中国と正常化することによってソ連が疑念を増幅させ、米国とソ連との緊張が高まると想定していた。しかし米中関係は正常化したが、米ソ対立は激化しなかった。中国との関係改善の後、ソ連は米国の歓心を得ようと努め始めた。核保有超大国同士の接触が増加した。米国は中国を国際秩序にとって不可欠な国家と見なし、中国が脅威を受ければ中国を支援すると明確に伝えていたが、これとは別の戦略的選択肢も持っていた。そのことだけでも、老練革命家の戦略的本能を逆なでしたのだった。

毛沢東が横線の概念を検討し始めるにつれて問題となったのは、もし軍事力の推計によってすべての行動が決まるならば、中国は相対的に軍事力が弱いために、少なくともしばらくの間は、米国の支援に一定程度は依存しなければならないということだった。

このため、米中協力に関する対話のあらゆる段階で、毛沢東と他の中国指導者は作戦行動の自由と自尊心とを守るための提案を主張した。中国は保護を必要としないとか、中国は予見可能なすべての危機に対処でき、必要とあれば単独でも可能だと主張した。彼らは集団安全保障の文言を使用したものの、その内容を規定する権利を留保した。

一九七三年に行った毛沢東との何回かの会話で、彼はあらゆる形の圧力、特に核の圧力に中国が動じないことを、努めて伝えようとした。彼は二月に、核戦争で三〇歳以上のすべての中国国民が殺害されても、［方言の多い］中国の言語が統一されることになるので長期的には中国に恩恵になる可能性がある、と言った。「もしソ連が爆弾を投下し三〇歳以上の中国人を皆殺しにすれば、われわれにとって(中国には方言が多数あるという複雑性の)問題が解決されることになる。私のような老人は(標準)中国語を学ぶことはできないのだから」[14]。

侵略者をおびき出し、敵意を抱く人民に取り囲まれるというワナに落とすため、自分たちが中国の奥地のどこまで撤退するかについて、毛沢東が詳細を説明した時、私は「しかし、侵略者が爆弾を使用し軍隊を派遣しなかったら、どうするのですか」と尋ねた。毛は「どうすべきだろうか。あるいは、あなたはこの問題を研究するための委員会を組織してみればいい。彼らにわれわれを打ちのめさせたら、彼らはすべての資源を失うことになる」と答えた[15]。

中国人が行動している間も、米国人は研究にふける傾向にあるという当てこすりを言うことによって、毛は、たとえ横線理論を提唱していても、擬似同盟関係が失敗した場合に備えて、中国は自力でやっていく準備をいかに整えているかについて、ドラマティックで詳細な考えを持っていることを示したのだった。毛と周恩来(その後は鄧小平)は、中国が「トンネルを掘って」おり、「ライフル銃と雑穀」だけで数十年間生き残る態勢ができていると強調した。この大言壮語はある意味で、中国の脆弱性を隠すことを狙った可能性があるが、それは同時に、中国が世界戦争という現実の悪夢にいかに対抗するかについて、真剣に分析していることを反映していた。

毛沢東が、中国には核戦争を生き残る能力のあることを、時には――中国人があまりにも多すぎて核兵器でも殺せないなどと――陽気なユーモアを交えながら繰り返し語ったことは、一部の西側のオブザーバーの間では錯乱の兆候と見なされた。しかし、ある意味では、こうした発言は核戦争の脅威をかきたてることで、西側の決意を弱める結果を生んだとも言える。

しかし、毛沢東が本当に懸念したのは自分たちに、米国をはじめとする西側諸国が安全保障概念の基礎にしている理論を適用されることだった。相互確証破壊による抑止という有力な理論は、一定の比率で全面破壊をもたらすという能力に依存していた。敵側も同等の能力を保有しているとの推定に立っていた。いかにすればグローバルな自殺行為の脅しが、単なるこけ脅しと化してしまうことを阻止できるのか。毛は、米国が相互確証破壊に依存するのは、その他の軍事力に信頼を置いていないことの反映だと解釈した。この点は一九七五年の会談でテーマとなり、毛は冷戦下の核ジレンマというわれわれの急所を突いてきた。「あなた方は核兵器を信頼し、信じている。しかしあなた方は自らの軍隊を信頼していない[16]」。

核の脅威にさらされながら、当面、適切な報復手段を欠いていた中国はどうするのか。毛沢東の答えは、中国は歴史的な手腕と聖書にあるような忍耐力によって、物語を新たに紡ぎ始めるだろうというものだった。たとえ何億人もの犠牲者を出し、大半の都市が破壊ないしは占領されようとも、中国は勝利するという意欲によって、信頼のできる安全保障政策を実現できるとは、他のどの国も想像できなかった。こうした考えの隔たりだけでも、安全保障に関する西側と中国の違いは明確だった。中国の歴史は、他国では想像もつかない荒廃を克服し、最後には、自称征服者に中国の文化ないしは広大さを押し付けることによって勝利するという能力を、実証してきた。自国民と文化に対する信頼は、毛が国民の日常行動に時折示す否定的な考え方の裏面でもあった。その信頼とは、ただ単に中国人は人数が多いというだけではなく、不屈の文化と人々の団結に対するものだった。

しかし国民に対して、より同調的で物わかりのいい西側の指導者たちには、そうした断固としたやり方で国民を差し出す覚悟はなかった(しかし、彼らは戦略理論を通じて間接的にはそうしていた)。彼らにとって核戦争は、行使できる最後の手段であり、通常の作戦手順ではあり得なかった。

米国側も、脅迫観念とも言える中国の自力依存を、必ずしも完全には理解していなかった。米国は安心を与えるという儀礼的な手段で欧州との関係を強化することに慣れており、同じような発言が中国の指導者にどんな影響を与えるかを、必ずしも正確には理解していなかった。ニクソン訪問で米側先遣チームを率いたアレクサンダー・ヘイグ大佐は一九七二年一月、周恩来と会談し、ニクソン政権は中国を囲い込むソ連の取り組みに抵抗すると述べたが、その際に用いた囲い込みという言葉は標準的な北大西洋条約機構（NATO）の用語だった。毛沢東の反応は強烈なものだった。「中国を囲い込むだと。私が自分を救い出してもらうために彼ら［米国］を必要としている、どうしてそんなことがあり得るのか。……彼らが私のことを心配してくれるだと。それは「ネコが死んだネズミを嘆く」のと同じだ(17)」。

一九七三年一一月の訪問の最後に、私は偶発戦争のリスクを軽減する合意の一環として、ワシントンと北京間にホットラインを設置するよう周恩来に提案した。私の目的は、中国に軍縮交渉プロセスに加わる機会を提供することによって、軍縮交渉は中国を孤立させる米ソ共同の企みの一環であるとの中国側の疑念に、配慮を示すことだった。毛沢東はそれについて異なった見方をした。「誰かがわれわれに傘を貸したがっている。われわれはそれ、すなわち核の傘の保護を必要としていない(18)」。

中国は核兵器に関して、われわれと戦略的見方を共有していなかったし、ましてや集団安全保障ドクトリンの考え方は共有していなかった。中国は周辺国を分断するために、伝統的な「以夷制夷」の原理を用いていた。中国にとっての歴史的な悪夢とは、夷狄が中国の意のままに「利用される」ことを拒否して団結し、その後、優勢となった軍事力を使って中国を完全に征服するか分割された領土にすることだった。中国の観点から見ると、その悪夢は決して完全に解消されてはおらず、中国はソ連、インドとの対立関係を抱え、米国に対する疑念を保ったままだった。

ソ連に対する基本的なアプローチは、中国と米国で異なっていた。中国は妥協なき対立姿勢を好んだ。米国は国際均衡への脅威に抵抗する点では、同様に妥協しなかった。しかし、われわれはその他の問題での関係改善の見通しについては、虚心であるべきだと主張した。米国が中国と関係改善したことは、モスクワに衝撃を与えた。われわれが改善に着手したのは、衝撃を与えることが一つの目的でもあった。実際、秘密訪問に向けた準備段階の数カ月の間、われわれは同時に、ニクソンとブレジネフとの首脳会談の可能性を探った。北京での首脳会談が先行したのは、ソ連がモスクワ訪問を条件付きにしようと試みたのが大きな原因であり、ソ連はニクソンの北京訪問が発表されるとその戦術を直ちに放棄した。中国も当然ながら、北京とモスクワが接近するよりも、米国がモスクワと北京により接近していることを承知していた。そのため中国の指導者は緊張緩和について辛辣な論評を加えた。

米中関係が最もよくなった時でさえ、毛沢東と周恩来はしばしば、米国が戦略的柔軟性を行使する可能性について懸念を表明した。米国の意図は「中国の肩に乗ってソ連に働きかける」(19) ことなのか。「反覇権主義」という米国の公約は策略ではないのか。中国がガードを下げれば、米国とソ連は共謀して中国を破壊するのではないか。西側は中国をだましているのではないか。さもなければ西側が自らを欺いているのではないか。いずれにしても、実際の結果では「ソ連の邪悪な水」が東に向かい、中国に到達する可能性があった。このことが一九七三年二月に周が語ったテーマだった。

周　おそらく彼ら（欧州人）はソ連の邪悪な水を反対の方向、すなわち東側に向かわせたいのでしょう。

キッシンジャー　ソ連が東にであろうが西にであろうが、攻撃を仕掛けるならば、米国にとっては同等に危険でしょう。ソ連が東に攻撃をかければ、米国はなんの利益も得られない。実際、ソ連が攻撃をかけるならば、われわれは国民の支持が得られるので、ソ連が西を攻撃する方が都合がよいのです。

周　その通りです。だからわれわれは西欧がソ連を東方に押したいと望むのは、幻想であると確信しています[20]。

毛沢東はこれまでも最終的な結論によく思い付きを持ち込んできたが、時には、自分が実行するかもしれないような弁証法的戦略を、米国の戦略として表現してみせた。米国はベトナムの教訓を適用することによって、共産主義の問題をきっぱりと解決できると考えているようだ、と毛は論じた。それは、地域戦争に関与したことによって、参戦した大国が疲弊したという教訓だった。その解釈によれば、横線理論、ないしは集団安全保障に関する西側の概念は、中国にとってワナになりかねない。

毛　ベトナムで行き詰まったために、あなた方は多くの困難に直面したが、彼ら（ソ連）が中国で行き詰まれば、彼らは気分がよいと感じると思うか。

キッシンジャー　ソ連ですか。

唐聞生　ソ連です。

毛　あなた方は彼らを中国で、半年、一年、二年、三年、四年と身動きできなくすることが可能だ。その上で、あなた方はソ連の背中をつくことができる。そして、その時のあなた方のスローガンは平和に向けたもの、すなわち平和のために社会帝国主義者を打倒しなければならない、というものになるだろう。それからあなた方は彼らの仕事を支援し始め、中国に対抗するために、あなた［ソ連］が必要なものは何でも支援します、ということになる。

キッシンジャー　主席、われわれが互いの動機を理解するのは本当に重要です。私たちが中国への攻撃に故意に協力することは決してありません。

毛　（通訳を通じて）いや、そうではない。それを実行するあなた方の目標は、ソ連を打倒することにある。[21]

毛沢東の発言は的を射ていた。それは米国にとって理論上は、実行可能な戦略だった。欠如していたのは、指導者にそうした着想はなく、国民がそれを支持することがなかったことだけだった。そうした抽象的なずるいやり方は米国では通用するものではなく、また望ましいことでもなかった。米国の外交政策が武力外交だけに基づくことは決してあり得ない。ニクソン政権は中国の安全保障の重要性について真剣に考えていた。実際には、米国と中国は多くの情報を交換し、多数の分野で協力した。しかし、米国は自国の安全保障構築の戦術を決める権利を、どんなに重要であろうが、他国に委ねることは決してなかった。

ウォーターゲート事件の衝撃

米国と中国の戦術的思考が一致しようとしている時、ウォーターゲート危機によって地政学的な課題を管理する米側の能力が弱まり、米中関係の進展を頓挫させる恐れが出てきた。中国との正常化に着手した大統領の破滅は、中国にとって理解不可能な事態だった。一九七四年八月八日のニクソン辞任、そしてジェラルド・フォード副大統領の大統領就任によって、実践主義的な外交政策に対する議会の支持は、続いて行われた一九七四年一一月の議会選挙の中で消え失せた。軍事予算が議論を呼ぶようになった。禁輸措置が重要な同盟国の一つ（トルコ）に発動された。インテリジェンス・コミュニティ［情報機関］に対する公開捜査が二つの議会委員会によって開始され（上院がチャーチ委員会、下院がパイク委員会）、機密のインテリジェンス情報が公にさらされた。途上国でのソ連の冒険主義を食い止める米国の能力は、戦争権限法の通過によって制限された。米国では、選挙の洗礼を受けていない大統領が敵対する議会に直面し、国内は麻痺状態に落ち込んでいった。この状況はソ連にとってチャンスをつくり出したが、中国の指導者の一部はまず、これがわれわれの企みだと思いたがった。一九七五年の初め、米議会がカンボジアに連立政権を樹立する米中共同の取り組みの阻止に動いたことは、ソ連による中国包囲を目の前にしているにもかかわらず弱みを露呈した、と北京では解釈された(22)。そうした雰囲気の中、中国の見方では、緊張緩和政策は、外交的進展の現実ではなく幻想をつくり出すという、毛沢東がシャドーボクシングと呼んだものに転換する恐れがあった。中国の指導者は緩和政策の危険性について、米国人(そしてその他多くの西側指導者)に説教した。ヘルシンキで開かれた全欧安保協力会議[一九七五年夏に開かれ、安全保障に関するヘルシンキ宣言を採択]は、安定と平和の幻想をつくり出すという理由で、中国が批判を浴びせる格好の的となった。[23]

擬似同盟関係は、世界の安全保障には米国の貢献が不可欠と中国が確信していたことに基づいている。中国はソ連の拡張主義に対抗する防壁としてワシントンに期待し、関係を樹立した。今や毛沢東も周恩来も、米国が弱体化しているように見えるのは、実は、ソ連と中国を対立させて、両国を破壊するための戦争に引き込むことを狙う深遠なゲームであるとほのめかし始めた。次第に中国は、米国を裏切りよりも悪い、無力だと非難するようになった。これが一九七三年末の時点で、中国国内の苦悩が米国のそれに類似し始めた時に起きた状況だった。

第11章　毛沢東時代の終焉

中国の外交革命のあらゆる段階で、毛沢東は中国中心の現実主義と革命への情熱とのはざまで悩んだ。彼は必要な選択を行い、決して満足してではなかったが、冷血さをもって現実主義を選んだ。われわれが一九七二年に毛と初めて会った時、彼はすでに病気で、自称無神論者としての皮肉も込めて「神の招待」を受けたことを話した。彼は共産党をも含めた中国の制度の大半を破壊ないしは根本的に改革し、ますます個人的威望と対立派閥を操ることに頼って統治していた。今や、彼の支配は終わりに近づいており、毛の政権掌握力と操縦力の両方が消滅しつつあった。林彪事件の危機によって、毛の後継者とされた人物は葬り去られた。毛に認められた後継者がない以上、毛沢東後の中国の見取り図はなかった。

後継問題の危機

新しい後継者を選ぶ代わりに、毛沢東は彼の両面性［現実主義と革命への情熱］を制度化しようとした。彼は、自分が抱く中国の命運についてのビジョンの二側面から当局者を昇格させたため、極めて複雑な一連の政治対立を中国に残した。独特の複雑なやり方で、彼はそれぞれの陣営を育成し、その後それぞれを競争させた。終始それぞれの派閥内部で「矛盾」を煽り(周恩来と鄧小平の間のように)、誰かが有力になって、毛自身の権威に匹敵する権威を備えて浮上してこないように手を打った。一方では、周とその後は鄧によって率いられた現実主義的統治者の陣営が、他方では、江青と上海を拠点とした急進派の彼女の派閥(毛はその後、「四人組」と愚弄するレッテルを貼った)が立ち上がった。四人組は毛沢東思想を文字通り適用することを主張した。この中間にあったのが、毛の直近の後継者となる華国鋒(彼の短い経歴は次の章で扱う)で、毛が残した「矛盾」を克服するというとてつもない役割(後には管理不可能となった)を担わされた。

この二つの主要派閥は文化、政治、経済政策、権力の特典について、おびただしい論争を繰り広げた。要するに、その論争は国家をどのように運営していくかということだった。しかし、論争の背後にある本質的な意味は、一九世紀と二〇世紀初頭の中国人の心を最もとらえてきた哲学的問題に関わるものだった。それは、外部世界と中国との関係をどのように規定し、外国人から学ぶことがもしあるとするなら、何を学ぶことができるかという点だった。

四人組は内向きになるべきだと主張した。彼らは、(外国、「修正主義者」、ブルジョア、伝統主義者、資本主義者、潜在的な反党分子と見なされるあらゆるものを含む)容疑者から影響を受けた中国文化と政治を純化させ、中国の革命闘争の倫理と急進的な平等主義を再び活発化させるとともに、毛沢東に対する絶対的な宗教的信仰に沿って、社会生活を再構築しようとした。

毛の妻で元女優の江青は、伝統的な京劇を改革し先鋭化させることや、革命的バレエの育成を手掛けた。こうしたバレエには、一九七二年にニクソン大統領のために実演され、米国代表団の皆を退屈させた「紅色娘子軍」もあった。

林彪が失脚した後も、江青ら四人組は生き残った。彼らの支配下にあったイデオローグは中国の報道機関、大学、文化活動領域の大半を支配しており、その影響力を行使して、周恩来、鄧小平、さらには中国が「修正主義」に向かっていると非難した。文化大革命中の行動によって、彼らは強力な対抗者とはなり得たものの、後継候補にはなれそうになかった。彼らには軍組織や長征を経験した退役軍人との関係はなく、最高ポストへの野望もなかった。彼らは、中国史上でほんの一握りの女性が到達したポストを求めた女優で演劇プロデューサー（江青）、ジャーナリストで政治理論家（張春橋）、左翼文学評論家（姚文元）、自分が保安課員として勤めていた工場の管理体制を攻撃した後、まったく無名の状態から引き上げられたが、自らの権力基盤はない元人民解放軍兵士（王洪文）――の四人だった。(1)

四人組は、周恩来、さらには鄧小平と関連のある、相対的に見て現実主義者たちの陣営と対立した。周自身は毛沢東に数十年にわたって献身的な奉仕をした熱心な共産党員だったが、多くの中国人にとっては、彼は秩序と中庸とを象徴していた。周を批判する人にとっても、称賛する人にとっても、彼は、都会的で高い教育を受け、個人的習性は抑制し、中国共産主義の立場は守りつつも、政治的嗜好を前面には出さないという、古くからの中国の伝統的な高級官僚紳士の象徴だった。

鄧小平は無愛想で、周恩来よりも洗練されていないが、自分自身のスタイルを持っていた。彼は自らの会話を中断して、痰つぼに大きな音をたてて痰を吐き、時折、その場にふさわしくない一瞬が生まれるのだった。周は、秩序ある革命の諸原則を守りながら、繁栄を追求するという、バランスのとれた中国ビジョンを抱いていたが、鄧はそうしたビジョンを共有するとともに、さらにそれを進めた。やがて彼は、急進的イデオロギーとより戦略に基盤を置いた改革アプローチのはざまにある、毛沢東の両面性を解決しなければならなくなった。二人とも西側の民主主義の原則を信じてはいなかった。二人は毛が最初に激動を起こした際には、それを批判することなく加わった。しかし、毛や四人組とは対照的に、周と鄧は継続革命に中国の未来を賭けることには消極的だった。

一九世紀の改革者たちも、二〇世紀の改革者たちも、批判者たちから中国を外国人に「売り渡している」と非難されながらも、西側の技術や経済の革新を活用して、中国の本質は保ちながら国力を増強するつもりだった[2]。周恩来はまさに、米中和解を推進し、文化大革命の影響が残る中国の国内情勢を正常化しようと試みた人物と見なされた。四人組は米中和解と国内正常化の両方について、革命の原則を裏切るものだと反対した。鄧小平、および彼と同様の考えを持った胡耀邦、趙紫陽といった当局者たちは、経済的現実主義と見なされ、四人組は資本主義体制の一部を復活させるものだと攻撃した。

毛沢東が日増しに虚弱になるにつれ、中国の指導者たちは権力闘争や中国の命運についての論議に明け暮れ、米中関係に深刻な影響を及ぼした。中国の急進派が相対的に大きな権力を握ると、米中関係は冷却した。米国の行動の自由が国内の「ウォーターゲート事件などの」混乱で制約を受けたことによって、急進派の主張が勢いづいた。彼らは、国内論争で分裂し、中国の安全保障を支援する力のない米国に、自国の外交政策を連携させることによって、中国はイデオロギーの純粋さを不必要に危うくさせていると唱えた。毛は最後まで、米国との戦略的和解を中国の安全保障にとって引き続き重要であると擁護しながら、同時に継続革命という自分の遺産も維持しようという矛盾を、なんとか解決しようとした。彼は、国益のために米国との新たな関係を維持しなければならない時でさえ、急進派に同情的との印象を残したが、その米国もまた、自国内の分裂によって毛を苛立たせた。

最盛期の毛沢東だったら内部の紛争を克服できただろうが、老齢となった毛は自らがつくり出した複雑性によってますます苦しむことになった。四〇年にわたり毛の忠臣だった周恩来は、この両面性の犠牲になった。

周恩来の失墜

独裁体制下のナンバー2が政治的に生き残るのは本質的には難しい。そうするには、指導者に十分近づき、競争相手が立ち入る隙間をつくらないことであるが、しかし指導者に脅威を与えるほど近づいてはいけない。毛沢東のナンバー2の誰もが、この綱渡りをうまく乗り切れなかった。劉少奇は一九五九年から一九六七年まで国家主席の肩書きでナンバー2として仕えたが、文化大革命の際には投獄された。劉も林彪もともに政治的に破滅させられ、その過程で死亡した。

周恩来はすべての会談で、われわれの主要な交渉相手であった。われわれは一九七三年一一月の訪問の際、彼がいつもよりもややためらいがちで、通常以上に毛沢東に敬意を払っていることに気付いた。しかし、それは毛との三時間近くの会話によって埋め合わされた。会談では、われわれに対し、外交政策戦略について、これまでで最も包括的な見方が示された。会談が終わると毛が私を同伴して控えの間に行き、主席と私が「友好的な雰囲気の中で広範囲にわたる話し合い」を行ったとの公式リリースが発表された。

毛沢東の明確な承認によって、すべての交渉はどんどん順調に終了した。最終コミュニケでは、両国が共同で覇権に反対する範囲が、(一九七二年の上海コミュニケで示した)「アジア・太平洋地域」から世界レベルまでに拡大された。コミュニケでは、両国間の協議を「権威あるレベル」でよりいっそう深める必要性を確認した。交流と貿易も拡大されることになった。連絡事務所の権域も拡大されることになった。周恩来はワシントン駐在の中国連絡事務所の所長を呼び戻し、合意された活発な対話の本質について指示すると語った。

現代の中国の歴史家の指摘によると、周恩来に対する四人組の批判がその頃、重大局面を迎えていた。われわれは報道から、孔子批判運動が起きていることに気付いていたが、それが外交政策や中国の指導者の問題に直接影響するとは考えなかった。周は米国との交渉の中で、引き続き冷静な落ち着きを示していた。ただ一度だけ、彼が平静さを失ったことがあった。一九七三年一一月、人民大会堂で開催された晩餐会で全般的な話をしている時だった。私は中国では、唯一の普遍的かつ一般的に当てはまる真理への信念の中に、個人の行動や社会的なつながりの規範として、儒教的なものが基本的に残っているように見えるとの所見を述べた。私は、共産主義が成し遂げたのは、その真理の中身としてマルクス主義を世間に認めさせたことであると示唆した。

どうしてこんな発言をしたのか思い出せない。発言は的を射てはいたものの、毛沢東が孔子を自らの政策を邪魔する人物として、攻撃していたことを確かに考慮に入れてはいなかった。周恩来は激高した。周恩来が平常心を失ったのを私が目撃したのは、その時だけだった。彼は儒教が階級抑圧の教義であり、共産主義は解放の哲学であると言った。彼はいつもとは異なるしつこさで議論を続けた。それはおそらく、江青に近かった通訳の唐聞生(ナンシー・タン)や、毛の兄弟の孫で常に周の周囲にいた王海容に対して、自分の発言を記録として残しておきたかったからだろう。

その後まもなく、われわれは周恩来ががんを患い、日常的な業務管理から退いたことを知った。その後、ドラマティックな激変が起きた。われわれの中国訪問は、それが最高潮に達した中で終了した。毛沢東との会談は、これまでのすべての会談の中で最も実質的なものだったばかりでなく、その長さや、私を控えの間まで同行させるなどのわざとらしい親切さ、さらには友好的なコミュニケといった象徴的な事実が、会談の重要性を強調していた。私が出発するに際し、周は私に対して今回の対話が秘密訪問以来、最も有意義だったと思うと語った。

周　あなたの成功を祈念します。もちろん大統領にも。

キッシンジャー　ありがとう。われわれが受けた歓迎にも感謝します。

周　あなたはそれにふさわしいからです。針路が決まれば、一九七一年と同じように

われわれはその針路を粘り強く進めます。

キッシンジャー　われわれもそうします。

周　だからあなたと主席との会談を表現する際、われわれは先見性という言葉を使うのです[3]。

コミュニケに記されていた対話は一切進まなかった。金融問題についての交渉は、ほぼ終わりかけていたが、不調に終わった。連絡事務所の所長は北京に戻ったが、四カ月間にわたりワシントンに帰任しなかった。中国担当の国家安全保障当局者は、両国関係は「動いていない」と報告した[4]。一カ月足らずで、周恩来の運命が変わったことが明らかになったが、どのくらい大きく変化したかは分からなかった。

一九七三年一二月、ここで記述した出来事から一カ月経たないうちに、毛沢東は周恩来に対し、政治局で「闘争集会」を受けるよう指示した。毛の忠実な側近である唐聞生と王海容が、周の外交政策を協調的すぎると表現したことについて弁明するためだった。その集会の中で、周の有力な後継者として追放処分から復帰していた鄧小平は、周への批判を次のように要約した。「あなたの地位は主席からほんの一歩下がったところにある。……他の者にと

って、主席の職は見えるが手が届かないところにある。しかしあなたにとっては、見えて手が届くところにある。あなたがこのことを常に肝に銘じておくことを望む[5]」。周は事実上、行き過ぎだったことを非難された。

集会が終了して、政治局は周恩来を公式に非難した。

一般的に言えば、(周は)「保守主義」を防止する原則を失念し、(米国と)手を組んだ。これは(彼が)主席の指示を失念したのが主たる理由である。(彼は)敵の力を過大評価し、人民の力を過小評価した。(彼は)また外交路線と革命への支持を結び付けるという原則を把握できなかった[6]。

一九七四年初めまでに、周恩来は政策立案者としては姿を見せなくなり、表向きはがんが理由とされた。しかし、病気だけでは、彼が忘却のかなたに葬り去られる十分な理由とは言えなかった。彼のことに触れる中国当局者は誰もいなくなった。一九七四年初めに鄧小平と初めて会談した際、彼は繰り返し毛沢東について話したが、私が周に言及するとそれをすべて無視した。交渉記録が必要とされれば、われわれの中国の会談相手は一九七三年に行われた毛との二回の会話を引き合いに出したことだろう。私は一九七四年一二月に一回だけ周に会った。それは私が公式訪問の際に私の家族の何人かを同行した時だった。私の家族は会談に招待された。病院という話だったが、迎賓館のような場所で、周は医者から激しい活動を禁止されていると言って、あらゆる政治ないしは外交上の話題を避けた。会談は二〇分余り続いた。米中関係について周と話し合うことはもうないということを象徴するように入念に演出されていた。

毛沢東に対する究極の忠誠心を貫き通した経歴が、そうした終焉を迎えることには、ひしひしと胸に迫るものがあった。周恩来は危機のたびに、高齢の主席を支援してきた。危機の中で、周は毛沢東の革命的指導を称賛しながらも、一方で、自分の本性である現実主義的でより人間的な本能との釣り合いを取らざるを得なかった。彼が生き残ってきたのは、彼が不可欠の人物であり、本当の意味で忠実——周を批判する人々は、あまりに忠実すぎたと言うのだが——だったからだ。今や彼は、嵐が収まったように見え、安心できる岸辺が視界に入ってきたところで、権力を奪われた。彼は、鄧小平が一〇年前にやったような、毛の政策に異を唱えることはしなかった。周と交渉した米国人の誰一人として、周が毛の発言から逸脱したと指摘したことはなかった(いかなる場合でも、主席は毎晩、会議記録を読むことで、会議を監視していたようだ)。周は超然とはしていたものの、まさしく、米国代表団を実に見事な礼節をもってもてなした。それは米国とのパートナーシップに向けた必要条件であり、中国の困難な安全保障状況が必要としたものだった。私は彼の振る舞いを、私やその他の米国人に対する譲歩ではなく、中国が緊急になすべきことを実現するための一つの方法だったと解釈した。

周恩来が米国との関係を、永続的なものと見なし始めていた可能性はある。一方、毛沢東はこの関係を、戦術的な一側面として扱っていた。周は、文化大革命の残骸から現れた中国は、孤立をやめ国際秩序の真の一員にならなければ、世界で繁栄できないと判断していたのかもしれない。しかし、これは私が周の言葉からではなく、彼の振る舞いから推し量ったものだ。われわれの対話の中で、個人的な意見の交換は一切なかった。周の後継者の中には、彼のことを「あなたの友人である周」と言及したがる人もいる。彼らがこの言葉を文字通りに意味している限りは、たとえそれに皮肉が込められていようが、私はこれを名誉なことだと思う。

政治的に身動きができず、衰弱して末期症状になった周恩来は、一九七五年一月、最後にもう一度だけ公の場に姿を現した。その場とは、中国全国人民代表大会(全人代)の会議で、文化大革命が始まって以来、全人代が招集されたのは初めてだった。周はその時点で、まだ法的には首相だった。彼は文化大革命と孔子批判運動とを、慎重な言い回しで称賛することで、会議の開会を宣言した。周はこの二つの運動が原因でほとんど打倒されたにもかかわらず、その時には、二つの運動が与えた影響は「偉大で」「重要で」「遠大で」あると称賛した。それは、周が四〇年間にわたって仕えた主席に対する忠誠を、公に示した最後の宣言であった。しかし、周は演説の半ば過ぎで、まったく新しい方向性を、それがあたかもこの運動の単なる論理的延長であるかのように、提示した。彼は文化大革命以前から、長い間、放置されていた提案を再び取り上げた。その提案とは、中国が農業、工業、国防、科学技術の主要四分野の「包括的近代化」を達成する努力をしなければならないということだった。周は事実上、文化大革命の目標を否認することにつながるこの呼び掛けを「毛主席の指示」に基づき——いつ、いかにして指示が出されたかは不明だったが——行っていると説明した[7]。

周恩来は、中国が「四つの近代化」を「今世紀[二〇世紀]の末まで」に達成するよう熱心に説いた。周の演説を聞いた人々は、彼がこの目標が達成されるのを目撃するまで決して生きていないことに、当然ながら気がついていた。そして周の演説の前半で明らかにされたように、そのような近代化は仮に実現されたとしても、さらなるイデオロギー闘争を経た後で、初めて達成されることだった。しかしこの演説を聞いた人々は、二〇世紀の終わりまでに、中国の「国家経済は世界の前列に前進しているだろう(8)」という彼の判断――一部は予想であり、一部は挑戦であった――を忘れないだろう。この先、聴衆の中には、この呼び掛けを心に留め、たとえ大きな政治的、個人的なリスクを冒しても、技術革新と経済自由化の大義を支持する人々が出てくるだろう。

毛との最後の会談――ツバメと嵐の来襲

一九七四年初めに周恩来が姿を消して以降、鄧小平がわれわれの交渉相手となった。彼は追放から戻ったばかりだったが、中国の指導者が生まれつき授かっているように見える冷静さと自信をもって職務を遂行し、まもなく常務副首相に任命された。

そのころまでに、横線理論はたった一年で放棄された。その理由は、それがあまりにも伝統的な同盟関係の概念に近すぎて、中国の行動の自由を制限していたからだった。毛沢東はその代わりに「三つの世界」という構想を提唱し、鄧小平に対し一九七四年の国連特別総会でそれを発表するように指示した。この新たなアプローチで、横線は三つの世界に取って代わられた。三つの世界では、米国とソ連は第一世界に属した。日本や欧州といった国々は第二世界の一員となった。すべての発展途上国は第三世界を構成し、中国もそれに属した。(9)

この構想によると、国際情勢は常に二つの核保有超大国の対立という不安の下で展開していた。鄧小平は国連演説で以下のように述べた。

二つの超大国が世界覇権を争っているため、両国の矛盾は相容れないものとなっている。一方が他方を征服するか、はたまた征服されるかである。彼らの妥協と共謀は部分的で暫定的かつ相対的だが、彼らの闘争は全面的で長期的かつ絶対的である。……彼らは一定の合意に達するかもしれないが、彼らの合意は単にうわべだけであり幻想である。(10)

発展途上国はこの対立を自らの目的のために利用すべきである。二つの超大国は「第三世界と全世界の人々の間で強い反対を喚起すること」によって「自らのアンチテーゼをつくり出して」きた。(11)真の力は米国やソ連にあるのではなく、むしろ「真に力強いのは、団結し、あえて戦い、あえて勝利に挑む第三世界とすべての国の人々である」。(12)

三つの世界論は少なくともイデオロギーの観点からは、中国の行動の自由を回復させた。同理論は当座の都合がいいように、二つの超大国を区別することを容認した。途上国諸国における中国の役割を通じて、中国が活発かつ独立した役目を果たすための手段を提供し、中国に戦術的柔軟性を与えた。しかし同理論は依然として、中国の戦略的課題を解決することはできなかった。毛沢東は一九七三年の二回の長い会談の中でこの点について次のように説明した。ソ連はアジアと欧州で脅威を振りまいている。中国は自国の経済発展を促進したいならば世界に加わる必要がある。中国と米国の擬似同盟関係は、たとえ両国の国内情勢のために、それぞれの政府に対し反対の方向に向かうように圧力が掛けられようとも、持続されなければならない。

急進派は周恩来の解任につながるような大きな影響を、毛沢東に与えたのだろうか。あるいは、毛は急進派を利用して、周の前任者に対して行ったと同じように、ナンバー2の仲間を打倒したのだろうか。その答えはどうであれ、毛は三極外交を必要としていた。彼は急進派に同情的ではあったが、非常に有能な戦略家であったがために米国というセイフティ・ネットを放棄することはできなかった。それどころか彼は、米国が有効なパートナーである限りは、そのセイフティ・ネットを強化しようとした。

まずいことに、米国が一九七四年一一月にウラジオストクでのフォード大統領とブレジネフ書記長の首脳会談に合意したことによって、米中関係は複雑なものになった。この決定が行われたのは純粋に現実的な理由からだった。フォードは新大統領として、ソ連書記長との会談を望んだ。フォードが欧州に行けば、米国の新大統領との関係を築きたいと願っている何人かの欧州指導者と会わないわけにいかないことは明らかだった。そうなれば、フォードのスケジュールは過密になる。大統領の日本と韓国への訪問は、ニクソン政権の際にすでに決まっていた。ウラジオストクに二四時間立ち寄るだけならば、大統領の日程にほとんど負担にならなかった。決定の過程でわれわれは、ウラジオストクは中国が常に厳しく非難していた「不平等条約」の一つによって、わずか一世紀前にロシアが取得したこと、またウラジオストクはほんの数年前に中国とソ連の軍事衝突が起き、その結果、米国の中国政策の見直しが行われることになったロシア極東に位置していることを、見逃していた。技術的な都合が常識に優先してしまったのだった。

ウラジオストク会談を受けて、中国が米国に対して苛立っていることは、私が一九七四年一二月にウラジオストクから北京に行った際、歴然としていた。毛沢東が私に会わなかったのはその訪問の時だけだった(誰も毛との会談を要請できないので、会談がなかったことは拒否ではなく省略とされた)。

誤りはさておき、米国は、中国と米国の国内政策がいかに変動しようが、ニクソン政権時代に開始された戦略への公約を維持した。私が仕えたリチャード・ニクソンとジェラルド・フォードの両大統領は、もしソ連が中国を攻撃することがあったら、中国を強力に支持し、そうしたソ連の冒険主義を打倒するために最善を尽くしただろう。われわれはまた国際的な均衡を守ると決めていた。しかし、もし米国が二つの共産主義大国と対話できる能力を保持できれば、米国の国益と世界平和にとって最も有益と判断した。中ソ両国間の距離よりも、わが国がそれぞれの国に接近することによって、われわれは最大限の外交的柔軟性を達成することになる。毛沢東が「シャドーボクシング」と表現したものは、ベトナム戦争、ウォーターゲート事件、そして選挙の洗礼を受けていない大統領の就任の後、ニクソン、フォードの二人が、それぞれ外交政策のコンセンサスを形成する必要があると確信したことと同じだった。

このような内外の環境下で、一九七五年一〇月と一二月に私は毛沢東と最後の二回の会談を行った。これはフォード大統領の初訪中に絡むものだった。最初の会談は、両指導者の首脳会談を準備する際のもので、二回目は彼らの実際の会談の時だった。中国側は死期が迫った主席の最後の見解の総まとめを提供することに加え、毛の壮大な意志力を実証した。毛はニクソンに会った時も不調だったが、今やその病状は絶望的で、椅子から立ち上がるには看護師二人の力添えを必要とした。彼はほとんど話せなかった。中国語は音調言語であるため、毛は通訳に対し、衰弱した巨体から発するゼーゼーという音の通訳結果を書くように命じた。それから、通訳はそれを彼に見せ、毛が翻訳を前にしてうなずいたり首を振ったりした。毛は弱りきっているにもかかわらず、並外れた明晰さをもって二回の会談を取り仕切った。

毛沢東の死の間際に行われたこれらの会談では、彼の内部の激動が、さらに驚くべき形で示された。会談では、皮肉たっぷりで洞察力に富み、愚弄するかと思えば協調的といった調子で、毛の最後の革命の信念が、複雑な戦略的判断としっかり絡み合った形で、にじみ出てきた。毛は一九七五年一〇月二一日の会談に臨んだ際、その前日に私が鄧小平に対し、中国と米国は互いに相手から何も求めていないと話した、そのありふれた言葉を問題にした。「もしどちらの側も相手に求めるものがなければ、どうしてあなたは北京に来たのか。どちらも求めるものがないのに、どうしてあなたは北京に来たかったのか、そして、どうしてわれわれはあなたと大統領を歓迎したかったのか」[13]。言い換えれば、友好といった抽象的な表現は、継続革命の使徒[毛]にとっては無意味ということだった。彼は依然として共通戦略を追求していたし、戦略家として、何らかの中国の歴史的な目標を一時的に犠牲にしてでも、優先的にやらねばならないことがあるのを認識していた。そのため彼は、前回の会談で確約したことについて自ら切り出した。「小さな問題は台湾であり、大きな問題は世界である」[14]。毛はいつものように、気まぐれと、超然とした忍耐と、暗黙の脅しとを組み合わせた彼特有の言い回しで、時折、不可解ではないにせよ難解な語句を用いて、この必要性を最大限に強調した。毛はニクソンとの会談、さらには私とのその後の会談で見せた忍耐強さを引き続き示しただけでなく、台湾をめぐる議論と世界の均衡を守る戦略とを混同させることも引き続き望まなかった。このため彼は、中国が現時点では台湾を要求しないという、二年前には信じられないような主張を展開した。

毛　それ[台湾]はあなた方が持っていた方がよい。もしあなた方が今それを返還しようとしても、私は欲しくない。なぜなら、それは好ましくないからだ。あそこには、あまりにも多数の反革命分子が存在する。今から一〇〇年したら、われわれは欲しくなり(手振りで示しながら)、それのために戦うことになるだろう。

キッシンジャー　一〇〇年後ではないでしょう。

毛　(手振りで示しながら、数える)言い難い。五年、一〇、二〇、一〇〇年。難しい。(天井を指差しながら)私が神に会いに天国に行けば、台湾は現時点では米国の世話になっている方がよい、と神には言う。

キッシンジャー　主席からそのようなことを聞けば、神は大変驚くでしょう。

毛　いや、そんなことはない。なぜなら神はわれわれでなく、あなた方を祝福するからだ。神はわれわれを好きではない。(手を振りながら)なぜなら私は好戦的な将軍であり、また共産主義者だからだ。だから彼は私が好きではない。(三人の米国人[15]を指差しながら)彼はあなたと、あなたと、あなたが好きだ。[16]

また一方で、緊急に解決しなければならない国際安全保障問題があった。毛沢東が主張するには、世界の五つの勢力の中心のうち、米国による優先順位付けでは、中国は最後の国に滑り落ち、[米国に次いで]ソ連が最高位、続いて欧州と日本となった。「あなた方が行っているのは、われわれの肩越しにモスクワに飛び乗っていることであり、この肩はもはや無用となったとわれわれは見ている。わかるだろう、われわれは五番目なのだ。われわれは第五指なのだ[17]」。毛はさらに続けて、欧州諸国は国力で中国に勝ってはいるものの、ソ連を恐れるあまり圧倒されていると主張し、寓話を用いて総括した。

毛　この世界は穏やかではなく、嵐が――風と雨が――来ている。そして雨と風が近づくにつれ、ツバメが忙しくなる。

唐[通訳の唐聞生]　彼(主席)は私に「ツバメ[swallow]」を英語でどういうか尋ね、さらに「sparrow[スズメ]」は何かと聞きました。私はそれが異なった種類の鳥であると答えました。

キッシンジャー　その通りです。しかしわれわれは、ツバメが風雨に与える影響よりも、もう少し大きな影響を嵐に対して与えたいと考えています。

毛　風と雨が到来するのを先延ばしすることは可能だが、来るのを阻止するのは難しい[18]。

われわれは嵐が来ることには同意するが、それを生き抜くために、最善の立場にいるようにうまくやると私が答えると、毛沢東は石碑に刻まれた「ダンケルク[19]」という言葉で答えた。毛沢東は、欧州駐留米軍にはソ連の地上部隊に抵抗するだけの力はなく、核兵器の使用は世論が阻止するだろうと詳述した。彼は、米国が欧州防衛のために必ず核兵器を使用するとの私の主張を、否定した。「二つの可能性がある。一つはあなたが考える可能性であり、もう一つはニューヨーク・タイムズが考える可能性である[20]」(毛はニューヨーク・タイムズ紙記者のドリュー・ミドルトンが著した書籍『米国は次の戦争に勝利できるか』に言及した。同書は米国が欧州においてソ連との全面戦争で勝利することに疑念を呈していた)。いずれにせよ、中国はいかなる場合でも、他国の決断を頼りにすることはないから、この件は重要でないと主席は付け加えた。

われわれはダンケルク戦略を採用する。つまり、彼らに北京、天津、武漢、上海を占領することを許し、そうした戦術を用いたやり方でわれわれは勝利し、敵は敗北する。二つの世界大戦、つまり第一次大戦、第二次大戦ともそのように行われ、勝利は後になって得られた[21]。

そうこうしていると、毛沢東は碁盤上に描く彼自身の国際的洞察のいくつかを説明してみせた。欧州は「あまりにもバラバラで、あまりにも締まりがない[22]」。日本は主導権を握ろうとしている。ドイツ統一は望ましいが、ソ連がより弱体化した場合に限って達成可能であり、「戦いなくしてソ連を弱体化させることはできない[23]」。米国に関しては「あんなふうにウォーターゲート事件を扱う必要はない[24]」。言い換えれば、国内論争で強力な大統領を破滅させることはないということだった。毛はジェームズ・シュレシンジャー国防長官を中国訪問に招待した。おそらくフォード大統領訪問の際の側近の一人として招請したもので、長官は新疆や旧満洲などソ連に近い前線地域を訪問する可能性があった。訪問すれば、ソ連と対決するという危険を冒すとの米国の意思を示すことになると見られた。シュレシンジャーは主流となっている緊張緩和政策に異議を唱えたと報じられており、中国を米国の国内議論に関わらせることはあまりよくない試みでもあった。

将来への見通しの問題も難しかった。毛沢東は先が長くないことを知っており、自分の考えが死後になっても間違いなく主流であり続けるようにしたがっていた。彼は老齢の哀愁を漂わせながら話をし、頭では限界を理解していたものの、自分にとっての選択肢が狭まり、それを実行する方策もなくなっているという事実に、十分に向き合うだけの準備はまだできていなかった。

毛　私は今や八二歳になった。（キッシンジャー国務長官を指差し）ところであなたはいくつかな。たぶん五〇くらいかな。

キッシンジャー　五一です。

毛　(鄧小平副首相を指差し)彼は七一歳だ。(手を振って)われわれが全員、私、彼(鄧)、周恩来、葉剣英が死んでも、あなたはまだ生きている。そうだろう。われわれ年寄りはだめだ。われわれは生き延びない[25]。

彼はそれに続けて「いいかい、私は訪問客のための陳列棚の陳列品だよ[26]」と語った。しかし彼の肉体的な衰えがどうであれ、弱々しい主席が受身に立つことは決してなかった。会談が終了し、いつもなら和解のしぐさを見せるのだが、彼は突然、挑戦的となり、自らの革命家としての資質が不変であることを再確認させた。

毛　私の気性を知らないだろう。私は人々が私に悪態をつくのが好きだ(声を張り上げ、手で座っていた椅子をたたきながら)。あなたは毛主席が老いぼれ官僚だと言うに違いないが、そうならば私はあなたとの会談をすぐさま行う。そのような場合、私は急いであなたに会うことにする。あなたが私に悪態をつかなければ、私はあなたに会わずに、ただ穏やかに寝ているだけだ。

キッシンジャー　そんなことをするのは、私たちには困難です。とりわけあなたを官僚と呼ぶなんてことは。

毛　それを許可する(手で椅子をたたきながら)。外国人がみんな、テーブルをたたき私に悪態をつけば、本当にうれしい。

毛沢東は朝鮮戦争への中国の介入について、私をなじることによって、さらに脅しの度合いを強めた。

毛　国連は、中国が韓国に侵略したと宣言した、米国を発起人とした決議を採択した。

キッシンジャー　それは二五年前のことです。

毛　その通り。それはあなたに直接は関係していない。それはトルーマンの時代だ。

キッシンジャー　そうです。かなり前のことです。われわれの認識も変わりました。

毛　(頭のてっぺんを触りながら)しかしその決議はまだ取り消されていない。私はまだ「侵略者」の帽子をかぶっている。私はそれを、他のどの栄誉もしのぐことができない最高の栄誉と思っている。あれはいい、非常にいい。

キッシンジャー　それでは、われわれはその国連決議を変更すべきではないですね。

毛　その通り。それは絶対してはならない。われわれはそんな要求を提示したことはなかった。……われわれはそれを否定することはできない。われわれは事実、中国(台湾)と、さらには韓国にも侵略した。この発言を公にする手助けをしてくれないかね。たぶん、あなたの会見の中ででも……。

キッシンジャー　私はあなたがそれを公にした方がよいと考えます。私の発言の受け止め方は歴史的に正しくないかもしれません(27)。

毛沢東は少なくとも三つのポイントを明らかにした。一つは、朝鮮戦争の際に米国と対抗し、一九六〇年代にソ連と対抗したように、中国には孤立する覚悟があるということ。二つ目は、彼が、こうした米ソとの対立の中で進化した継続革命の原則を、たとえ超大国が良い感じを抱かなくとも、再確認したことである。最後は、彼が進めている現在の路線が挫折すれば、彼はその原則に立ち返るつもりであるという点。毛にとって、米国との正常化はイデオロギーの終焉を意味してはいなかった。

毛沢東の冗漫な見解は、深いためらいを反映していた。死期が近づいている主席以上に、中国の地政学上の急務を深く理解している者はいなかった。歴史上のあの瞬間、中国の地政学上の急務と自力依存という中国の伝統的概念とが、激しくせめぎ合っていた。緊張緩和政策に対する毛の批判がどうであれ、米国はソ連との対立で生じる大きな負担と、非共産主義世界のための軍事費の大半とを、背負っていた。これらが中国の安全保障の前提条件であった。われわれは中国と関係を回復して四年目になっていた。われわれは戦略に関する毛の一般的な見解に同意した。中国にこの戦略の履行を委任するのは不可能だったし、毛もそれを承知していた。しかし毛が異議を唱えていたのは、まさにその柔軟性の限界についてであった。

同時に世界が、米中関係が継続されることを理解し、間違いなく正しい結論を引き出すように、中国は、毛沢東が「キッシンジャー博士と友好的雰囲気の中で会談した」との声明を発表した。この肯定的な声明には写真が付けられたことで、微妙な見方が加わった。写真では笑顔を浮かべる毛の隣に私の妻と私がいたが、毛は指を振りかざしており、あたかも米国が親切な家庭教師を必要としていることを示しているかのようだった。

言葉を省略し、曖昧で格言を多用する毛沢東の見解を要約するのは、常に困難であり、時には理解することすら難しかった。フォード大統領への口頭報告の中で、私は毛の姿勢を

「ほぼ称賛に値する」として表現したうえで、彼らが長征（厳しい地形を乗り越え、頻繁な攻撃を受けながら一年間にわたって続けた戦略的撤退で、これにより内戦での中国共産党の大義を守り抜いた）を率いた同じ人々であることを指摘した。[28] 毛の示した見解の要点は、緊張緩和についてではなく、三極関係にある三国のうち、危機が深まり始めた時点で、どの国が危機に巻き込まれることから回避できるかについてだった。私はフォード大統領に次のように言った。

われわれがソ連と対決したら、彼ら［中国］はわれわれとソ連を攻撃し、彼らの周りに第三世界を結集するだろう。ソ連との良好な関係は、米国の対中関係にとっても最善であるし、その逆［ソ連との関係悪化は、米国の対中関係にとっても最悪］もまた真である。われわれの弱点が問題である。彼らはわが方がＳＡＬＴ［戦略兵器制限交渉］と緊張緩和で困っていると見ている。これによって彼らの術中にはまることになる。[29]

当時、国務省政策立案スタッフのトップだったウィンストン・ロードは、私の秘密訪問の計画責任者で、後に中国政策の責任者となったが、彼は曖昧な毛沢東の意見を鋭く解釈した。私はそれを大統領に渡した。

主席の基本的なメッセージと主要テーマは明白である。明らかに彼らは、キッシンジャー訪問に備えて、まさに過去二年間にわたるわれわれの関係を発展させるために、戦略的枠組みをつくり上げた。しかし、明確でない謎めいた文言が、いくつかあった。全体的な傾向としては、微妙な考え、すなわち主席の簡潔で気取らない話の背後にある深い意味を掘り下げる必要がある。ほとんどの場合、大筋では意味は明白である。しかし、その他の場合は、特に意味がないか、さもなければ、老人がしばらくの間、目的もなくぼんやりとしていたのかもしれない。……曖昧さの例を一つだけ挙げよう。「あなたには、私が現在、明確に話せないのを治療する手助けの方法があるか」。可能性として、これは基本的に彼の健康についての世間話であり、彼が本気で医療支援を求めたかどうかは極めて疑わしい。しかし、主席が言おうとしたのは、彼の発言が中国で(ないしは世界で)聞き入れられず、彼の影響力が限定的になっており、そのため、彼は米国の政策を通じて彼の地位を強化するような支援を米国に求めたということなのかもしれない。大筋では、彼は自分が「明確に話せる」ように、われわれに支援して欲しかったのではないだろうか(30)。

その頃、私はロードのコメントが多分に突飛なものと考えた。その後、中国内部の駆け引きについて知るようになったので、今では、毛沢東が広い意味では本気だったと考えている。いずれにしても、フォード訪問の地ならしのための一〇月の訪問は極めて冷え冷えとした雰囲気の中で行われ、それには中国内部の緊張が反映されていた。大統領訪問があまりにも成果の見込みがなさそうだったので、われわれは北京郊外二カ所の訪問を取りやめ、訪問を五日間から三日間に短縮し、その代わりにフィリピンとインドネシアを短期間訪問することにした。

私が中国から帰国した日に、シュレシンジャーが国防長官を解任され、代わりにドナルド・ラムズフェルドが就任した。私はそれを事後に知らされたが、実際は解任がなければよかったと思った。なぜなら、ワシントンで、われわれが進めている外交プロセスに異を唱える議論を含め、外交政策をめぐる論争が必ず巻き起こると考えたからだった。実際には、解任はシュレシンジャーの中国訪問を毛沢東が招待したこととは無関係だった。フォードは目前に迫った遊説に備え、守りを固めるために、この人事を行った。彼は辛辣なシュレシンジャーを苦手としていた。しかし、中国指導部の中には、シュレシンジャー解任を中国側の招待に対するこれ見よがしの拒否と見なした者が疑いなくいた。

数週間後の一二月第一週に、フォード大統領は中国を初訪問した。フォード訪問の間、中国内部の分裂は顕在化した。毛沢東の妻で、文化大革命の立役者の一人である江青は、スポーツイベントのレセプションに一回だけ数分間姿を見せた。彼女は依然として権力を持ち、これ見よがしに出席していた短い時間の間、超然として冷徹な丁重さで振る舞った(ニクソン訪中で彼女が一回だけ姿を現したのは、彼女の革命バレエを主催した時だった)。

毛沢東はフォードと二時間近く会談し、中国指導部内の亀裂を明確にした。毛の状態は、彼が五週間前に私と会談した頃から比べると、いくぶん悪化していた。しかし、彼は米国との関係に何らかの活気付けが必要と考え、おどけた調子で切り出すことによってその思いを伝えた。

毛　あなたの国務長官は私の国内情勢に干渉してきた。

フォード　どういうことか教えてください。

毛　彼は私が神に会いに行くことを許さない。神が私に下した命令にすら服従すべきでないと言っている。神は私に招待状を送ってくれたが、彼（キッシンジャー）は行くなと言う。

キッシンジャー　彼［毛］が行ってしまえば、あまりにも強大な組み合わせになります。

毛　彼（キッシンジャー）は無神論者だ。神に歯向かっている。彼はまた、私と神との関係を台無しにしようとしている。彼は恐ろしい男で、私は彼の命令に従うしかない。[31]

毛沢東は続けて、今後二年間に、すなわち一九七六年の大統領選挙とその余波がある間は、米中関係で「大きなことは一切起きない」との予測を明らかにした。「その後はおそらく、状況が少し良くなるだろうか、大きなこともあり得る[32]」。彼は、より一体化した米国が出現するということを意味したのだろうか、あるいはまた、その頃までに中国内部の闘争が克服されることを意味したのだろうか。彼の言葉は、彼がフォード大統領時代には不安定な関係が続くと予測していることを示唆していた。

米中関係が停滞することについてのより重要な説明は、中国の国内情勢と関係していた。毛沢東は、フォードがワシントン駐在の黄鎮中国連絡事務所主任の仕事ぶりを称賛し、彼がとどまることを望むと発言したことに飛びついた。

彼（黄鎮主任[33]）について、何らかの批判をする若者が幾人かいる。これら二人（王と唐[34]）はまたロード［Lord］喬[35]に批判的である。これらの人々はいいかげんに扱われるべきではない。さもなければ、彼らの手にかかって苦しむことになる。すなわち、内戦である。今は何枚もの大字報が外に貼ってある。おそらく清華大学と北京大学に行けば、大字報を見ることができる。[36]

もし毛沢東の妻と近しい通訳の唐聞生と王海容の二人が、外相と事実上のワシントン駐在大使に反対しているならば、事態は難しいことになり、内部亀裂は最高潮に達していることになる。毛が外相を「ロード喬」と呼んだことは、外相が儒家であることを暗示しており、国内亀裂のいま一つの危険な兆候でもあった。もし大字報――文化大革命中に政治キャンペーンに使われた大きな書体の発表文――が大学に掲示されているならば、文化大革命の手法と論議の一部が確実に再現し始めていた。この場合、内戦の可能性に触れた毛の発言は、単に言葉のあやにとどまらない可能性があった。

フォードは中西部出身者の純朴で率直なそぶりの裏に、抜け目なさを隠していたが、中国国内の分裂の兆しは無視することを選んだ。その代わりに、彼は周恩来時代に築いた米中関係の前提が依然として有効であるかのように振る舞い、世界の問題を一つ一つ自ら取り上げて議論を始めた。彼の基本的なテーマは、米国がソ連覇権主義を阻止している施策について で、特にアフリカで中国の具体的な協力を要請した。毛沢東は三年前の会談では、ニクソンがちょっと持ち出しただけで拒絶していた。フォードの見掛けの正直さで毛が和らいだのか、毛が戦略的対話を最初から計画していたのか分からないが、彼は今回は話に加わり、とりわけアフリカにおけるソ連の行動について辛辣な論評を加え、彼が依然として詳細な事柄に精通していることが明らかになった。

会話の最後に毛沢東から、米中関係をよりよく見せ掛けるための支援を求めるという不可思議な要請があった。

毛　……われわれ両国の関係が極めて悪いと表現している、いくつかの新聞報道がある。たぶんあなた方は、彼らをちょっとだけ話に引き入れ、彼らにおそらく説明した方がよい。

キッシンジャー　双方で。彼らは北京でその一部を聞くことになります。

毛　いや、それはわれわれからではない。外国人がその説明をする。[37]

メディアが信用する説明を、どの外国人ができる立場にあるのかを聞く時間はなかった。それは、もし毛沢東が、依然として自らの意思を自らの党に押し付ける権力を維持しているならば、従来のように肯定的なコミュニケ作成を要求することによって、解決できた問題であった。

しかし毛沢東はそうしなかった。実際には何も起きなかった。われわれは、喬冠華外相が監修したと見られるコミュニケ草案が、挑発的ではなかったものの、役に立たないことを知り、受け入れを拒否した。明らかに、深刻な権力闘争が中国内部で起きていた。鄧小平はソ連に対するわれわれの戦術に批判的ではあったものの、周恩来と毛が樹立した米国との関係を維持したがっていた。権力構造の中の一部のグループがこの路線に反対していたことも、また明らかだった。鄧は政治局常務委員会(中国共産党の幹部会)のメンバーとしての資格で、フォード訪問の有益性と米中関係の重要性を確認する声明を発表して、この難局を乗り越えた。

会談の数カ月後、中国の亀裂は丸見えとなった。首相の肩書きなしで周恩来の後継となった鄧小平は、一〇年前に彼を追放した同じ勢力からと見られる攻撃に再びさらされた。周は舞台からすでに去っていた。喬冠華外相の振る舞いが対決姿勢に転じた。周が協力への地ならしを進めた際に用いた上品なスタイルは、愚弄を含んだ断固とした主張に取って代わられた。

対立しそうになったのを制止できたのは、鄧小平が米国との緊密な関係の重要性を示す機会を模索していたからである。例えば、一九七五年一〇月の私の訪問の際の歓迎夕食会で、喬冠華は米国テレビの面前で、ソ連に対する米政策を糾弾する攻撃的な乾杯のあいさつを行った。これは、従来示してきた米代表団への繊細な対応とはまったく異なり、外交儀礼違反だった。私が鋭く反論すると、テレビの照明が消え、私の言葉は放送されなかった。

翌日、鄧小平は米代表団を中国指導者の居住区である北京郊外の西山へピクニックに招待した。これは当初スケジュールにはなかったが、中国との関係回復以来すべての会談の特徴となってきた配慮をもってとり行われた。

周恩来が一九七六年一月八日に死亡して事態は頂点に達した。四月の清明節(掃墓節)とほぼ時を同じくして、数十万人の中国人が天安門広場の人民英雄記念碑を訪れ、花輪や詩歌を供えて周を追悼した。この追悼で明らかになったのは、周への深い称賛と、彼が主張してきた秩序と中庸の原理に対する切望であった。一部の詩歌には毛沢東と江青に対する批判(歴史的な比喩を使うという人気のある手法がまたもや利用された)が見え隠れしていた。[38] 追悼の品々は一晩で一掃されたが、警察と追悼者との間で対立が起きた(一九七六年の「天安門事件」として知られる)。四人組は鄧小平の改革傾向が反革命的抗議を招いたと毛を説き伏せた。翌日、四人組は反対デモを組織した。周の追悼式から二日後、毛は鄧をすべての党ポストから追放した。首相代行の職は、華国鋒という名前のほとんど知られていない湖南省党委書記に移った。

米国と中国の関係はますます遠くなった。ジョージ・H・W・ブッシュが米中央情報局(CIA)長官に任命されたため、後任として元国防長官のトム・ゲーツが北京連絡事務所の所長に任命された。華国鋒は四カ月間彼と会わなかったが、会見した際には、儀礼的であったとしても発言を従来の表現にとどめた。一カ月後の七月中旬、指導部で最強の人物と見られ四人組の主要メンバーだった張春橋副首相は、ヒュー・スコット上院少数党院内総務の訪問の機会をとらえ、毛沢東がわれわれに明言したこととはまったく異なり、台湾に関して極めて好戦的な立場を示した。

われわれは台湾に関しては明快である。台湾問題が生じて以来、これは米国の首に絡みつくロープである。それを取り払うことは米国民の利益となる。さもなければ、人民解放軍がそれを切り落とす。これは米国民と中国国民にとって良いことだ。われわれは寛容なので、われわれの銃剣を使って、米国がこの問題を解決することを支援する準備ができている。おそらくそのことは愉快ではないだろうが、しかしこれが現実である。(39)

四人組は中国を、文化大革命を思い起こさせ、毛沢東がフルシチョフに対してとった挑発的なスタイルを思い起こさせる方向に押しやっていった。

一九七六年九月九日、毛沢東は病で死去した。後継者に残されたのは、毛が成し遂げた業績と将来への予言、それに、壮大さと残忍さ、自己陶酔でゆがんだ偉大なる構想という遺産だった。彼は、数世紀にわたり統一されなかった中国を統一し、かつての体制の痕跡をほとんど消し去ったが、自分がまったくやるつもりのなかった改革の芽生えは一掃してしまった。もし中国が統一されたままで、二一世紀の超大国として姿を現すならば、毛は自分が個人的に尊敬していた始皇帝と同じように、多くの中国国民にとって、中国の歴史の中で評価は分かれるが尊敬される役割を果たすことになるのかもしれない。王朝を創設した専制君主の始皇帝は、巨大な国家事業に国民を徴用することで中国を次の時代へと引き継いだ。彼の暴君ぶりを後世、必要悪として受け止める人もいる。毛が国民に課したとてつもない苦悩のために、他の人々にとっては、彼の業績は矮小化されて見えるだろう。

政策についての二つの潮流は、毛沢東統治時代の混乱を通じて、互いに競い合ってきた。中国を道徳的および政治的な勢力と見なす革命推進の流れがあり、畏敬の念にかられる世界に独自の教訓を手本として広めるべきだと主張した。潮流を冷静に評価し、それを自らの利益につなげるように巧みに操る地政学的な中国があった。中国の歴史で初めて連携を目指した中国もあったし、世界全体に敢然と挑戦する中国もあった。毛は戦争で破壊された祖国を受け継ぎ、競合する国内の派閥、敵対する超大国、二面的な感情を持つ第三世界、疑い深い近隣諸国の間をぬって、祖国の舵を取ってきた。彼は中国を何とかそれぞれ重なり合う同心円に参加させたものの、どの一つにも身を委ねはしなかった。中国は戦争、緊張、疑念を生き延び、その影響力は大きくなり、最終的には、共産主義形態の政府が共産主義世界の崩壊を生き抜いて新興の超大国になった。毛は、自らの大構想の基盤として、中国国民の持久力と結束力——彼はしばしばそれに腹を立てていたが——を利用し、国民の粘り強さと忍耐力を信頼することによって、法外とも言える犠牲を強いながら、これを達成した。

生涯の終わりが近づくにつれ、毛沢東は戦略ではなく特徴的な戦術を主張して、米国が策定した世界秩序に挑戦しようとした。毛の後継者たちは、中国人の精神力を信じるという毛の信条は共有したが、彼らは、中国が意志力とイデオロギー的な公約だけで中国独自の可能性を実現できるとは思わなかった。彼らは自力依存を追求したが、それを鼓舞する力が十分ではないことを知っており、そのために自らのエネルギーを国内改革に注ぎ込んだ。中国はこの新たな改革という波によって、周恩来の指導した外交政策に回帰するだろう。周外交の特徴は、中国の長い歴史の中で初めて、中国を世界の経済・政治の潮流に結び付けようとしたことだった。この政策は一〇年のうちに二回追放に遭い、国内追放から三回目の復帰を果たした指導者、鄧小平によって具体化されることになる。

第12章　不死身の鄧小平

鄧小平がもたらした変容の全貌は、毛沢東時代の中国を知っている者にしか理解できないだろう。中国の都会の騒々しさ、建設ブーム、交通渋滞、さらには、時にはインフレを引き起こしたり、またある時は、西側民主主義陣営から世界不況に抗する経済のけん引役を期待されるという、共産主義者には似つかわしくない経済成長の二律背反——こうしたもののすべては、人民公社による集団農業、停滞した経済、「毛沢東語録」に熱狂する人民服の大衆といった、毛沢東時代のくすんだ中国では想像もできなかったことだ。

毛沢東は中国の伝統を破壊し、その瓦礫を将来の近代化のための建設資材として残した。個々の中国人の自発的な力を、近代化の基礎とするだけの勇気を持ち合わせていた鄧小平は、彼のいわゆる「中国の特色を持つ社会主義」を実現するため、人民公社を廃止し、地方の自治を育てた。世界第二の経済規模と世界最大の外貨準備高を持ち、いくつもの都市でエンパイア・ステート・ビルをしのぐ高層ビルが威容を誇る今日の中国は、鄧小平の先見性、執念、判断力の証しだ。

鄧小平の最初の復権

鄧小平の権力への道は、とぎれとぎれの、常識では考えられないようなものだった。一九七四年に鄧小平が米国にとっての主要な交渉相手となった時、われわれは彼のことをあまり知らなかった。彼は一九六六年に「走資派」として逮捕されるまで、中国共産党中央委員会の総書記だった。われわれは、政治局の左派の反対を押し切る形での毛沢東の個人的な介入によって、彼が一九七三年に復権したことを知った。鄧小平が北京に復帰してまもなく、江青が公の場で彼に冷たい態度を取ったが、毛沢東にとって彼が大切な人物だったことは明白だ。毛沢東にしては珍しいことだが、彼は文化大革命期の屈辱について、鄧小平にわびた。

中国からの情報によれば、オーストラリアの科学者代表団との会談で、鄧小平は後に彼の表看板となる課題について述べた。中国は貧しい国であり、科学技術の交流を通じて、オーストラリアのような先進国から学ばなければならない、と彼は語ったが、こうした自己認識を表明する中国の指導者は、彼が初めてだった。鄧小平はまた代表団に、中国が達成した成果だけではなく、その遅れている側面も見るべきだ、と助言したが、これも、中国指導者としては前代未聞の発言だった。

彼は一九七四年四月、国連資源特別総会に出席する中国代表団の一員としてニューヨークに到着した。代表団の名目上の団長は外相だったが、私が一行を夕食会に招いた時、メンバーの誰が一番力を持っているかは直ちに明らかとなった。さらに重要なことには、鄧小平の復活は、周恩来の重荷を軽減するためという米情報機関の判断とは異なり、鄧小平は周恩来の後任として、ある意味では周恩来を追放するために復活してきた、ということが分かったのだった。鄧小平は私が周恩来について好意的に語った言葉のいくつかを無視し、私が周恩来の発言を引き合いに出すと、代わりに、毛沢東が私と会談した時の、それと似たような発言を持ち出してきた。

まもなく、鄧小平は外交担当の副首相になり、その後すぐに、今や名目上の役職として首相の座にとどまるだけとなっていた周恩来の実質的な後任として、内政一般を統括する第一副首相の座に就いた。

鄧小平は一九六六年に毛沢東が文化大革命を発動してまもなく、党と政府の役職を解かれた。その後七年間、彼は最初はある人民解放軍基地に滞在し、その後は江西省に幽閉されて、野菜を育てたり、トラクター修理工場で半日交替のシフトで労働に従事したりしていた。彼の家族はイデオロギー的に堕落していると見なされ、紅衛兵の保護の外に置かれた。長男の鄧樸方は紅衛兵に拷問され、北京大学の建物の屋上から突き落とされて背骨を骨折したにもかかわらず、病院に入院を拒否され、半身不随となった(1)。

中国人の驚くべき性格の一つに、どんなに苦しみと不当行為を自分たちの社会から被ろうと、社会への献身を忘れない、ということがある。私が知っている文化大革命の犠牲者の誰一人として、自分の苦しみを私に進んで打ち明けようとした人はおらず、あえて質問しても、最小限の答えしか戻っては来なかった。文化大革命は、ある人間のその後の人生を決定してしまったとして、くよくよ思い悩むべき筋合いのものではなく、耐え忍ばなければならない自然災害の一種として、時にはしかめっ面をもって、扱われているのだった。

毛沢東自身も、多くのことを同様の態度で考えていたように思える。彼や彼の命令が人々に与えた苦しみは、犠牲者に対する彼の最終的な判断の結果では必ずしもなく、社会の浄化という彼の考え方によってもたらされる必然にすぎず、それは、もしかすれば一時的なものかもしれない。彼は追放者の多くについて、戦略的備蓄のように、必要に応じて呼び出して使えるものだと考えていた節がある。一九六九年に、国際的な危機に直面して中国が取るべき立場を諮問するため、彼は追放していた元帥四人を呼び戻した。鄧小平復活の事情も同様だ。毛沢東が周恩来を切ろうと考えた時、中国の舵取りができる人物の戦略的備蓄としては、鄧小平が最良であり、あるいは彼しかいなかった。

毛沢東の哲学的な長広舌や寓話と、周恩来の優雅な専門家かたぎに慣れっこになっていた私は、鄧小平の渋い、きまじめなスタイル、彼が時に挟む皮肉な合いの手、哲学への嫌悪と現実的なものへの偏愛といったものに慣れるには時間がかかった。小柄で細身ながら、筋金入りの身体を持つ鄧小平は、ある種の目に見えない力に駆り立てられているかのように、直ちにビジネスに取りかかれる態勢で部屋に入ってきた。彼が社交辞令に時間を費やすことはほとんどなく、毛沢東がいつもそうしていたように、寓話でくるんで言説を和らげるようなこともなかった。彼は周恩来のように言説を心遣いでくるむことはなく、毛沢東のように、私を多くの人々の中で自分が個人的に関心を寄せるに足る数少ない哲学者仲間の一人であるかのように扱うこともなかった。われわれは国家のビジネスをするために集まったのであり、大人として、個人的なものを持ち込まずに難問を処理できるはずだ、というのが、鄧小平の態度だった。彼は通訳を介さずに英語が理解できたし、時には英語でしゃべりさえした。彼は私に、自分のことを「田舎者」と形容し、「言語の習得は難しい。私はフランスに留学したことがあるが、フランス語はついにできなかった」と告白した。

時が経つにつれて、私は、思いに沈んだような目を持つ、この小柄で果敢な人物を大変尊敬するようになった。彼は信念を曲げず、世の中の激動に直面して平衡感覚を失うこともなく、いつか、この国を変革するであろう人物だった。一九七四年以降、鄧小平は文化大革命の廃墟の中で、二一世紀の中国を経済超大国に変貌させることになる近代化の道を歩み始めた。毛沢東がまだ健在だったので、それは鄧小平にとって、危険な道だった。

一九七四年に鄧小平が最初の追放生活から戻って来た時、歴史的な成果を上げる人物だという兆候は、彼にはほとんどなかった。彼は偉大な哲学を創始するわけでもなく、毛沢東とは異なり、中国人民の比類なき運命について言挙げすることもなかった。彼の口から出る言葉の文体は平凡であり、多くは実務的な些事に関係することだった。[2] 鄧小平は軍隊における規律の重要性について語り、中国冶金工業省の改革について語った。[2] 彼はまた鉄道に関して、貨物の一日当たり積載量の増大、運転士の勤務中の飲酒禁止、昼食休憩の制度化に関する呼び掛けを発した。[3] これらは技術的な演説であり、卓越した内容を持つとは言い難い。

文化大革命からの夜明けの時期に当たり、毛沢東と四人組の圧倒的存在を考えれば、日々の仕事における現実主義の称揚はそれ自体、勇気を要することだった。毛沢東と四人組は、社会を組織する手段として無政府状態を、人民浄化の手段として果てしのない「闘争」を唱道し、経済と学術の分野に一種の暴力的なアマチュア主義を持ち込んだ。文化大革命はイデオロギー的熱情の追求を正統性の証しとして持ち上げ、秩序とプロフェッショナリズムと効率重視に回帰せよという、発展途上国では常套句と化している鄧小平の呼び掛けは、当時の中国ではあまりにも大胆な提案だった。中国は若き紅衛兵による乱暴狼藉の一〇年間を経験し、鄧小平の経歴と彼の家族は破滅の瀬戸際に追いやられた。彼のプラグマティズムと実務的なスタイルのおかげで、中国は歴史には近道が存在するという夢から目覚め、歴史は見境のない野望によってではなく、実践的な段階を踏んで実現されるという、まっとうな世界に立ち戻ることができた。

一九七五年九月二六日、「科学技術工作を前面に出さなければならない」と題された演説で、鄧小平は、中国の経済発展における科学技術の重要性、中国労働人口の職業意識回復、個人の技量と主導性の奨励といった、後に彼の看板となるテーマのいくつかを提示した。こうしたことはまさに、文化大革命期の政治的粛清や大学の破壊、さらにはイデオロギー的観点から行われた無能な人間の重用によって、台無しにされていた。

鄧小平は何よりもまず、中国は外国人から何を学ぶことができるのかという、一九世紀から続く論争に決着を付けようとした。中国は(たとえ「突飛な」人物の職業上の達成を奨励することになろうとも）政治的な正統性よりも職業的な能力を重視すべきだと、彼は主張した。過去数十年間、政府の役人や指導的労働者が、個人の教育や仕事や日常生活の細目を決定してきた社会にあっては、これは根源的な価値観の転換だった。毛沢東が問題をイデオロギー的な寓話の高みに持ち上げたのに対し、鄧小平は職業的な能力をイデオロギー的達成の上に置いた。

今日、科学研究者の一部はセクト闘争を行い、研究にほとんど、あるいはまったく関心を寄せていない。少数の研究者だけがまるで犯罪を犯しているかのように、研究活動をひそかに行っている。……世界に広く認められている才能ある人物が中国に一〇〇〇人いれば、とても有利なことだ。……中華人民共和国のために働いてくれさえするなら、彼らは、党の派閥争いに明け暮れ、他の人々の足を引っ張っている人間より、はるかに価値がある(4)。

鄧小平は「連携、安定、団結を達成することが必要だという考え」こそが中国の伝統的価値観だと述べた(5)。毛沢東がまだ健在で、四人組の影響力も残っていたため、権力の頂点にあったわけではないが、鄧小平は現状の混沌を克服し、「事態を正常化する」必要性について、あからさまに語った。

現在、各分野で事態を整頓する必要がある。農業と工業は整頓されなければならず、文学と芸術に関する政策は調整されなければならない。事態を整頓することによって、われわれは、地方の、工場の、科学技術の、さらにはあらゆる他の分野の問題を解決し

たい。私は政治局会議で、いくつかの分野での整頓について述べ、毛沢東同志に報告して、承認を得た。(6)

毛沢東が「承認」を与えたというが、いったい何を承認したのかは、はっきりしない。鄧小平が周恩来の、よりイデオロギー的な代替者として復権させられたのだとすれば、結果はその正反対のものになった。鄧小平が秩序や安定という言葉で実現しようとしたものは、四人組から激しい挑戦を受けることになる。

指導者たちの死——華国鋒

鄧小平が改革プログラムを全面展開し始める前に、中国の権力構造は激変し、彼自身も二度目の失脚の憂き目にあった。

一九七六年一月八日、周恩来はがんとの闘いに敗れた。彼の死は民衆の中に、中華人民共和国がまだ経験したことのない悲哀の高まりを呼び起こした。鄧小平は一月一五日の葬儀を、周恩来の人間的な美質を称揚する場にしようと考えた。

彼は率直で公明正大であり、全体の利益に注意を払い、党の規律を守り、自らを厳しく分析し、幹部集団を団結させることに巧みで、党の団結と連帯を推し進めた。彼は大衆と広範で緊密な関係を維持し、あらゆる同志と人民に限りなく温かい思いやりを注いだ。……われわれは、控えめで慎重であり、気取らずに親しみやすく、自らの行動で規範を示し、質素な勤労生活を送った彼の、繊細なスタイルから学ばなければならない(7)。

こうした美質のほとんどすべて、特に団結と規律への献身は、周恩来が首相の職にはとどまったものの、実権を剝奪された一九七三年一二月の党政治局会議で批判された点にほかならなかった。だから、鄧小平が捧げた賛辞は大変な勇気を必要とする行為だった。一連の周恩来追悼デモの後、鄧小平は再び、あらゆる役職から追放された。人民解放軍が最初は北京の、次いで中国南部の軍事基地で彼をかくまっていなければ、彼は逮捕されていただろう。

それから五カ月後に毛沢東が死去した。中国ではその直前、唐山地震が起きたが、一部の中国人は、この大地震こそ毛沢東死去の予兆だったと論じた。

林彪の失脚と、周恩来、毛沢東の相次ぐ死は、党と国家の将来を不安定なものにした。毛沢東亡き後、彼と同じような権威を持った指導者は見当たらなかった。

四人組の野望と、おそらくはその指導者としての資質に疑念を抱いていた毛沢東は、自らの後継者として華国鋒に白羽の矢を立てた。華国鋒はぱっとしない人物であり、何らかの要職、特に毛沢東の後継役にふさわしい職に就いたことのない人物だった。毛沢東は周恩来の死に際し、華国鋒をまず首相に任命した。その後、しばらくして毛沢東が死去すると、華国鋒は彼の後を継いで党主席、中央軍事委員会主席に就任したが、彼の威厳まで引き継いだわけではなかった。中国指導部の序列の階段を上る際に、華国鋒は毛沢東に対する個人崇拝を利用したが、彼自身には前任者ほどの人を引きつける力はなかった。中国の在来技術ではなく、西側諸国からの大規模なプラント導入で近代化を急ごうとする彼の経済政策は「洋躍進」と呼ばれた。その呼び名は情けないことに、一九五〇年代に毛沢東が発動し、悲惨な結果に終わった「大躍進」政策を思い起こさせた。

毛沢東以後の中国政治理論における華国鋒の主要な貢献は、一九七七年二月に発表し、後に「二つのすべて」と呼ばれることになった考え方だ。それは「毛沢東主席の意思決定はすべて断固として擁護しなければならず、毛主席の指示はすべて終始変わることなく順守しなければならない」[8]というもので、政治的情熱をかき立てる類いの理論ではまったくなかった。

私は華国鋒には二回しか会ったことがない。最初は一九七九年四月に北京で会い、二度目は一九七九年一〇月に彼がフランスを公式訪問した際に会った。いずれの場合にも、その時の彼の行動と、その後の歴史で彼のことがすっかり忘れ去られていく過程との著しい落差に、私は驚くことになった。華国鋒がジミー・カーター米大統領当時の国家安全保障担当補佐官、ズビグニュー・ブレジンスキーと行った会話の記録からも、同様のことがうかがえる。華国鋒はいずれの会話でも、中国政府の高官が外国人と話す際に付き物の、断固たる態度を示している。彼は、周恩来ほど洗練されてはいなかったし、毛沢東ほどの痛烈な皮肉は持ち合わせてはいなかったが、事情に精通しており、確信を持って発言していた。彼が、登場した時と同じような性急さで消えていくだろうと予測させるものは、何もなかったのだ。

しかし、彼には政治的な支持基盤が欠けていた。彼が権力の頂点に上り詰めたのは、対立する主要派閥、すなわち四人組と、周恩来・鄧小平の穏健派の、どちらにも所属していなかったためだ。毛沢東が舞台から去ると、華国鋒は、毛沢東主義者の、集団化と階級闘争という指針への批判を許さぬ信奉と、経済的、技術的な近代化という鄧小平の理念との折り合いを付けるという、この上ない矛盾につまずいてしまった。四人組の信奉者は、ラディカリズムが足りないと言って華国鋒に反対し、鄧小平とその支持者らは、次第に、あからさまに、プラグマティズムが足りないと言って華国鋒を拒否するようになった。鄧小平にしてやられた形で、華国鋒は、名目上はなお最高指導者の地位を保ってはいたものの、国家の運命にとって、たいして意味のない存在におとしめられていった。

華国鋒はしかし、国家の頂点から滑り落ちる前に、とてつもない結果をもたらす行動に打って出た。毛沢東の死後一カ月も経たないうちに、文化大革命の大いなる犠牲者であった穏健派と手を組み、四人組を逮捕したのだ。

鄧小平の昇進――「改革開放」

この極度に流動的な状況の中で、鄧小平は一九七七年、二度目の幽閉生活から舞い戻り、中国の近代化に関するビジョンを打ち出し始めた。

彼は、お役所的に見れば最も不利な立場から、活動を開始した。華国鋒がすべての重要な役職を、毛沢東と周恩来から引き継いで保持していた。彼は中国共産党の主席であり、首相であり、中央軍事委員会の主席だった。彼は毛沢東から明確なお墨付きをもらっていた（毛沢東が華国鋒に「あなたがやれば、私は安心だ」と言ったというのは、有名な話だ[9]）。鄧小平は政治と軍事の両面で、かつて保持していた役職に復帰したが、公式の序列では、あらゆる場面で華国鋒の下位に甘んじなければならなかった。

二人の外交政策は似たようなものだったが、中国の将来に関するビジョンでは驚くほど異なっていた。一九七九年四月に北京を訪問した際、私は二人と個別に会談した。二人とも経済改革に関する自らの考えを披露した。私の中国の指導者との付き合いの中で、哲学的かつ実践的な意見の相違がこれほど明確に示されたのは、これが初めてのことだった。華国鋒は、重工業に重点を置き、農業生産については、人民公社を基礎に、おなじみの五カ年計画によって機械化と肥料使用を進めるという、ソ連方式での生産拡大計画について説明した。

鄧小平はこうした正統的な考え方の一切を退けた。彼によれば、人民は自ら生産したものに対し、報酬を与えられるべきなのだった。重工業より消費物資の生産が優先されなければならず、中国の農民は自由に創意工夫の才を発揮できなければならず、共産党は指図することを減らし、政府の権限は分散させられなければならない。鄧小平との会話は、たくさんの円卓が置かれた宴会の席で続けられた。私は鄧小平の隣に座っていた。晩餐会での会話の社交辞令として、私は中央集権化と分権化のバランスについて質問した。鄧小平は、巨大な人口を抱え、地域による相違が顕著な大国にとって、権力分散がいかに重要であるかを強調した。しかし、このことは主要な困難であるとは言えない、と彼は語った。中国には近代的な技術が導入されなければならず、数万の中国人留学生を海外に送る必要があり(「私は西側の教育を少しも恐れてはいない」と彼は語った)、さらに、文化大革命の行き過ぎをすぐさま、未来永劫にわたって終わらせなければならない。鄧小平が物静かにこう語ると、われわれの周囲のテーブルは沈黙した。そこにいた鄧小平以外の中国人は、老人が中国の将来に関する自らのビジョンを概説している時、聞こえないふりをする礼儀さえ忘れて、椅子から身を乗り出していた。「今度こそ、われわれは事態を正さなければならない」と、鄧小平は話を締めくくった。「われわれはあまりに多くの過ちを犯した」。それから程なく、華国鋒が指導部から姿を消した。その後一〇年間にわたって、鄧小平は一九七九年の晩餐会で語ったことを実践した。

鄧小平が勝利したのは、過去数十年間にわたって、彼が党、そして特に人民解放軍の中に人脈を培い、華国鋒より政治的にはるかに抜け目なく行動してきたからだ。数十年間の党内抗争の古強者として、イデオロギー上の論争を政治目的のために役立てるすべを、彼は学んできた。この時期の彼の演説は、イデオロギー的柔軟さと政治的曖昧さの名人芸だ。彼の戦術の要点は、毛沢東の存命中はほとんど表面に出ることのなかった「実事求是」「理論と実践の統一」の考え方を「毛沢東思想の基本原則」にまで高めることだった。

中国の権力の頂点を目指す者のすべてがそうであるように、鄧小平も、毛沢東の演説をそのまま(時にはわざと文脈を無視して)引用し、自らの思想が毛沢東の言葉を敷衍したものであるかのように見せ掛けた。毛沢東は少なくとも一九六〇年代半ば以降、国内問題で実利性を強調したことはない。毛沢東は全般的に言って、実利的な経験を乗り越えることができるものとしてのイデオロギーを優先させていた。鄧小平は、正統毛沢東主義のまとまりのない断片を整理する過程で、毛沢東の継続革命を放棄した。鄧小平思想の中で、毛沢東はプラグマティストとしての姿を与えられた。

同志諸君、よく考えてみよう。実事求是、すべてを実際から出発すること、理論と実践の統一、これこそが、毛沢東思想の基本的観点ではないだろうか。この基本的観点が古びているとでも言うのか。これが古びることなど、かつてあっただろうか。事実に基づいて真実を求めるのでなければ、現実から出発し、理論を実践と統一させるのでなければ、われわれはどうして、マルクス・レーニン主義と毛沢東思想に忠実であることができるだろうか。[10]

鄧小平は、毛沢東の正統性を擁護したうえで、華国鋒の「二つのすべて」の発言を、毛沢東自身さえも口にしたことのない彼の無謬性を前提にしていると批判した(逆に言えば、毛沢東の存命中は、彼の無謬性を言い立てる必要はほとんどなかったということだ)。鄧小平は、七〇%は正しく、三〇%は誤り、という毛沢東のスターリンに対する評価を持ち出して、毛沢東もこの「七〇―三〇」評価が妥当だとの考えを示唆した(これが程なく中国共産党の公式の毛沢東評価となり、それは今も変わらない)。こうすることによって鄧小平は、毛沢東が自らの後継者に指名した華国鋒を、毛沢東の言葉の杓子定規な適用を要求することで彼の遺産を改ざんしている、と非難することができた。

「二つのすべて」は受け入れることができない。この原則に照らせば、私の復権を説明できない。(周恩来の死去に伴う追悼デモである)一九七六年の天安門広場での大衆行動は正しいものだったとする問題も、説明できない。われわれは毛沢東同志があれやこれやの個別の問題について行った発言を、機械的に適用することはできない。……毛沢東同志は繰り返し語っている。……もしある人物の業績が七〇%の成果と三〇%の誤りとすれば、それは大変立派であるし、自分の死後、将来の世代がこの「七〇―三〇」の評価を自分に与えてくれれば、大変に幸福で、満足だろうと思う、と。(11)

つまり、変更できない正統性などないということだ。中国の改革は、ほとんどが実現可能性を基礎として、進められることになる。

鄧小平は次第に、その基本的課題の緊急性について語るようになっていった。一九七七年五月の演説では、一九世紀の日本の劇的な近代化運動である明治維新の成果を、中国は凌駕しなければならない、と述べた。市場経済を目指して共産主義イデオロギーにハッパをかけるかのように、鄧小平は「新興日本ブルジョアジー」が達成した計画を凌駕する能力を、「プロレタリアート」としての中国人は持っているはずだ、とけしかけた(人々はこれを、実のところは中国人の民族的自尊心に訴え掛ける作戦だと疑ったが)。人民に並外れた光輝あふれる未来のビジョンを売り込んだ毛沢東と違って、鄧小平は中国の後進性を克服するための多大な献身を人々に求めた。

近代化達成のカギは科学技術の発展だ。そして、教育をしっかりつかまなければ、科学技術を発展させることは不可能だ。口先だけでわれわれの近代化計画を進展させることはできない。われわれには、知識と人材が必要だ。……今の中国は科学、技術、教育の面で先進国に二〇年は遅れている。[12]

鄧小平が権力を固めるにつれ、こうした原則は、世界の大国を目指して努力する中国の行動原理となった。毛沢東は、中国の貿易を増大させることや、中国経済に国際競争力を持たせることに、ほとんど関心を示さなかった。毛沢東が死去した時、米国の対中貿易額は三億三六〇〇万ドルと、対ホンジュラス貿易よりやや少なく、人口では中国の一・六%にすぎない台湾との貿易の一〇分の一しかなかった。[13]

経済的な超大国としての今日の中国は、鄧小平の遺産だ。そうなったのは、彼がこの結果を達成するための特別な計画を作り上げたからではなく、自らが属する社会を、その時の姿から、かつてなかった水準にまで引き上げるという、指導者としての究極の仕事を、彼が成し遂げたからなのだ。社会は、その構成員の平均的行動の水準で動く。社会は、慣れ親しんだ行動をすることによって、自らの水準を維持する。しかし社会は、指導者が成し遂げなければならないことのビジョンを持ち、当初の成果は彼のビジョンの中でしか見えないような路線を採用する勇気を持つことで、進歩する。

鄧小平が直面していた政治的な課題とは、共産主義支配の最初の三〇年間、団結と国際的な尊敬の獲得には邁進するものの、国内的、社会的な目標としては達成不可能なものを掲げる指導者の一団に、中国が統治されていた、ということだった。毛沢東は国家を統一し、台湾とモンゴルを例外として、歴史的な版図を回復した。しかし、彼は中国に、その歴史的な独自性に反する努力を要求した。中国の偉大さは、社会が持ちこたえられるペースに合ったリズムで文化モデルを発展させることで、達成されてきた。中国の耐久力は巨大だが、毛沢東の継続革命は、中国をその限界にまで追い詰めた。中国は、国際社会でまともに取り上げてもらえる国家としてのアイデンティティを回復することで、誇りを生み出した。しかし、イデオロギー的賛美の高揚による以外に、中国を発展させる方策は見つけ出せなかった。

毛沢東は、威厳のある、畏怖を感じさせるタイプの、伝統的な皇帝のように統治した。彼は、天と地の仲介者であり、地上よりも天の方に近いという、帝国の支配者の神話を体現していた。これに対し、鄧小平は、姿の見えない全能の神があらゆるところに遍在するという、中国のもう一つの伝統に基づいて統治した。

多くの文化、特にすべての西側文化においては、支配者は支配される者との間で、何らかの目に見える接触を行うことで、その権威が強化される。だから、アテネで、ローマで、そしてほとんどの西側民主主義国家で、雄弁術が政府の資産と見なされてきた。中国には雄弁術の伝統はない(毛沢東は、いわば例外だ)。中国の指導者には、修辞的な技能や大衆との肉体的接触を自らの権威の基礎とする伝統はなかった。中国の歴代高級官僚(マンダリン)の伝統では、彼らは基本的に姿を見せずに活動し、行動の結果によって正統性を得る。鄧小平は重要な役職を持たず、すべての名誉ある称号を拒絶し、テレビにほとんど出演せず、ほぼ完全に物陰から政治を行った。彼は皇帝のようにではなく、マンダリンのように支配した。(14)

毛沢東は、彼の個人的なビジョンのおかげで苦しみを被る人民の堪え忍ぶ耐久力を当てに、統治した。鄧小平は、彼の将来のビジョンを実現してくれるであろう中国人民の創造性を解き放つことによって、統治した。毛沢東は、意志の力とイデオロギー的純粋さのみで障碍を乗り越えるという、中国「大衆」の力に神秘的な信頼を寄せることによって、経済発展を成し遂げようとした。鄧小平は、中国の貧困と、先進世界との生活水準の巨大な格差を直視する。鄧小平は「貧困は社会主義ではない」と宣言し、中国は欠点を是正するため、外国からの技術、専門家の助言、資本を必要とすると訴えた。

鄧小平の復権は、一九七八年一二月の中国共産党一一期三中総会で頂点に達した。会議では、鄧小平のその後のあらゆる政策を特徴づけることになる「改革開放」というスローガンが採択された。党中央委員会は、周恩来の「四つの近代化」を引き継いだ現実主義的な「社会主義近代化」政策を承認することで、正統毛沢東主義理論とはっきり決別した。農業分野では個人が自主性を発揮することが再び認められた。周恩来の葬儀での大衆行動(それまでは「反革命」のレッテルを貼られていた)への評価が逆転し、朝鮮戦争を指揮し、後に大躍進政策を批判したことで毛沢東に失脚させられた人民解放軍の元帥、彭徳懐の名誉も、死後ではあるが、回復された。鄧小平は会議の閉幕に当たって重要講話を行い「思想を解放し、実事求是で、前に向かって一致団結しよう」と高らかに宣言した。毛沢東が文字通り、人生のあらゆる問題について解答を与えた一〇年間が終わり、鄧小平はイデオロギー的な締め付けを緩和し、「自分で物事を考える」態度を奨励することが必要だと強調した。[15]

鄧小平は、四人組と毛沢東のいくつかの側面の隠喩として、林彪を引き合いに出し、「知的タブー」と「官僚主義」を非難した。必要なのは、イデオロギー的な正統性ではなく、個人の実力だ。あまりに多くの人間が抵抗の少ない道を選び、広くまん延する停滞に落ち込んだ。

実は、実践が真理を確かめる唯一の判断基準であるかどうかという現今の議論はまた、思想を解放する必要があるかどうかという議論でもある。……すべてのことが書物から出発し、思想が硬直化し、迷信がまん延する時、党や国が前進することはできない。党や国の生命は停滞し、滅びるだろう[16]。

独立独歩の創造的な思考こそ、未来への中心的な指針でなければならない。

党員と人民の中に、自分の頭を働かせ、物事を徹底的に考えられる人が多いほど、われわれの事業の役に立つ。革命を進め、社会主義を建設するため、われわれは、大胆に思考し、新たな道を探り、新たなアイデアを生み出す開拓者を、大量に必要としている。それがなければ、われわれにはわが国の貧困と後進性から抜け出す方法はなく、国際先進レベルに追いつくことや、ましてや、追い越すことはできない[17]。

毛沢東主義の正統から離れることは、同時に、改革者にジレンマをもたらした。ほとんどの革命は、権力の乱用と見なされることへの反抗から生まれる、という事情が、革命のジレンマを生む。既存の義務が解体されればされるほど、ある種の義務を再び生み出すために、強制力が必要になる。このため、革命の結果として、しばしば中央権力が強化される。革命が徹底的であればあるほど、このことは起きやすい。

改革のジレンマは、これとは正反対のものだ。選択の幅が広がれば広がるほど、切り分けが難しくなる。生産性向上のため、鄧小平は「物事を自分でよく考える」ことの重要性を強調し、思考の「完全な」解放を唱道した。しかし、いったん解放された思考が複数政党制を求めるようになれば、どうすればいいのか。鄧小平のビジョンは「大胆に思考し、新たな道を探り、新たなアイデアを生み出す多数の開拓者」を求めたが、そのビジョンは、開拓者が自分たちの探求を、繁栄する中国を築き上げる実践的方法にとどめ、究極的な政治目標の模索は控えるとの想定に立っていた。鄧小平は、思想の解放と政治的安定を保つ責務とは両立させ得ると、どうして考えたのだろうか。中国には他に取るべき最良の道はないという判断に基づき、計算済みで危険を冒すということだったのだろうか。あるいは彼は、自分が中国人民に豊かさとかなりの自由をもたらすからには、政治的安定を脅かすような事態は起こり得ないと、中国の伝統に則って考えていたのだろうか。経済的自由化と国家の再生という鄧小平のビジョンは、西側社会で複数政党制民主主義として認識されているような方向への動きをほとんど含んでいなかった。鄧小平が一党支配を維持しようとしたのは、権力の特権を享受していたかったからではなく(彼が毛沢東や江青が受けていたぜいたくな待遇の多くを謝絶したことは有名な話だ)、一党支配以外の道は無政府状態につながると考えていたからだ。

鄧小平は程なくして、こうした問題に直面することになった。彼は一九七〇年代に、文化大革命時代に被った苦難について訴え出るよう、人々に勧めた。しかし、人民に新たに与えられたこの寛容さが複数政党制の萌芽に結び付いたため、鄧小平は一九七九年には、自由とは何であり、どこにその限界があるかについて、詳細に論じなければならない羽目に至った。

最近、少数の人々がいくつかの場所で問題を起こしている。一部の悪質な分子は、党と政府の指導者の指導、勧告、説明を受け入れないばかりか、直ちには実現できないか、あるいはまったく合理的ではないさまざまな要求を出している。彼らは大衆の一部を挑発したり、だましたりして、党や政府機関の建物を襲い、事務所を占拠し、座り込みやハンストで交通を妨害し、業務、生産、社会秩序を大いに破壊している。[18]

こうした出来事が特異なものであったり、珍しいものではなかったことは、鄧小平が提示しているさまざまな例からも明らかだ。彼は、中国の人権問題に懸念を示すよう米大統領に要請した「中国人権同盟」について「われわれは中国の内政問題に対して、かくも公然と介入するよう呼び掛けることを許せるだろうか[19]」と述べ、「上海民主フォーラム」については、資本主義の復活を企てていると非難した。鄧小平によれば、これらのグループのいくつかは、台湾の国民党当局と秘密裏に接触し、またあるグループは政治亡命を求めて海外と交渉していた。

鄧小平はこうして、政治的な挑戦の存在を驚くほど率直に認めた。彼は挑戦にどう対処するかということよりも、挑戦の広がりに関して、幅広い視野を持っていた。

こうした連中に対する闘争は、短時間で片付くような簡単なものではない。われわれは人民(その多くは天真爛漫な若者たちだ)と、これらの人々をだます反革命分子や悪質分子を峻別し、後者に対しては法に則って厳しく対処するよう努力しなければならない。……中国人民が今日必要としている民主はいかなるものだろうか。それは社会主義民主、あるいは人民の民主主義でなければならず、ブルジョア階級や個人の民主主義ではない[20]。鄧小平は政治行動においては頑固に権威主義的であったが、個人崇拝をやめ、前任者である華国鋒の追放をやめさせ（追放ではなく、表舞台から消え去ることを許した）、自分の権力の後継が秩序だって行われるような計画に着手した。権力を確立した後の鄧小平は、党の序列における公式的な地位のトップに就くことをほとんど断った[21]。一九八二年に北京で会った際、彼は私にこう説明した。

鄧　……私はもう時代遅れになりつつある。

キッシンジャー　党大会の文書を読む限り、そうは思えませんが。

鄧　私は今は党の中央顧問委員会にいる。

キッシンジャー　それはあなたの自信の表れではないのですか。

……

鄧　わが方の指導部は高齢化しており、そのために顧問になった。われわれには歴史的な経験と教訓がある。……

キッシンジャー　あなたをどんな肩書でお呼びすればよいのでしょうか。

鄧　私にはいくつかの肩書がある。政治局の常務委員であり、中央顧問委員会の主任であり、人民政治協商会議の主席だ。これについては、誰かに譲りたいと思っている。私には肩書が多すぎる。……私にはたくさんの肩書がある。それをできるだけ少なくしたい。私の同志たちも、私がもっと日常業務の処理から遠ざかるようにと望んでいる。それはただ、私が長生きできるようにだ。

鄧小平は、毛沢東が示した先例のように、自分を特定の分野における天才であると見せ掛けることはせず、自分の技量を実際よりも低く見せ掛けた。彼は物事を革新するのに当たって部下の力を信頼し、部下が成し遂げた成果を承認した。彼は海外からの投資に関する一九八四年の会議で、特有の率直さで次のように説明した。「私は経済分野の門外漢だ。経済についていくつかの発言は行ったが、それらはすべて、政治的観点からの発言だ。例えば、私は中国の経済政策を海外に向けて開かれたものにすることを提案したが、それをどう実現するかという詳しいことについては、本当にほとんど知らない[22]」。

内政問題についてのビジョンを磨き上げているうちに、彼は世界に対して中国を代表する顔となった。一九八〇年には、彼の地位の上昇は完成した。一九八〇年二月の中国共産党一一期五中総会で、華国鋒の支持者たちは降格させられるか、地位を剝奪され、胡耀邦、趙紫陽といった鄧小平の同志たちが政治局常務委員に任命された。鄧小平の大規模な改革は達成の過程でかなりの社会的、政治的緊張を生み、一九八九年には天安門事件となって爆発した。しかし、上からの改革により中国を強国にしようと考えた、清朝末期の変法自強運動の改革者たちの見果てぬ夢から一世紀を経て、鄧小平は、毛沢東の遺産を飼いならし、作り替えることによって、中国を改革のコースに頭から飛び込ませた。この改革の道は、中国がその実績と歴史ゆえに、いつか世界に影響力を発揮できるようになる、そういった道だった。

第13章「虎の尾を踏む」——第三次ベトナム戦争

一九七九年四月、まだ中国の首相だった華国鋒は、中国が六週間にわたってベトナムに侵攻した第三次ベトナム戦争［中越戦争を指す］の結果について、ソ連が果たした役割を侮蔑的に当てこすりながら「彼らはあえて動こうとしなかった。だから結局、われわれはまだ虎の尾を踏んでも大丈夫なのだ[1]」と総括した。

ベトナムは、一九七五年に成立したカンボジアのポル・ポト政権との一連の国境紛争への対応策として、また、インドシナ連邦創設という究極の目的に向けて、カンボジアに軍事侵攻し、中国はこれに「懲罰を与える」ため、ベトナムに侵攻した。中国のベトナム侵攻は、締結から一カ月も経たないベトナムとソ連の友好協力条約を無視して行われた。この戦争は、文化大革命による荒廃からまだ十分回復していない中国軍にとって、大変高いものについた[2]。しかし、ベトナム侵攻で中国は基本的な目的を達成した。すなわち、ソ連が動かなかったことによって、ソ連の戦略的影響力の限界が示されたのだ。この観点から、それは冷戦期における転換点と見なし得るが、当時はそのようなものとして十分理解されていたわけではなかった。第三次ベトナム戦争は、冷戦期における米中の戦略的協力が最も高揚した時期でもあった。

ベトナム――超大国とのせめぎ合い

中国が第三次ベトナム戦争に引き込まれた要因は、第二次ベトナム戦争［いわゆるベトナム戦争を指す］に米国が引き込まれた要因に似ている。ベトナムのある種の熱狂的な愛国主義に内在する何かが、他の社会に平衡感覚を失わせ、ベトナムの意図や自分たちの能力について誤解を抱かせることになった。そのことこそが、歴史家が今、第二次ベトナム戦争（第一次ベトナム戦争は、ベトナムのフランスに対する反植民地戦争）と称している戦争で、米国に起きたことだった。米国民にとっては、中規模の発展途上国が自らの偏狭な大義のためだけに、かくも激烈な献身を培うことができるということが、理解し難かった。そのため米国民は、北ベトナムの行動には深い意図が隠されていると解釈し、北ベトナムの好戦性は、少なくともアジアぐらいは支配しようという、中ソの共謀が露呈したものだと考えた。だから米国政府は、北ベトナムによる当初の攻勢を食い止めれば、何らかの外交的妥協が可能になると思っていた。

この予測は二つの面で間違っていた。まず、北ベトナムはいかなる国の代理人でもなかった。この国は独立というビジョンのために、そして究極的には、インドシナ連邦という形で、中国が歴史的に東アジアで果たしてきたものと同様の主導的役割を、東南アジアでベトナムが担うために戦った。中国との数世紀にわたる紛争を生き抜いてきた、ひたむきな北ベトナム国民にとって、独立に関する自らの考え方を、安定に関するどこかの部外者の考え方に妥協させることなど、思いもよらないことだった。第二次ベトナム戦争の苛烈さは、妥協を熱望する米国と、勝利に固執する北ベトナムとの相互作用で生まれた。

この意味で、ベトナム戦争における米国の最も決定的な過ちは、米国政府は外交に十分努力したかという、米国世論を二分した問題の中にはなかった。米国の過ちはむしろ、二大政党が交代で担った歴代政権がかくも真剣に、ほとんど絶望的にまで求めた、いわゆる外交成果を上げるためには、北ベトナムを完全に敗北させるだけの圧力が必要であり、ソ連や中国はベトナムに命令ではなく助言することしかできない、という事実を、直視できなかった点にあった。

これほど根本的ではなかったが、中国も同じような誤解をしていた。南ベトナムへの米軍増派が始まった時、中国政府はこれを囲碁の考え方から、中国を囲む米軍基地が韓国、台湾海峡から今やインドシナに広がった、と解釈した。中国は北ベトナムのゲリラ戦争を、一つにはイデオロギー的な理由で、一つには米軍基地を中国国境からできるだけ遠くに押し戻すために、支援した。周恩来は一九六八年四月、北ベトナムのファン・バン・ドン首相に、中国に対する戦略的な包囲を防止するため、中国は北ベトナムを支援したと述べた。ファン首相は、ベトナムの目的が中国包囲を阻止することではなく、愛国的なものだったため、これに対して曖昧な返答しかしなかった。

周　長い間、米国は中国を半分ほど包囲してきた。今や、ソ連も中国を包囲している。包囲は、ベトナム（の部分）を除いて、完成しつつある。

ファン　われわれはベトナム領土の全域で、米帝国主義を打ち負かす覚悟をますます固めている。

周　だから、われわれはあなた方を支持している。

ファン　われわれが勝利すれば、アジアに前向きの効果を与えることになる。われわれの勝利は予測もつかない結果をもたらすだろう。

周　あなたの考えは正しい(3)。

中国はファン・バン・ドンが慎重に同調を避けた戦略を遂行するため、インフラと兵站への支援として、軍の非戦闘員一〇万人を北ベトナムに送った。米国はベトナムを中ソの陰謀の先兵と見なし、これに対抗した。中国は、米国がアジアを支配しようとしていると考え、これに打撃を与えるため、北ベトナムを支援した。中国と米国の双方とも誤っていた。北ベトナムは、ただ自国のことだけを考えて戦った。一九七五年のベトナム戦争勝利を経て誕生した共産主義政権による統一ベトナムは、やがて中国にとって、米国にとってよりもはるかに大きな戦略的脅威となるのだった。

ベトナムはすぐ北の隣国である中国を、妄想と言いたいほどの疑念を持って見ていた。中国による長い支配の期間に、ベトナムは中国の文字や政治、文化の形式（古都フエの王宮や墓所を見れば、一目瞭然だ）を取り入れた。しかし、ベトナムはこうした「中国風」の制度を使って、中国とは別個の国を作り上げ、独立を強化した。日本が歴史上の同じような期間、鎖国政策をとったのに対し、ベトナムは地理的条件のため、国を閉ざすことができなかった。ベトナムは紀元前二世紀から一〇世紀まで、程度の差はあれ中国の直接の支配下にあり、全面的な独立を勝ち取ったのは、九〇七年に中国の唐王朝が滅びた後だった。

ベトナム人の民族的アイデンティティは、一方で中国文化を吸収し、他方で中国の政治的・軍事的支配に反発するという、二つのどちらかというと相反する力によって生み出された。中国に対する抵抗はベトナム人に、独立への熱情的な誇りと、軍事面での卓越した伝統を植え付けた。中国文化の吸収はベトナム人の中に、近隣諸国に対抗し、独自の地域版中華帝国を構想する中国風の儒教エリートを生み出した。二〇世紀の三次にわたったベトナム戦争の間、ベトナムは、ラオスとカンボジアの中立地帯を権利があるかのように自由に使うことによって、地域の盟主としての政治的、文化的な資格を誇示し、戦後はこれらの国々の共産主義運動と「特別な関係」を結んで、支配的地位を確立した。

ベトナムは中国に対し、かつてなかったような心理的・地政学的挑戦を突き付けた。ベトナム政府の指導者は「孫子の兵法」に通じており、フランスと米国に対してもそれを応用して大きな成果を上げた。最初は第二次世界大戦後に自分の植民地を取り戻そうとしたフランスとの、次いで一九六三年から七五年までは米国との、長いベトナム戦争が終わらないうちから、中国とベトナムは、インドシナと東南アジアの支配をめぐる次の争いは、自分たちの間で行われるだろうと考え始めていた。

米国によるベトナム戦争の期間中、いつもは中国の政策の指針となっている戦略的分析に、確固としたものがあまり見られなかったのは、中国が米国と文化的に似ていたためかもしれない。皮肉なことに、中国の長期的な戦略的利益は、米国のそれと似ていたと思われる。インドシナの四カ国(南北ベトナム、カンボジア、ラオス)が互いに均衡するような結果を生み出すことが、両国の戦略的利益だった。毛沢東が一九六五年にエドガー・スノーに対し、ベトナム戦争のあり得べき結末をいくつか数え上げながら、南ベトナムが存続する結末も可能であり、容認し得ると述べたのは、このためかもしれない[4]。

一九七一年の私の北京秘密訪問の際、周恩来は、インドシナにおいて中国が目指すものは戦略的でもイデオロギー的でもない、と語った。周恩来によれば、中国のインドシナ政策は、中国の歴代王朝が作った歴史的な負債に、完全にその基礎を置いている。中国指導者はこのころ、米国がベトナム戦争に負けることはあり得ず、朝鮮戦争後の北朝鮮のように、北ベトナムは中国の支援を頼ってくる、と考えていたと思われる。

戦争の進展につれ、中国が嫌々ながら、北ベトナムの勝利という事態への準備を始めたことを示す兆候がいくつかある。米国の情報機関によると、中国はラオス北部で道路建設を始めた。この道路は、米国との間で続く戦争に関係はなかったが、北ベトナムをけん制し、さらには、ラオスをめぐって北ベトナムとの間で起こり得る紛争をけん制するという意味で、ベトナム戦争終結後の戦略に役立つものだった。一九七三年にベトナム戦争和平協定がパリで結ばれた後、私と周恩来はカンボジアに関して、ノロドム・シアヌーク(亡命して北京に在住するカンボジアのかつての支配者)、現カンボジア政府、ポル・ポト派の連合を基礎とした戦後処理を協議していた。その主目的は、北ベトナムによるインドシナ支配を阻むことにあった。この合意は、インドシナ地域で米国がこれ以上軍事的役割を果たすことを米議会が禁止し、米国の役割が意味のないものとなったため、最終的には成立しなかった(5)。

北ベトナムの、当時の同盟国である中国に対する潜在的な敵意を、私は一九七三年二月、二週間前に調印されたばかりのパリ和平協定の履行について協議するためハノイを訪問した際に痛感した。レ・ドク・ト［和平協定に関する米国とベトナムの秘密協議で著者の相手だった］は私をハノイの国立博物館に連れて行ったが、その主目的は、当時はまだベトナムの公式の同盟国だった中国に対する、ベトナムの闘争の歴史を展示した部門を見せることだった。

一九七五年にサイゴンが陥落すると、ベトナムと中国の先天的かつ歴史的な敵対関係は白日の下にさらされ、地政学がイデオロギーを凌駕する結果となった。ベトナム戦争の意味を取り違えていたのが米国だけではないことが、これで明らかになった。米国が最初にベトナムに介入した時、中国はそれを帝国主義の最後のあがきの一種だと見なし、ほとんど機械的に北ベトナムの側についた。中国は米国の介入を、約一〇年前に米国の朝鮮半島への介入をそのように見なしたのと同じく、中国包囲へ向けた新たな一歩だと考えた。

皮肉なことに、地政学的観点から見れば、中国と米国の長期的な利益は似たようなものであるはずだった。両国とも、インドシナに四つの国が存在する現状の維持を望んでいた。米国は、ウィルソン大統領流の世界秩序、すなわち、すでに存在する国家は自決の権利を持つという原則と、共産主義国家が世界的な陰謀を企んでいるという思いから、北ベトナムのインドシナ支配に抵抗した。中国の目的もほぼ同様だったが、それは国境の南側にひと固まりになった東南アジア国家が誕生することを望まないという、地政学的な観点から出た目的だった。

中国はしばらくの間は、共産主義者としてのイデオロギーが、中国の優越性に対する一〇〇〇年もの歴史を持つベトナムの反発を、帳消しにしてくれると考えていたようだ。また、米国が完膚無きまでの敗北を喫するとは考えていなかった。サイゴン陥落の結果、中国は、自らの政策がもたらした結果に直面しなければならなかった。その結果を目の当たりにして、たじろいだ。インドシナで起きたことは、中国の宿痾《しゅくあ》である包囲への恐怖に直結した。ソ連と結び付いたインドシナ国家ブロックを阻止することが、鄧小平時代の中国外交政策の最大の関心事となり、中国の対米協力促進につながった。ベトナム、中国、ソ連、米国は囲碁の四人での勝負を演じていた。カンボジアとベトナムでの出来事が、中国とベトナムの、どちらが最後に包囲され、力を奪われて終わるかを決定するのだった。

敵対勢力に包囲されるという中国の悪夢は、正夢になろうとしていた。ベトナムだけでも十分恐ろしい相手なのに、もしベトナムのインドシナ連邦建設の目標が実現すれば、それは一億人の連邦となり、タイや他の東南アジア諸国に強い圧力を掛け得る勢力となるだろう。こうした事情から、ベトナムの対抗勢力としてのカンボジアの独立が、中国の主要な目標となった。サイゴン陥落から三カ月しか経たない一九七五年八月に、鄧小平は中国を訪問したポル・ポト派の指導者キュー・サンファンに、早くも次のように述べた。「ある超大国(米国)がインドシナから軍を撤退しなければならなくなると、別の超大国(ソ連)がこれを好機として、……東南アジアで拡張主義を実践するため、……悪魔の触覚を東南アジアに伸ばしてくるだろう」[6]。鄧小平はさらに続けた。「カンボジアと中国の両国は、帝国主義や覇権に対して戦う役割を果たすよう迫られている。……私は、われわれ両国民がより緊密に団結し、共通の闘争の新たな勝利に向けて前進することを、確信している」[7]。ラオスのカイソン・ポムビハン首相が一九七六年三月に北京を訪問した際、当時首相だった華国鋒はソ連について、次のような警鐘を鳴らした。「特に、緊張緩和を言い立てながら、かぎ爪であらゆる場所をつかもうとしている超大国は、軍備拡張と戦争準備を急ぎ、その影響圏内により多くの国々を引き入れ、覇権的な大君主の役割を演じようとしている」[8]。

一九七五年四月のサイゴン陥落後すぐに、米「帝国主義者」の脅威に直面した共産主義者の団結という外面を取り繕う必要がなくなったライバル同士は、あからさまな対決姿勢を示すようになった。インドシナ全域が陥落して六カ月後には、ベトナム人一五万人がカンボジアを離れなければならなくなった。これにほぼ匹敵する人数の中国系ベトナム人も、ベトナムを後にすることを余儀なくされた。中国は一九七六年二月にはベトナム援助計画を中止し、その一年後に、既存の援助計画に基づくあらゆる供与を中断、これと時を同じくして、ベトナムはソ連に接近した。ベトナム共産党は一九七八年六月の政治局会議で、中国をベトナムの「主要な敵」と規定し、この月にベトナムは、ソ連主導の経済ブロックである経済相互援助会議（COMECON）に加盟した。ソ連とベトナムは一九七八年一一月、軍事条項を含む友好協力条約に調印した。一九七八年一二月、ベトナム軍がカンボジアに侵攻し、ポル・ポト政権を倒して、親ベトナム政府を樹立した。

紛争からイデオロギーは姿を消した。共産主義の各大国は、イデオロギーではなく、それぞれの国益を基礎とした勢力争いを演じていた。

中国政府から見れば、自国の国境沿いに戦略的な悪夢が生まれていた。北方では、ソ連が国境に約五〇個師団を集結させたまま、飽くことのない軍備増強を続けていた。西方では、アフガニスタンでマルクス主義者のクーデターが発生し、ソ連の影響力が顕著に強まりつつあった。(9) 中国は、一九七九年一月一六日の国王亡命につながったイラン革命にも、ソ連の影を見た。ソ連は、もっともらしい目的といえば中国封じ込めしか見当たらないアジア集団安保構想を、相変わらず推進していた。ソ連は一方では、米国との間でSALTⅡ〔第二次戦略兵器制限条約交渉〕を続けていた。こうした条約の役目は「ソ連の廃液を東方」つまり中国の側に「流す」ことだと、中国には思われた。中国は極度に脆弱な立場に追いやられたかのようだった。今やベトナムがソ連陣営に加わった。一九六八年にファン・バン・ドンが周恩来に予言した「予測もつかない結果」の一つが、ソ連による中国包囲だったのかもしれない。事態をより複雑にしたのは、中国にとってのこうした難問が、二度目の復権を果たした鄧小平の権力がまだ固まりきっていない時に起きたということだ。鄧小平の権力確立は、一九八〇年まで待たなければならない。

中国と西側諸国の外交戦略の基本的な違いは、脆弱なところを見つけた時の反応の仕方だ。米国と西側の外交官は、相手を挑発しないよう、注意深く行動すべきだと考えるが、中国の外交官は、できる限り挑戦的な態度を取る。西側外交官は、力の均衡が自分たちに不利に働いている時には、外交的解決が急務だと結論しがちだ。彼らは、相手側の「過ち」を暴くために外交的な主導権を発揮し、相手を道徳的に孤立させるが、武力の行使は控えようとする。ベトナムがカンボジアに侵攻して占領した時、米国が鄧小平に与えた助言は、これと同じ趣旨のものだった。中国の戦略立案者は、物質的に優位な立場にある敵に対して、勇気や心理的な圧力の代用になるような言質を繰り出すことを選びがちだ。彼らは、先手を取ることが抑止に有効だと信じている。中国の戦略立案者らは、敵が我慢のならないほどの優位を獲得しつつあり、戦略的な流れが自分たちに不利に働いていると判断した場合には、敵の自信を打ち砕き、中国が物質的な面ではともかく、心理的な面で優位を取り戻すことができるような方策を考えようとする。

あらゆる前線で脅威に直面した鄧小平は、外交的・戦略的な攻勢に打って出ることを決めた。中央権力をまだ完全に掌握したわけではなかったが、彼は外交におけるいくつかの場面で、果敢に行動した。彼はソ連に対する中国の立場を、封じ込めから、あからさまな戦略的敵対関係に変え、そして実質的には相手を押し戻そうとした。中国は今や、米国に対してソ連封じ込めの方法を助言するだけではなく、反ソ連、反ベトナムの同盟を、特にアジアにおいて構築しようと、積極的に動き始めた。中国はベトナムとの対決の道を歩み始めた。

鄧小平の外交政策――米国との対話、そして正常化

鄧小平は、一九七七年に二度目の失脚から復権してきた際、毛沢東の国内政策を逆転させたが、外交政策にはほとんど手を付けなかった。これは、毛沢東も鄧小平も強い愛国感情を持ち、中国の国益について似たような考え方をしていたためだ。それはまた、毛沢東にとっても、外交政策については、国内政策に対してよりも、革命的な衝動を絶対的に制限する力が強く働いたからでもあった。

しかしながら、毛沢東と鄧小平の批判のスタイルには大きな違いがあった。毛沢東は、米国の対ソ政策が持つ戦略的な意図に疑念を抱いた。鄧小平は、米中の戦略的利益は同一であると想定し、その実現に傾注した。毛沢東はソ連を、中国だけではなく、世界を脅かす、一種の根源的な戦略的脅威だと見なして、これに対処した。鄧小平は、ソ連が中国にとって、北部では潜在的な脅威であり、南部国境では直接的な脅威となっている複合的な事情から、中国への特別な危険の種だと認識していた。米国との対話はしたがって、より実務的な色彩を帯びた。毛沢東は苛立った教師のようだったが、鄧小平は仕事に厳しいパートナーだった。

眼前の危険に対応して、鄧小平は毛沢東晩年のためらいがちな対米関係に終止符を打った。中国にはもう、世界革命へ向けて機会を捉えようなどという古臭い考え方はなかった。鄧小平は復権後のあらゆる対話で、ソ連による欧州、中国、日本への政策的攻勢に対抗するには、

世界規模の構想が必要だと、口を酸っぱくして語った。

中国と米国の協議は親密の度合いを増していったが、米国が中華民国を中国の唯一の合法政権として認め、台北を中国の首都と見なしているという変則状況は続いていた。北と南の国境にいる中国の敵は、米国が中国を国家として合法的に承認していないという状況を、好機だと誤解するかもしれなかった。

米国にジミー・カーター政権が誕生すると、関係正常化が米中交渉の最優先課題として浮上してきた。一九七七年八月に行われた新国務長官サイラス・バンスの北京訪問は、あまりうまくいかなかった。彼は回想録にこう書いた。

私はワシントンを出発する時、パナマ問題(パナマ運河の施政権返還に関するパナマ運河協定批准問題を指す)が解決するまでは、中国が米国の提案を丸呑みするという、ありそうもないことが起こらない限り、中国との関係正常化といった政治的に議論の余地のある問題を取り上げるのは、賢明ではないと考えていた。政治的な理由で、私は台湾問題に関しては、中国に対して最大限強硬な立場を取ろうと思っていた。……したがって、私は中国が米国の提案を受け入れるとは思っていなかったが、たとえ最終的には米国の提案を断念しなければならなくなるとしても、とにかく提案してみることが賢明な策だと考えていた。(10)

台湾問題に関する米国の提案は、フォード米政権時代に持ち出して中国から拒否された、米国の外交プレゼンスを台湾で限定的に維持することを含む一連の構想から成り立っていた。

鄧小平はこの提案を後ろ向きのものだと批判し、再度拒否した。それから一年後、カーター大統領が対中関係を最優先課題とすることを決定したことで、台湾問題をめぐる米国内での論議は終結した。アフリカと中東でソ連の圧力が高まったことが、新大統領に、対中関係正常化を急がせ、あわよくば中国との事実上の戦略的な同盟を結んでも構わない、と決意させた。カーター大統領は一九七八年五月一七日、以下のような指示を与えて、国家安全保障担当補佐官、ズビグニュー・ブレジンスキーを北京に派遣した。

あなたは、ソ連に対する私の見方として、基本的には米国と競合関係にあるが、協力的な側面もある、との点を強調すべきだ……。

一言で言って、私が懸念しているのは、超大国になりたいという野望から来る、軍備増強と政治的な先見の明のなさが相まって、ソ連が地域の騒乱(特に第三世界の)につけこみ、政治的な利益や、さらには政治的な優勢を獲得するために、われわれの友好国を脅すのではないかということだ(11)。

ブレジンスキーはまた、一九七二年にニクソン大統領が周恩来に明示した五原則を再確認する権限を大統領から与えられた(12)。中国との戦略的協力関係構築を長年にわたって熱烈に支持してきたブレジンスキーは、カーター大統領の指示を熱意を持って巧みに実行した。関係正常化交渉のための一九七八年五月の北京訪問で、中国側は彼の言葉に好意的な反応を示した。鄧小平は対米関係の正常化に熱心だった。それは、地球上のあらゆる部分でのソ連の進出に対し、彼のいわゆる「現実的で堅実で地に足の着いた作業(13)」を通じて反対するための同盟に、米国をよりしっかりとつなぎ留めるためだった。

中国指導部は、中国を取り巻く戦略的な危険を熟知していたが、彼らは自分たちの情勢分析を、国家的な関心事というよりは、世界の現状に関するより幅広い見解という形で提示した。「天下大乱」「横線」「第三世界」などはすべて、中国の外交関係に関する一般的な理論で使われる言葉だが、中国国民にとっては意味は明瞭ではない。

中国外相、黄華がブレジンスキーに示した国際情勢の分析には、中国の顕著な自信が現れている。中国にとって情勢が非常に厳しいにもかかわらず、彼は嘆願する者の態度ではなく、包括的な外交政策をいかにして実行するかについて教えを垂れる、孔子ばりの教師の態度を取る。彼は、二つの超大国の間にある「諸矛盾」に関する全般的な評価、ソ連と交渉することの不毛さ、世界戦争の不可避性から話を始めた。

ソ連こそが戦争の最も危険な源だ。米国大統領閣下はソ連が多くの困難に直面していると指摘した。それは本当だ。世界の覇権を握ることは、ソ連社会帝国主義の不動の戦略的ゴールだ。ソ連は数々の挫折を味わうだろうが、その野望を決してあきらめはしない(14)。

黄華はまた、米国の戦略研究者、特に戦略に関する伝統的な思考に核兵器を組み込もうとしている研究者を悩ませている問題についても言及した。核兵器に依存すると、抑止力になっている脅威と、核兵器を実際に使いたいとの考えの間に、溝を生み出す。「ソ連が西側からの核攻撃を恐れて、通常兵器の使用をためらうだろうという議論は、希望的観測にすぎない。この考え方を戦略的な立場の基礎とすることは、危険であり、頼りにもならない[15]」。

黄華によれば、「欧州の脇腹」であり「将来の戦争の源」である中東において、米国はソ連の進出を食い止めることに失敗していた。米国は中東に関して(パレスチナ問題の包括的和平策を探る会議に地域各国の参加を呼び掛ける)共同声明をソ連と共に発表したことで、「ソ連に中東へのさらなる浸透の機会を広く開いた」。米国政府は、その「勇敢な行動」によって「ソ連に不利な状況を作り出した」エジプトのサダト大統領を危険な立場に追い込み、「アラブ諸国に深刻な亀裂を生み出すチャンス」をソ連に「与えた[16]」。

黄華は、中国の古いことわざを引き合いに出して、状況を次のように総括した。ソ連に対する「融和策」は「虎に、さらに強力にするため、翼を与えるようなものだ」が、ソ連は「外に向かっては強いが、内に向かっては弱く、弱い者には威張りちらし、強い者を恐れる」のだから、「協調して圧力をかければ、うまくいくだろう[17]」。

黄華のこうした発言のすべては、インドシナ情勢を語るための伏線だった。彼は「地域覇権の問題」を取り上げる。米国はもちろん、一〇年も前にこの道を通った。ベトナムはカンボジア、ラオスを支配してインドシナ連邦を作ろうとしており、「その背後にはソ連がいる」。ベトナムはすでに、ラオスに軍隊を駐留させ「政府の全部局のあらゆるレベルに顧問」を置いて、支配的な地位を獲得した。しかしカンボジアは、ベトナムの地域的な野望に反対し、抵抗している。ベトナムとカンボジアの緊張は「国境での散発的な小競り合い」にとどまらず、「長期間にわたって続く」大規模な紛争に発展する可能性がある。ベトナムがインドシナを支配するという目標をあきらめない限り「問題は短期間では解決できない」[18]。鄧小平がこの同じ日に、黄華の情勢分析を補強した。彼はブレジンスキーに、譲歩や合意がソ連の自制を生み出すことはあり得ない、と忠告した。一五年に及ぶ各種の軍縮合意のおかげで、ソ連は米国との戦略的均衡を達成した。ソ連との取引は「ソ連がその弱点を克服するのを、米国が手助けしている」ことを意味する。鄧小平は、第三世界でのソ連の冒険主義に対する米国の反応を揶揄しながら、ソ連を「喜ばせようと」していると、米国をたしなめた。

米国のスポークスマンはいつも、ソ連の行動を正当化したり、言い訳をしたりしている。ザイールやアンゴラについて、ソ連やキューバの介入を裏付ける証拠はない、とさえ、あなた方は言う。そんなことを言うのは、あなた方のためにはならない。率直に言わせてもらえれば、米国がソ連と締結する協定はいつも、ソ連側を喜ばせるための米国側の譲歩の産物なのだ[19]。

それは素晴らしい仕事ぶりだった。ソ連の主要な標的だった国が、国同士の駆け引きとしてではなく、ましてや要請に基づくものとしてでもなく、まるで義務であるかのように共同行動を提案しているのだ。中国は、自身でもそう分析している通り、重大な国家的危機の渦中にあったが、なおかつ、欧州における米国の同盟国がしばしばそうであったような、米国が示す処方箋を一方的に受け取る患者のようにではなく、米国に戦略を教える教師のように振る舞っていた。

国際法、多国間での解決、国民的合意といった、米国が提起する議論においての不可欠な要素は、中国側の分析には、目標に合意するための実際的な道具としてしか登場しない。そして、鄧小平がブレジンスキーに指摘したように、ここで言う目標とは「北極熊[ソ連]の問題に立ち向かうということに尽きる」[20]。

しかし、米国人にとって、米国社会の基本的価値観が存在する中で、いわゆる現実主義的アプローチをするには、限度があった。カンボジアを支配する血塗られたポル・ポト派が、まさにそうした限度の典型だった。米国の大統領がポル・ポト派を戦略上の単なる駒の一つとして取り扱うことは不可能だった。ポル・ポト派による大虐殺、すなわち、プノンペンの住民を密林に追いやり、特定の階層の市民を大量に殺害したことに目をつぶるのは、(たとえ、われわれが時には、やむなく原則を曲げることがあろうとも)とてもできない。

まだ首相の座にあった華国鋒は、ブレジンスキーとの翌日の会合で、より強烈な意見を吐いた。

われわれは多くの友人たちに、主要な戦争の危険はソ連から来る、と述べた。ならば、われわれはそれにどう対処すべきか。まず第一に、準備をしなければならない。……準備さえしてあれば、戦争が起こっても、不利な立場に追い込まれることはない。第二に、ソ連の攻撃の戦略的配置を乱すことが不可欠だ。ソ連は世界における覇権を獲得するため、まず世界中に戦略的配備のための空軍と海軍の基地を置こうとする。われわれはソ連の世界配備計画をつぶさなければならない[21]。

北大西洋条約機構(NATO)のどの国も、これほど徹底的な、主として予防的な共同行動を呼び掛けたり、自らの情勢判断に基づいて、単独でも行動すると示唆したことはない。

運用面で言えば、中国指導部は米国に対し、多くの点でNATOよりも緊密であり、より冒険的な連携を提案しているのだった。中国は、前章までに説明した攻撃的抑止の戦略を実行しようとしていた。その特徴は、鄧小平がいかなる公式の枠組みも、長期的な責務も提案しなかったことに現れている。情勢判断を共有することが共同行動の推進力を生むが、情勢判断が食い違ってくれば、この事実上の同盟は生き残れない。中国は極度の危険の中にあってさえ、自立にこだわった。中国が米国のいくつかの政策を厳しく批判しながらも、米国との共同行動にこだわったのは、安全保障面での米国との協調を不可欠のものと考えていたからだ。

米中関係の正常化が、共通の世界政策の第一歩として浮上してきた。私の一九七一年七月の秘密訪中以来、関係正常化のための中国の条件は明確で、ぶれなかった。それは「台湾からの米軍の完全撤退」「台湾との相互防衛条約の破棄」「中国との外交関係の相手は北京政府に限る」というものだ。これが上海コミュニケにおける中国の立場だった。ニクソン、フォードの両米大統領はこれらの条件を受け入れた。ニクソンは自分の二期目にこの条件を達成するとほのめかした。両大統領は、台湾に安全保障上の何らかの支援を続ける方針を示しながら、問題が平和的に解決されるかどうかについて、米国が懸念していると強調した。しかし、ウォーターゲート事件の衝撃で、二人の大統領は中国に対する約束を守ることができなかった。

続くカーター大統領は任期当初に、二大政党が一致する希有な外交政策の一つとして、ニクソンが一九七二年二月に周恩来に対して行った台湾問題に関する約束をすべて履行すると確約した。彼は一九七八年に、米中双方が確立済みの諸原則を維持しながら、関係正常化を行うための新たな処方箋を提示した。それは「ニクソン、フォード両大統領が受け入れた原則を再確認する」「米国が、平和的な変革を望む立場を強調する声明を出す」「米国による台湾へのある程度の武器売却を中国が黙認する」というものだった。カーターはこの考えを、中国の駐米大使、柴沢民との会談で提示した。その際、カーターは、もし米国が武器を売らなければ、台湾は核兵器開発に走らざるを得なくなるかもしれないと、あたかも米国が台湾の政策や行動に何の影響力も持っていないかのような言い回しで、柴沢民を脅かした[22]。

結局、カーターが鄧小平をワシントンに招いたことがデッドラインとなり、米中関係の正常化は実現した。鄧小平は米国が台湾に不特定の武器を売却することを容認した。台湾問題の最終的な解決が平和的に行われることを希望するとの米国の声明にも、中国はこの点でいかなる公式の義務も負わないとの付記を加えさせはしたものの、異議は唱えなかった。鄧小平がブレジンスキーに強調したように、「台湾の解放は中国の内政問題であり、いかなる国にも介入の権利はない[23]」という中国政府の立場は不変だった。

米中関係の正常化とは、米国大使館が台北から北京に移動し、ワシントンでは中国の外交官が台湾の外交官に取って代わることだ。この事態に、米議会は一九七九年四月、台湾関係法を通過させた。この法律は、台湾問題の将来について懸念を表明して、米国の行動を縛るものだが、中国の行動を縛ることはもちろんできない。

こうした米中間の責務のバランスは、なぜ時折、曖昧さが外交の活力源になるのかを、よく示している。米中関係の正常化は過去四〇年間、一連の曖昧さによって支えられてきたが、この状態を無限に続けるわけにはいかない。このプロセスを前進させるためには、両国指導者の賢明な政治手腕が必要とされている。

鄧小平の歴訪

説教の段階を終えて実行へと乗り出しつつあった鄧小平は、中国は米国の決断を受け身で待っているわけにはいかないと考えた。彼は、可能なあらゆる地域で、特に東南アジアで、自らが唱導する政治的枠組みを作り上げようと思った。

毛沢東はまるで皇帝のように、外国指導者を自分の住居に招いたが、鄧小平のやり方はまったく違った。彼は東南アジア、米国、日本を歴訪し、大変に目立ち、率直で、時として非常に慌ただしい、独自の外交を展開した。一九七八年と七九年に鄧小平が行った一連の外遊は、革命的な挑戦者という、それまでの海外における中国のイメージを、ソ連とベトナムによる地政学的な企みで犠牲となっている仲間同士というイメージに変えた。ベトナム戦争の時には、中国は反対側の陣営にいた。中国はタイとマレーシアでそれまで、華僑や少数民族の間に革命を鼓舞してきた。[24] こうしたことのすべては、目前の脅威に対処するため、表舞台から退場させられた。

鄧小平は一九七九年二月の米タイム誌のインタビューで、広範な人々に向けて中国の戦略構想を売り込んだ。「もしわれわれが本当に北極熊をけん制したいなら、現実的な唯一の方策は団結することだ。われわれがもし米国の力にだけ頼るなら、それは十分ではない。われわれがもし欧州の力にだけ頼るなら、それは十分ではない。われわれは取るに足りない貧乏国だが、もし団結すれば、影響力を持つことができる」[25]。

鄧小平は歴訪中、先進国と比べた中国の後進性を指摘し、先進工業国から技術と専門知識を得たいとの望みを強調した。彼は同時に、中国の発展は遅れているが、必要ならソ連やベトナムの拡張主義に、単独で武力を使用してでも対抗するという決意は揺るがない、と主張した。

鄧小平が外遊したこと、および、その外遊で彼が繰り返し中国の貧困に言及したことは、中国政治の伝統からの衝撃的な決別だった。それまで、中国指導者の外遊は珍しかった(天下を統べるという中国の伝統的概念からすれば、彼らに訪問すべき「外国」など、もちろんなかった)。中国の後進性と、海外から学ぶことの必要性を開けっ広げに強調する鄧小平の姿勢は、中国の皇帝や官僚が外国人と接する時の超然たる態度とは、際立った対照をなしている。中国の指導者はこれまで、外国の製品が必要だと外国人に語ったことはなかった。清朝の朝廷は外国の新技術を限られた分野については受け入れたが(例えば、イエズス会の天文学者や数学者を歓迎した)、外国との貿易は中国が必要だから行うのではなく、中国の善意の表れだと、常に言い張った。毛沢東もまた、貧困と孤立を招こうとも、自助に固執した。

鄧小平の歴訪は日本から始まった。両国の関係正常化を定めた日中平和友好条約の批准書交換セレモニー出席が目的だった。鄧小平の戦略構想では、ソ連、ベトナムを孤立させることに日本の協力を得るためには、正常化だけではなく、両国の和解が必要だった。

この目的のため、鄧小平は半世紀にわたって日本が中国に与えた苦しみについて、問題を決着させる用意があった。彼は元気いっぱいに振る舞い、「私の心は喜びでいっぱいだ」と宣言し、日本側の会談相手を抱きしめさえした。こうした抱擁は、日本社会ではあまり先例のないことであり、中国でも珍しいものだった。鄧小平は中国の経済的な後進性を隠そうとはしなかった。「もしあなたの顔が醜いなら、かっこいいふりをしても無駄だ」。来客のサイン帳に署名を求められ、彼は日本の達成を評価する前代未聞の言葉を記した。「われわれは、偉大で、勤勉で、勇敢で、知的な日本の人々を尊敬し、彼らから学んでいる[26]」。

一九七八年一一月、鄧小平はマレーシア、シンガポール、タイの東南アジア三カ国を歴訪した。彼はベトナムを「東方のキューバ」と名付け、新たに締結されたソ連・ベトナム友好協力条約は世界平和への脅威となっていると語った。[27] 鄧小平は一九七八年一一月八日、タイで、この条約が「アジア、太平洋、そして世界全体の安全保障と平和を脅かしている」と強調した。「条約は中国だけを標的にしたものではない。……それはソ連の世界的な企みの重要な一環だ。あなた方は、条約の目的は中国を包囲することだとお思いかもしれない。私は友好的な国々に、中国は包囲されることを恐れはしない、と語ってきた。条約はアジアと太平洋にとって、非常に重要な意味を持つ。アジア、太平洋、そして世界全体の安全保障と平和が脅かされている」(28)。

鄧小平はシンガポール訪問では、自分と同質の精神を持つ卓越した政治家であるリー・クアンユー首相に会った。そこで彼は、後に感心しながら指摘した「厳格な行政」と「良好な公共秩序(29)」の下で繁栄する、中華民族主流の社会という、中国のあり得べき将来の姿を垣間見た。この当時、中国はなお絶望的に貧しく、「公共秩序」は文化大革命で死滅しかかっていた。リー・クアンユーは鄧小平との素晴らしい対話を、こう回想している。

彼は私に、中国をもう一度訪問するようにと誘った。中国が文化大革命から回復したら、と私は答えた。それには長い時間がかかる、と彼は言った。私は、中国は前進するのに何の問題もないし、シンガポールよりずっとうまくやれるだろう、なぜなら、中国は国内にとどまった学者や官吏や知識階級の子孫をたくさん抱えているのに対し、シンガポールは福建や広東から来た土地も持たない無学な農民の子孫だからだ、と応じた。彼は何も言わなかった(30)。

リー・クアンユーは鄧小平のプラグマティズムと、経験から学ぶ姿勢に敬意を表した。彼はまた、東南アジアが抱く、中国の官僚主義や外交の覆いを通しては分からないかもしれないいくつかの懸念を、この機会に鄧小平に伝えようと思った。

中国は「ロシアの熊」を孤立させるため、東南アジアが中国と団結することを望んでいる。しかし実のところ、わが近隣諸国は、われわれが団結して「中国の龍」を孤立させることを望んでいる。東南アジアには、ソ連に支援されて共産主義蜂起を企む「在外ロシア人」はいない。しかし、中国共産党と中国政府に鼓舞され、支援され、タイ、マレーシア、フィリピン、そして規模はやや小さいがインドネシアで脅威となっている「華僑」は存在する。中国はまた、血縁ゆえに華僑と特別な関係があると主張し、華僑たちが暮らす国の政府の頭越しに、愛国主義のアピールを直接、彼らに対して行っている。……われわれはこの問題の解決方法を話し合う必要がある。(31)

結果的にはリー・クアンユーが正しかった。シンガポールを除く東南アジア諸国は、ソ連やベトナムと対決することには非常に慎重だった。にもかかわらず、鄧小平は、状況を正すために中国が動くかもしれないとの警告を、公の場での多くの発言を通じて伝えることで、その基本的な目標を達成した。そして、この警告は、鄧小平の構想の要である米国にも、はっきりと刷り込まれた。鄧小平の戦略構想には、より強固に規定された対米関係が必要だった。

鄧小平の訪米と同盟の新たな定義

鄧小平の米国訪問は、両国の関係正常化を祝い、上海コミュニケに盛り込まれた、主としてソ連を対象とした共通戦略を始動させるためのものだった。

それは、実際には助力を約束もしていないし、支援することを頼まれてさえいない国が、中国を支援しているかのように見せ掛ける、中国外交の非常な巧妙さを示すものでもあった。このやり方は二〇年以上前、中国の沖合の島々をめぐる危機の際にも使われた。毛沢東は一九五八年、ソ連共産党のフルシチョフ第一書記が中国を訪問した三週間後に、台湾海峡の金門島と馬祖島への砲撃を開始し、中国の行動をソ連が事前に承認していたという、事実に反する印象を与えた。当時のアイゼンハワー米大統領は、危機を誘発したとフルシチョフを非難しさえした。

この同じ戦術を使って、鄧小平はベトナムとの戦争の前に、派手な米国訪問を行った。どちらの場合も、中国は差し迫った軍事的企てへの支援を求めはしなかった。一九五八年の砲撃をフルシチョフは知らされていなかったらしく、事後に、核戦争の瀬戸際に追い込まれたと憤慨した。一九七九年に、米国は鄧小平の米国入りの後、中国のベトナム侵攻計画を知らされたが、明確な支援は与えず、米国の役割を情報の共有と外交の調整に限定した。この二つのケースで、中国はその行動が一方の超大国から祝福されているかのような印象を与え、もう一方の超大国の介入を阻止することに成功した。この繊細かつ大胆な戦略のため、ソ連は一九五八年には中国が沖合の島々を攻撃することを止められず、ベトナムについては、鄧小平の訪米でどんな合意がなされたのかと疑心暗鬼に陥り、ソ連にとっての最悪の事態を想像してしまったと思われる。

この意味で、鄧小平の米国訪問は、ソ連をけん制することを目的の一つとした、一種の影絵芝居だった。一週間にわたった鄧小平の米国滞在は、一部は外交的な首脳会談であり、一部はビジネス旅行であり、一部は政治的な地方巡業キャンペーンであり、一部は第三次ベトナム戦争に向けた心理戦争だった。鄧小平は首都ワシントン、アトランタ、ヒューストン、シアトルを巡り、毛沢東時代には考えられなかった数々の場面に登場した。ホワイトハウスでの一月二九日の公式晩餐会では、「共産中国」の指導者がコカ・コーラ、ペプシ、ゼネラル・モーターズ(GM)の経営陣とテーブルを囲んだ。この小柄な中国副首相はケネディ・センターでの祝宴で、バスケットボールのエキシビションチーム、ハーレム・グローブトロッターズの選手たちと握手した[32]。彼はテキサス州サイモントンでは、ロデオとバーベキューの大会にテンガロン・ハットをかぶり、駅馬車に乗って登場し、群集を沸かせた。

訪米中、鄧小平は、中国は外国の技術を導入し、経済を発展させなければならない、と強調した。彼は自ら希望して、ジョージア州ヘイプビルのフォード自動車組立工場、ヒューストンのヒューズ・ツール社(ここで鄧小平は海底油田掘削に使うドリルの製造過程を視察した)、シアトル近郊のボーイング社などの工場や技術施設を回った。ヒューストンに到着した際、彼は「石油産業や他の分野での米国の先進的な経験を学びたい[33]」と率直に表明した。鄧小平は「米国民の生活についてすべてを知りたい」「われわれに役に立つすべてのことを吸収したい[34]」などと述べ、米中関係について希望に満ちた見通しを明らかにした。ヒューストンのジョンソン宇宙センターで、彼はスペースシャトルのフライト・シミュレーターを長い時間をかけて見学した。ある報道が、この場面をこう伝えている。

米国訪問を、先進技術に対する中国側の渇望を劇的に示す場としてきた鄧小平は、この日、スペースシャトルのフライト・シミュレーターのコックピットに乗り込み、一〇万フィートの高さから、この米国最新の宇宙船を着地させる様子を体験した。

中国の第一副首相(鄧小平)は二度目の着地を終えて、自分の体験に陶酔しているようであり、シミュレーターからまだ離れたくない様子だった。(35)

こうしたことは、清朝の皇帝がジョージ・マカートニーがもたらした産品や貿易の約束に対して示した、わざとらしい無関心ぶりや、経済的自給自足への毛沢東の固執ぶりとは、天と地ほど懸け離れている。鄧小平は一月二九日のカーター大統領との会談で、周恩来が最後に公の場に姿を見せた時にも強調した、農業、工業、科学技術、国防の「四つの近代化」政策について説明した。だが、こうしたことのすべては、中国と米国の間に事実上の同盟関係を構築するという、鄧小平訪米の最重要目標の下位に置かれていた。彼は次のように要約する。

大統領閣下、あなたは中国の戦略をかいつまんで説明するようにと求められました。われわれの四つの近代化を実現するためには、平和な環境が長く続く必要があります。われわれは、ソ連が今まさに戦争を仕掛けようとしていると考えていますが、われわれがうまく適切に立ち回れば、戦争を先延ばしできるでしょう。中国は戦争を二二年先に延ばしたいと考えています。(36)

こうしたことを踏まえて、中国は公式な同盟関係の構築を望みはしませんが、双方が共通の立脚点に立ち、行動を調整し、必要な手段を取るべきだと考えます。この目標は達成可能です。もし中国の努力が無に帰すようなことがあれば、状況はますます空虚で当てにならないものとなるでしょう。[37]

正式な同盟を結ばない同盟国として行動するには、現実主義をその極限まで追求することが必要となる。もしすべての指導者が有能な戦略家であり、戦略について深く体系的に考えているのなら、彼らは皆、同じ結論に到達するだろう。彼らの分析の論理が同じような方向に皆を推し進めるのであり、同盟など不要となる。

しかし、歴史と地理を異にする指導者はもとより、似たような状況にある指導者であっても、似たような結論に到達するとは限らず、特にストレスがかかっている時は、そうだろう。分析は解釈によって左右される。何が事実であるかの判断は異なり、ましてやその事実が持つ意味についての判断は異なる。それゆえ、各国は、共通利益を国外の環境や国内の圧力から可能な限り切り離すための公式な道具として、同盟を結ぶ。同盟は、国益を考慮する際に余分な義務を付け加え、危機の際に発動が求められる共同防衛を正当化するための法的責務の根拠となる。同盟はさらに、真剣に履行されればされるほど、仮想敵が計算違いをする危険性を減らし、したがって、外交政策遂行に当たって、相手の出方を計算することができるようになる。

鄧小平はじめ、中国の多くの指導者は、米中関係で正式の同盟は不要であり、全般的に言って、中国の外交政策遂行に邪魔なものだと見なしていた。彼らは暗黙の了解に依存することで十分だと考えていた。しかし、鄧小平の発言の末尾には、警告が潜んでいた。もし国益を共通のものとして確定したり、追求したりできなければ、両国の関係は「空虚で当てにならないもの」になり、言い換えれば、しぼんでしまい、中国は、二つの超大国の間を遊泳するために、今なお国家の公式の政策である毛沢東の「三つの世界論」の概念に回帰することになろう、との警告だった。

鄧小平の考えによれば、共通の国益は、NATOが欧州におけるソ連阻止を目的としているように、アジアにおけるソ連阻止のため、政治・軍事協力を通じて作られる非公式の世界的枠組みの中に、自然にその姿を現してくる。それは構造というものをあまり持たず、主として米中二国の政治的関係に依存している。それはまた、欧州とは異なる地政学的ドクトリンを基礎としている。NATOは加盟国を、何よりもまずソ連の具体的な攻撃に対して団結させようとする。それは軍事的な先制攻撃という概念をすべて、明確に避けようとする。外交摩擦を避けようと腐心するNATOの戦略ドクトリンは、とことん防衛的なものだった。

鄧小平が提案していたのは、基本的に先制攻撃的な政策であり、これは中国の攻撃的抑止ドクトリンの特徴だった。ソ連に対しては、あらゆる領域で、特に最近になってプレゼンスを拡大している領域、すなわち東南アジアとアフリカで、圧力をかけなければならない。中国には必要とあれば、ソ連の企みを妨害するため、特に東南アジアで軍事行動を開始する用意があった。

ソ連を条約や協定で縛ることは絶対にできず、ソ連が理解するのは、これに対抗する力という言語だけだ、と鄧小平は警告した。ローマの政治家マルクス・ポルキウス・カトー(通称、大カトー)は、すべての演説を「カルタゴは滅ぼされなければならない」という明快な呼び掛けで締めくくった、というのは有名な話だ。鄧小平にも同様に、「ソ連には反撃しなければならない」という、熱烈な決まり文句があった。彼は公式の場でのあらゆる発言の機会に、「好機があれば必ず押し込んで来る」[38]のがソ連の変わらぬ本性であるとか、彼がカーター大統領に語ったように「ソ連が指を突っ込んで来れば、われわれはいつもそれを切り落とさなければならない」[39]とかの警告を、さまざまに形を変えて繰り返した。

鄧小平は戦略状況の分析を米国に説明しながら、中国は、ベトナムの進出はカンボジアでとどまるはずがないと考えており、ベトナムに対して戦争を始めるつもりだと、ホワイトハウスに伝えた。鄧小平は「いわゆるインドシナ連邦は三カ国にとどまるものではない。ホー・チ・ミンはこの構想を愛した。三カ国は最初の一歩にすぎない。タイも含まれることになろう」[40]と警告し、中国は行動する義務があると宣言した。いったん始まったら手遅れであり、中国には事態の進展を待つ余裕はなかった。

鄧小平はカーターに、締結されたばかりのソ連・ベトナム友好協力条約におそらく盛り込まれている規定に従って、ソ連が大規模に介入してくるという「最悪の可能性」も想定している、と述べた。実際に、報道によれば、中国政府は北部国境地帯の住民三〇万人を避難させ、ソ連国境に展開する軍を厳戒態勢に置いた[41]。しかし、短期間の限定的な戦争なら、ソ連には「大規模な対応」を取る時間的余裕はなく、また、冬期の気象条件のため、中国北部へのソ連の全面攻撃は困難だ、と中国政府は判断している、と鄧小平はカーターに語った。鄧小平は、中国は「恐れはしない」が、米国政府の「精神的な支援」[42]を必要としている、と述べた。米国の「精神的な支援」とは、ソ連がためらうくらいまで、米国が自らの方針を曖昧にしておくことを意味していた。

戦争の一カ月後、華国鋒は中国が戦争前に行った細心な戦略的分析について、私に説明した。

われわれは、ソ連がどう反応するかについて、さまざまな可能性を検討した。第一は、中国への大規模攻撃だ。この可能性は低いと、われわれは考えた。ソ連は中国国境に一〇〇万人の軍隊を展開していたが、中国への大規模攻撃にはこれでは足りない。欧州地域から部隊を持ってくるとすると、時間がかかるし、欧州の状況も心配しなければならなくなる。ソ連は、中国との戦闘は大ごとであり、短期間では終結しないことを知っている。

鄧小平はカーターに、原則に関しても、また一般的な姿勢に関しても、試練を与えた。カーターは、特にそれが主権国家の国境を侵犯する軍部隊の移動を伴うものであったため、ベトナムへの先制攻撃を承認しなかった。彼は同時に、ベトナムのカンボジア侵攻が持つ戦略的意味について、国家安全保障問題担当大統領補佐官ブレジンスキーの、鄧小平と似たような見解に、全面的に同意はしないまでも、それを重く受け止めていた。彼は自らのジレンマを、原則を前面に押し出しながら、状況に応じてそれを修正する余地を残す、というやり方で克服した。やんわりとした不同意が、次第に曖昧な暗黙の承認に変わっていった。彼は、中国が保持している道徳的に良好な立場が、ベトナムを攻撃することで失われることに留意するよう呼び掛けた。平和的な国家だと広く思われている中国は、今や、好戦的との非難を浴びる危険を冒そうとしていた。

これは深刻な問題だ。あなた方は北からの軍事的脅威に直面するだけでなく、国際社会の態度が変わる危険もある。中国は今、侵略に反対する平和国家と見なされている。東南アジア諸国連合（ASEAN）の各国も国連も、ソ連、ベトナム、キューバを非難している。われわれは、懲罰行動を検討しているとあなたから知らされたくはない。それは暴力の拡大を招き、国際社会の態度を反ベトナムから、部分的であれ、親ベトナムに変える可能性がある。

米国は暴力を鼓舞することはできない。われわれはあなた方に、米国が得た情報を渡そう。今のところ、ソ連軍に中国国境に向かう動きは見られない。

私はあなたに、これ以外の回答をあげられない。われわれはベトナム非難には同調するが、ベトナムへの侵攻は、情勢を不安定化させる非常に深刻な行動だ。[43]

暴力の行使を承認することを拒みながら、ソ連軍の動きに関する情報を提供することで、曖昧さに新たな様相が加わった。米国の態度は、潜在的なソ連の脅威という鄧小平の見解に、カーターが同意しなかったことを意味するのかもしれない。あるいは、ソ連が取るかもしれない対応への中国の恐れを軽減することで、それは侵攻を後押ししたものと解釈できるかもしれない。

次の日、カーターは鄧小平と二人だけで会談し、米国の立場を要約したメモ(今なお公表されていない)を手渡した。ブレジンスキーはこう書く。「大統領が自ら、鄧小平への自筆の手紙を書いた。手紙は穏やかな調子ながら、深刻な内容であり、自制の重要さを強調し、予想される国際的な反発をまとめたものだった。米国は、あからさまな軍事侵攻とほとんど同じ事態を後押しして、中国と共謀するわけにはいかないのだから、私はこのやり方は正しいと思った(44)」。しかし、非公式の共謀なら話は別だった。

鄧小平とカーターの二人だけの会談(通訳だけが同席した)を詳述したメモによると、鄧小平は、戦略的な分析が、世界世論を盾にしたカーターの懇願を凌駕した、と形容した。何よりもまず、中国は柔軟だと見られるわけにはいかなかった。「中国はなお、ベトナムに教訓を与えなければならない。ソ連はキューバとベトナムを手先として使うことができる。そして、そのうちにアフガニスタンがソ連の代理人になるだろう。中華人民共和国はこの問題に強い立場で臨む。行動は非常に限定的なものだ。ベトナムがもし、中華人民共和国は柔軟だと思えば、事態はさらに悪化するだろう(45)」。

一九七九年二月四日に鄧小平は米国を後にした。米国からの帰途、彼は最後の石を碁盤の上に置いた。彼は、目前に迫った軍事行動への日本政府の支援を確認し、ソ連をさらに孤立させるため、過去半年間で二度目となる東京訪問を行った。鄧小平は大平正芳首相に、ベトナムはカンボジアに侵攻したことで「懲罰」されなければならない、との中国の立場を再び伝え、次のように約束した。「国際的な平和と安定を長期的に維持するため……(中国人民は)国際的責務を確実に履行し、それに必要な犠牲を払うことをいとわない」(46)。

ビルマ、ネパール、タイ、マレーシア、シンガポール、二度の日本、そして米国を訪問したことで、鄧小平は、中国を世界の舞台に登場させ、ベトナムを孤立させるという目標を達成した。この後、彼は中国を離れることはなく、晩年は、中国の伝統的な支配者にならい、非社交的な隠棲生活を送った。

第三次ベトナム戦争

中国は二月一七日、広西チワン族自治区と雲南省からベトナム北部に多方面での侵攻を開始した。二〇万人以上、おそらくは最大四〇万人と見積もられる人民解放軍の動員規模が、中国がこの作戦をいかに重要なものと考えていたかを示している(47)。ある歴史家は、「地上正規軍、民兵、海軍と空軍の部隊を含む」侵攻部隊の規模は「衝撃的だった一九五〇年一一月の中国の朝鮮戦争参戦時に匹敵する」と結論付けている(48)。中国の公式報道はこの作戦を「ベトナムに対する自衛的反撃」あるいは「中越国境における自衛的な反撃」と形容した。これは、ベトナムの次の動きをけん制するため、事前に宣伝しておいて侵攻するという、典型的な中国版の抑止政策だった。

中国の軍事的な標的となったのは、同志である共産主義国家、最近までの同盟国、中国が長年、経済的、軍事的な支援を与えてきた国だった。作戦の目標は、中国がアジアにおける戦略的な均衡と見なすものを維持することにあった。中国はまた、五年前に中国がインドシナから駆逐するのを手伝った同じ「帝国主義勢力」である米国の精神的な支援、外交面での後押し、情報収集活動での協力を受けて、作戦を実行した。

中国が公表した戦争の目的は「ベトナムのむき出しの野望を阻止し、彼らに適切かつ限定的な教訓を与えること」[49]だった。「適切」とは、将来に対するベトナムの選択肢や計算に影響するのに十分な打撃を与えるほどの、という意味であり、「限定的」とは、外部からの介入を招いたり、何らかの要因で事態が制御不能になる前に終了する、という意味だった。作戦はまた、ソ連に対する直接的な挑戦だった。

ソ連は中国を攻撃しないだろう、という鄧小平の予言は実証された。中国がベトナムに侵攻を開始した翌日、ソ連政府は、中国の「犯罪的な」攻撃を非難しつつも「英雄的なベトナム人民……は今度も自分たち自身で事態に立ち向かうことができる」[50]との生ぬるい声明を発表した。ソ連の軍事的対応は、海軍機動部隊を南シナ海に派遣し、ハノイへの限定的な武器空輸を請け負い、中ソ国境での偵察飛行を強化するという、限られたものにとどまった。武器空輸では地理的条件とソ連国内でのためらいが障碍となった。結局、ソ連が一九七九年に新たな同盟国であるベトナムに与えた支援は、二〇年前の台湾海峡危機の際に当時の同盟国であった中国に与えた支援と同程度のものだった。このどちらの場合にも、ソ連は戦争拡大の危険を冒さなかった。

戦争が終結してすぐに、華国鋒はソ連指導部を馬鹿にした簡潔な言葉で、結果を総括した。「彼らはわれわれを脅かそうとして、国境近くで演習を行い、南シナ海に艦艇を派遣したが、あえて動こうとしなかった。だから結局、われわれはまだ虎の尾を踏んでも大丈夫なのだ」。

鄧小平は、慎重であれという米国の忠告を皮肉な口調で拒絶した。マイケル・ブルメンソール米財務長官は一九七九年二月末に北京を訪問した際、中国政府が「容認しがたい危険を冒している」として、中国軍の「可能な限り速やかな」ベトナム撤退を要請した。[51]鄧小平はこれに異議を唱えた。ブルメンソールとの会談の直前、鄧小平は米国報道陣に対し、曖昧な言い回しを嫌う性格を露呈しながら「「東方のキューバ」を挑発することを恐れる一部の人々」[52]をあげつらった。

中印戦争の時と同様、中国は限定的な「懲罰」攻撃を行った後、直ちに撤退した。戦争は二九日間で終わった。人民解放軍が国境沿いのベトナムの三省の省都を占領し（報道によれば壊滅させ）た直後に、中国政府は、いくつかの係争地を除き、中国軍はベトナムから撤退すると発表した。中国はベトナム政権を転覆させようとしたり、公然たる形ではカンボジアに侵入しようとはしなかった。

中国軍撤退の一カ月後、鄧小平は中国訪問中の私に中国の戦略を説明した。

鄧　（米国から）私が帰ったあと、われわれはすぐに戦争をした。しかし、私はあらかじめあなたに意見を聞いた。戦争について私はカーター大統領と話し合い、大統領は非常に儀礼的な重苦しい態度で答えた。彼は書かれた文章を私に読み上げた。私は彼にこう言った。中国はこの問題に独自に対処し、もし何らかの危険があるなら、中国はその危険を単独で引き受けます、と。今から考えれば、中国がもし懲罰行動でさらにベトナムに深入りしていれば、さらに良い結果になっていたかもしれない。

キッシンジャー　そうかもしれませんね。

鄧　わが軍はハノイまで進攻する力を十分持っていたが、そこまでやるのは勧められなかった。

キッシンジャー　そうですね、もしそうなれば、予測不可能な事態になっていたでしょう。

鄧　そう、あなたは正しい。しかし、われわれはベトナムでさらに三〇キロ進攻できた。われわれはベトナムのすべての防衛基地を占領した。ハノイまで、もう彼らの防衛線は残っていなかった。

歴史家たちの通念によれば、戦争は中国にとって高くついた失敗だった。(53) 戦争を通じて、文化大革命による人民解放軍の政治化の弊害が明らかになった。軍は老朽化した装備、補給の問題、人員不足、硬直化した戦術などに苦しみ、進軍は遅々としており、多大な犠牲を伴った。一部の専門家の分析によると、一カ月間の戦闘で戦死した人民解放軍兵士の数は、ベトナム戦争で最も犠牲が多かった時期の米軍の戦死者数に匹敵する。(54)

こうした通念は、しかし、中国の戦略に対する誤解の産物だ。実行においていかに瑕疵があろうとも、中国の戦争は真剣な長期的戦略分析を反映している。中国指導部は米国指導部に対する説明の中で、ソ連の支援を受けたベトナムの力がインドシナにおいて確立することは、ソ連の世界規模での「戦略的展開」の決定的な一歩になる、と指摘した。ソ連はすでに、東欧と、中国の北部国境に軍を集結させていた。ソ連は今や、インドシナ、アフリカ、中東に「基地を獲得し始めている」、と中国指導部は警告する。(55)もし、ソ連がこれらの地域でその立場を固めれば、重要なエネルギー源を支配し、太平洋とインド洋を結ぶマラッカ海峡のような大切なシーレーンをふさぐことが可能になる。こうして、ソ連は将来のいかなる紛争においても、戦略的な主導権を握ることができるのだ。より広い意味では、戦争は、「孫子の兵法」に言う「勢」、すなわち戦略的地平での事態の動きに現れる傾向と「潜在的なエネルギー」の概念の分析によって、発動された。鄧小平は、ソ連の戦略の受け入れがたい勢いと彼が見なしたものを食い止め、可能であれば逆転させようと望んだ。

中国は、一つには軍事的な豪胆さで、また一つには、米国を先例のない緊密な協力関係に引き込むことによって、この目的を達成した。中国指導者は、自分たちの戦略的な選択肢についての極めて細心な分析と、果敢な実行と、練達の外交で、第三次ベトナム戦争の舵取りを行った。しかし、これらすべてがそろっていても、米国の協力がなければ、彼らは「虎の尾を踏む」ことはできなかっただろう。

第三次ベトナム戦争は、冷戦期における米中の緊密な協調の先駆けとなった。米特使の二度にわたる中国訪問で、両国は高度の共同行動を作り上げた。ウォルター・モンデール副大統領は一九七九年八月に、特にインドシナに関する、鄧小平訪米後の外交立案のため、中国を訪問した。それは、戦略的な考慮と道徳的な考慮が鋭く対立する複雑な問題だった。米中両国は、ベトナムが支配するインドシナ連邦の誕生を阻止することが双方の国益にかなうとの認識で一致した。しかし、インドシナでまだ取り込み得る国は、かつて数百万の同胞を殺りくした忌まわしいポル・ポトが支配したカンボジアだけだった。ポル・ポト派はカンボジアにおいて、ベトナムに対抗しうる最も組織だった勢力だった。

カーターとモンデールが率いる米政権は長年、人権擁護に献身的に取り組んできた。彼らは大統領選の選挙運動で、フォード大統領を、人権問題に十分な関心を払っていない、と非難しさえした。

鄧小平が、ベトナムの侵略軍に抵抗するカンボジアのゲリラ組織への援助の問題を初めて持ち出したのは、ベトナムのカンボジア侵攻に関するカーターとの個人的な会談の席だった。その様子を、公式記録はこう伝えている。「大統領は、カンボジアへの中継役をタイが受け入れてくれるだろうかと質問した。鄧小平は、大丈夫だと答え、軽火器を念頭に置いていることを明らかにした。鄧小平によれば、タイは現在、カンボジア国境に軍の高級将校を派遣し、ゲリラと緊密な連絡を取ろうとしている」(56)。タイを経由したカンボジア支援での米中の実質的な協力は、実際には、ポル・ポト派の残党を間接的に支援することにほかならなかった。米政府当局者は念入りにも中国政府に対し、米国は「ポル・ポトを支援するわけにはいかず」、ポル・ポト本人が今後、クメール・ルージュ(ポル・ポト派)を全面的に支配することはあり得ないとの中国の確約を歓迎する、と強調した。良心に対するこうしたごまかしは、米国政府がポル・ポト派を利することを承知しながら、「カンボジアの抵抗勢力」に物質的、外交的支援を与えたという事実を、いささかも変えるものではない。カーターから引き継いだレーガン政権も、同じ戦略を踏襲した。米国の指導者たちが、カンボジアの抵抗勢力は勝利の後、内部にいるポル・ポト派に反対するだろう、と期待していたことは確かだ。そしてそれは、約一〇年後のベトナム軍カンボジア撤退の後、実際に起きた。

米国の理想と、地政学的な現実が生む緊急事態とが、面と向き合っていた。カーター政権は、戦略的必要性と道徳的確信の、どちらかを選択しなければならなかった。彼らは、自分たちの道徳的確信が最後に勝利を収めるためには、地政学的な闘争にまず勝利する必要がある、と決断した。米国の指導者たちは、政治家としてのジレンマに陥っていた。指導者は、歴史が彼らに許す選択肢をえり好みするわけにはいかず、選択肢がそれぞれはっきりした違いを示している場合にも、なおさらえり好みはできないものだ。指導者がこうした態度を取るのは、皮肉な考え方に基づくものではなく、ましてや偽善によるものでもなかった。

ハロルド・ブラウン国防長官の訪中は、米中の協力関係を数年前には想像もできなかった段階にまで推し進めた。鄧小平は長官を歓迎して、こう述べた。「あなたは国防長官であり、あなたがここに来たという事実そのものが大きな意味を持つ」[57]。フォード政権当時、シュレシンジャー国防長官が訪中を要請され、フォード大統領が彼を解任したため実現しなかった経緯があり、当時の米政府高官の何人かは、鄧小平の言葉がそのことをほのめかしているのに気付いた。

ブラウン訪中の主要議題は、米中の軍事関係を定義することだった。カーター政権は、中国の技術的、軍事的能力を高めることが、世界の均衡と米国の安全保障に重要だとの結論に達していた。ブラウンは、米国政府は「ソ連と中国に区別を付け」ており、ソ連には渡せないいくつかの軍事技術を中国には渡すことができるし、[58]「武器」ではないものの、（偵察機器や車両といった）「軍事機器」を中国に売却する用意もある、と説明した。米国はまた、NATO諸国の中国への武器売却決定に異を唱えるつもりもなかった。カーター大統領はブレジンスキーへの指示で、次のように述べている。

米国は、技術的に微妙な分野での対中貿易に関し、米国の同盟国が今後取るであろう態度に異議を唱えない。強力で安定した中国こそ米国の国益にかなうのであり、われわれはこの国益を認識し、尊重する。[59]

中国は結局、ポル・ポト派を助けることはできず、この後約一〇年間、ベトナム軍をカンボジアから撤退させることもできなかった。中国はおそらくこのことがよく分かっていて、戦争目的をより限定的なものとしたのだ。それにもかかわらず、中国がベトナムに与えた損害は甚大なものだった。中国は戦前、戦中、戦後の東南アジア外交を、ベトナムを孤立させるため、決意と巧みさをもって推進させた。中国は国境沿いに大規模な軍を維持し、いくつかの係争地の占領を続け、ベトナム政府に「第二の教訓」を与えるかもしれないとの脅しをかけ続けた。ベトナムはこの後何年間も、中国による再侵攻の可能性に備えて、北部国境にかなりの軍部隊を展開し続けなければならなかった。[60]鄧小平は一九七九年八月、モンデールに次のように語った。

　あれぐらいの大きさの国が一〇〇万人の常備軍を維持するには、どこで人員を見つけられると思うか。一〇〇万人の常備軍は大量の補給支援を必要とする。彼らは今、ソ連に頼っている。ある推計によれば、彼らはソ連から一日当たり二〇〇万ドルを得ており、別の推計によれば、二五〇万ドルを得ている。……困難は増すばかりであり、ソ連の負担は重くなる一方だろう。時が経てば、事態はいっそう困難の度合いを増す。ベトナムはそのうち、ソ連への要請のすべてがかなえられるわけではないことに気付くだろう。

　こうした事情になれば、新たな状況が生まれるだろう(61)。

　約一〇年後のソ連崩壊とソ連による財政支援の停止で、新たな状況は実際に生まれ、ベトナムはカンボジア駐留軍を縮小した。民主国家では維持することが困難な長い時間軸で、中国は東南アジアにおける戦略目標の大部分を達成した。鄧小平は、ソ連による東南アジアとマラッカ海峡の支配を阻止するという目的の達成に向けて、戦略を駆使するための十分な空間を獲得した。

　カーター政権は、ソ連と戦略兵器制限について交渉するという選択肢を残しながら、アジア政策ではソ連が戦略的な主要敵であり続けると見なすという、綱渡りを演じていた。

　戦争の究極の敗者は、世界に対する野心を持っていると世界から警戒される羽目になったソ連だった。ソ連の一同盟国が、ソ連との友好協力条約締結から一カ月も経たないうちに、ソ連封じ込めのための同盟を声高に呼び掛ける、ソ連にとって最も口うるさい、戦略的には最もあけすけな敵によって、攻撃された。後から振り返ってみれば、第三次ベトナム戦争での ソ連の比較的受け身の行動は、その凋落の最初の兆候だったようにも思える。この一年後にソ連がアフガニスタン介入を決定したのは、一つには、中国の攻撃に対してベトナムを支援できなかったことへの償いの気持ちからではないかと、想像する人もいる。この二つのケースで、ソ連が犯した計算違いの理由は、世界の勢力の相関関係が反ソ連の方向に変化していることに気付かなかった点にある。第三次ベトナム戦争はかくして、中国の政治家が、敵対相手に匹敵する軍備を持たないまま、長期的で壮大な戦略目標の達成に成功した、もう一つの例に数えることができるかもしれない。ポル・ポト派の残党に当面の延命の余地を作ったことは、道徳的な勝利とはとても言えないが、中国は、自分たちより訓練が行き届き、装備も優れた軍を持つソ連とベトナムに対抗して、より大きな地政学的目標を達成した。

中国が朝鮮戦争への介入を決めた時にもそうであったように、中国の戦略思考には、物量で勝る勢力を前にした際の平静さというものが深く染み付いている。両方のケースとも、中国外縁部の多くの地点で敵対勢力が拠点を確保するという、中国政府が高まりいく危機と見なしたものに対抗して、介入の決定はなされた。どちらの場合にも、もし敵対勢力の計画遂行を放置すれば、中国は包囲され、未来永劫、脆弱な立場に置かれ続けると、中国政府は信じた。敵は好きな時に戦争を仕掛けることができる立場に立つことになり、そういう立場に自分がいることを認識するがゆえに、敵は、華国鋒がカーターに東京で会った時に語ったように、「ためらいもなく」[62]行動に踏み切ることになるだろう。それゆえ、地域問題にすぎないと思われるようなこと、最初の場合には米軍による北朝鮮軍撃退、二番目の場合にはベトナム軍によるカンボジア占領が、（周恩来が朝鮮のことをそう形容したように）「世界における紛争の焦点[63]」として扱われたのだ。

この二度にわたる介入で、中国は、自らが安全保障と考えているものを脅かす、自分より強い勢力に立ち向かった。しかも、そのいずれもが、中国政府が選んだ場所とタイミングで実行された。耿飈副首相は後に、ブレジンスキーにこう語った。「ソ連のベトナム支援は、その世界戦略の一つの構成要素だ。それはタイだけではなく、マレーシア、シンガポール、インドネシア、そしてマラッカ海峡を標的としている。もしソ連が成功すれば、ＡＳＥＡＮにとって致命的な打撃となり、日本と米国のシーレーンを遮断することになる。われわれはこれについて、何とかしようという決意を持っている。中国にはソ連に立ち向かう能力はないが、ベトナムに立ち向かうことはできる[64]」。

こうしたことは、決して見事と言えるような出来事ではなかった。中国は莫大な費用のかかる戦闘に軍を投入し、西側世界ではとても容認されないほどの規模の犠牲者を出した。第三次ベトナム戦争で、人民解放軍は任務遂行に当たって数々の欠点を露呈し、中国側の戦死者の数を増やした。しかしこの二度の軍事介入は特筆すべき戦略的成果を上げた。冷戦期の二度の重要な転機に、中国は攻撃的抑止という自らのドクトリンを実行し、成功させた。この戦争では、中国はソ連によるベトナム支援の約束の限界を、また、さらに重要なことに、全般的なソ連戦略の到達範囲の限界を露呈させることに成功した。中国は、その南の脇腹におけるソ連の存在に臆しはしないと証明するため、ソ連との戦争の危険を冒すことも辞さなかった。

シンガポールのリー・クアンユー首相は戦争の最終結果を次のように総括した。「西側報道は中国の懲罰行動を失敗だったと切って捨てるが、私は、それが東アジアの歴史を塗り替えたと考えている」[65]。

1975 年 12 月，ジェラルド・フォード大統領と新たに復活した鄧小平．通訳は唐聞生(ナンシー・タン)(ゲッティ・イメージズ)

鄧小平とジミー・カーター大統領．1979 年 1 月，ワシントン D.C. で(ゲッティ・イメージズ)

1979年の訪米の際，テキサス州でロデオを見物する鄧小平(ゲッティ・イメージズ)

1979年3月，北京で米連絡事務所の門標を大使館のものに取り換えるマイケル・ブルメンソール財務長官と事務所長代理のJ・ステープルトン・ロイ(AP)

第14章　レーガンの登場と正常な関係の到来

米外交政策の一貫性を阻害している要因の一つに、定期的に政権が交代する際の徹底ぶりがある。大統領任期が制限されているため、各省の副次官補クラスに至るまで、大統領が任命するあらゆる役職が、すなわち政府の要職にある最大五〇〇〇人が、少なくとも八年に一度は交代する。後任には長い見習い期間が待っている。新政権の最初の九カ月ほどは事実上、空白期間であり、その間、新任者は直感で動いたり、前政権から残留している部下の意見に沿って行動したりしながら、徐々に自らの職責を果たす術を覚えていく。新政権は、自分たちの政権奪取を正当化するために、前政権から引き継ぐすべての問題は本来的な困難ではなく、前政権の政策の欠陥がもたらしたものであり、したがって、限られた時間内に解決可能だと思わせたがる。このため、新任者が避けて通ることのできない、この修養期間が、さらに複雑な問題をはらむことになる。政策の一貫性を求めることは、不愉快だとは言われないまでも、たいして重要な意味を持たないものとして扱われる。選挙で勝利したばかりの新大統領は、客観情勢が許す柔軟性の幅を過大に見積もったり、自分たちの説得力を過剰に当てにしがちだ。米国の民主的な政権交代という、永遠にやむことのない心理劇のおかげで、米国の政策に左右される国々はどんな場合にも、米国に依存しすぎないように、危険を分散させておこうとするようになる。

こうした傾向は、中国との関係においては特別の難しさを生む。本書の記述が示すように、米中接近の最初の数年間は、双方にとって発見の時期だった。しかし、その後の数十年間の両国関係は、国際情勢について両国がどれだけ似たような評価を下すことができるかに、その多くがかかっていた。

指導者が絶え間なく変わるなら、両国関係といった形のないものの調和を図ることは、極めて困難になる。中国と米国は共に一九七〇年代に、劇的な指導者の交代を経験した。中国の推移については、本書のこれまでの章で記述した。米国では、中国との関係再開の第一歩を記した大統領が、その一年半後に辞任したが、外交政策の基軸は揺るがなかった。

中国指導部にとっては、カーター政権の誕生が米国の政権政党交代の初の経験となった。中国側は、他国に対する新たな寛容さと人権重視の姿勢を米外交に導入すると約束する大統領候補カーターの発言を精査した。彼は中国については多くを語っていなかった。中国側は、米中両国指導部がこれまで築いてきた「覇権反対」の姿勢をカーターが継続するかどうかに、多少の懸念を持っていた。

米国で、共和党候補の地滑り的勝利により再び政権交代が起きた時、米中間ではかつてない濃密な戦略協議が始まったばかりだった。中国にとって、新大統領の今後の動きは未知数だった。極めて緻密な中国人研究者にとっても、ロナルド・レーガンは分析することが困難な人物だった。彼は既存のいかなるカテゴリーにも当てはまらなかった。元映画俳優で、映画俳優組合(SAG)委員長も務め、政治的野心を持っていたレーガンは、引きこもりがちで知性的なニクソンや、米中西部出身で穏やかなフォードとは、劇的に異なる種類の米国保守主義を体現していた。危機の時代にあって、米国の持つ可能性について不敵なまでに楽観的だったレーガンは、ジョン・フォスター・ダレス元国務長官以来のどの米政府高官よりも激しく共産主義を攻撃した。レーガンは共産主義を、数世代の間に封じ込めればよい脅威ではなく、限られた期間内に根絶すべき悪魔だと考えた。しかし彼は、共産主義攻撃の標的を、ソ連とその衛星国にほぼ限定した。レーガンは一九七六年の共和党大統領候補指名争いで、競争相手であるジェラルド・フォードの対ソ緊張緩和政策を攻撃したが、対中接近政策への批判はおおむね避けた。一九八〇年の大統領選挙でも再燃した、ソ連の意図に対するレーガンの批判は、最初の復権を果たした後の鄧小平が米政府高官に伝え続けた考え方と似通ったものだった。しかし、レーガンの場合には、これに台湾の政治状況に関する個人的な強い愛着が付け加わっていた。

ニクソンは一九七一年一〇月、米中関係改善は、台湾の安全保障維持が基本的な国益だとする米国の立場を変えるものではない、と台湾に伝えるため、当時カリフォルニア州知事だったレーガンを特使として派遣した。レーガンは台湾指導部に対する温かい個人的な感情と、米台両国民の関係についての強い責任感とを胸に抱いて、台湾を後にした。こうしたことから、レーガンは既存の米中合意に対する表立った批判は避けながらも、台湾との公式な外交関係を断絶し、台北の米大使館を非公式の「米国在台湾協会台北事務所」に格下げしようとするカーター政権の動きを、厳しく批判した。カーター大統領と戦った一九八〇年の大統領選挙でレーガンは、レーガン政権下では「もうベトナム(撤退)は起きず」「もう台湾(断交)は起きず」「もう裏切りはない」と公約した。

台北の米大使館は、理論上は在中国米大使館だった。カーター政権の下で実行されたこの大使館を北京に移すという米国の決定は、国民党がもはや「中国本土を回復」しようとはしていないことを、遅ればせながら確認したものだった。レーガンはこの政策を批判し、台湾海峡をはさむ双方が別個の独立国家として認知し合うという、「二つの中国」方式に基づく問題解決の一環として、米国は台北に正式の大使館を維持すべきだと、暗黙のうちに主張した。しかし、これは中国が、ニクソン、フォード、カーターの歴代政権との交渉(また、外交関係樹立の条件に関するあらゆる国との交渉)で、常に断固として拒否してきたことだった。

つまりレーガンは、米国に依然として残るためらいを体現していた。中国政府と新たな関係を築くという強い思い入れが、台湾への感情的な肩入れという濃厚な残滓と同居していた。

レーガンが掲げた目標の一つは、台湾との「公式な関係」を維持することだったが、これが正確には何を意味するのかについて、彼は公式の場ではまったく説明しなかった。一九八〇年の大統領選挙のさなか、レーガンは無駄な努力を試みた。彼は、自分の副大統領候補で、かつては北京で大使館の役目を果たしていた米中連絡事務所の所長として手腕を発揮したジョージ・H・W・ブッシュを北京に送った。ブッシュは鄧小平に対し、レーガンは台湾との公式な外交関係の維持を言っているわけではなく、「二つの中国」による問題解決を模索しているわけでもないと、説明した。[1] ブッシュが北京にいる間も、レーガンは台湾との公式な外交関係締結を訴え続けていたのだから、鄧小平がブッシュに冷たい返答をしたのも、当然のことだった。この返答を受けて、レーガンは一九八〇年九月、私に、同様の、しかしもっと詳細にわたったメッセージを、自分の代理として中国の駐米大使、柴沢民に届けてくれないかと、仲介役を頼んできた。これは無理難題というものだった。

私はワシントンで柴沢民に会い、レーガン候補は選挙運動のうたい文句にもかかわらず、ニクソン、フォード、カーター各政権のもとで確立し、上海コミュニケに盛られ、両国外交関係締結を宣言した一九七九年のコミュニケにも盛り込まれた米中の戦略的協力の基本原則を守るつもりだ、と請け合った。レーガンは特に私に、「二つの中国」政策や「一つの中国、一つの台湾」政策を推進するつもりのないことを、中国側に伝えて欲しいと要請した。私はレーガンに、次のように話した。中国大使や中国政府はレーガン知事の経歴を精査し、あなたには台湾に緊密な友人がたくさんいることを知っているはずだ。これを人間関係の観点から考えるなら、あなたは個人的な友人関係をないがしろにすべきではないし、もしそうするなら、中国はあなたを尊敬しなくなるだろう。しかし、大統領としてのあなたは、覇権（例えば、ソ連による支配）を阻止するという米中の共通努力の基礎となる、米中関係の既存の枠組みに、忠実でなければならない。言い換えれば、大統領としてのあなたは、友人の傍らに寄り添いながらも、米国の誓約に忠実でなければならない。

中国大使がこの説明を手放しで喜んだとはとても言えない。世論調査が一一月の選挙でのレーガン勝利を予測していることを承知している大使は、あえて意見を述べようとはしなかった。

台湾への武器売却と第三のコミュニケ

初期のレーガン政権の特色は、表面的には両立しない二つの立場の溝に、大統領の説得力で橋を架けることができる、と大統領が確信していることにあった。それは実際には、二つの立場が同時に実行されることを意味していた。米中関係の正常化は、台湾の最終的な法的立場を解決することより優先して進んでいたため、問題は緊急性を帯びていた。カーターは、米国は台湾への武器供給を継続するとの意向を表明していた。しかし鄧小平は、米国の支持を得ているという外観だけは少なくとも整えてベトナムと対決しようと、正常化達成を急いでいたため、武器供与問題に関するカーターの一方的な表明を無視して、正常化のプロセスを進めた。そうこうするうち、米議会は一九七九年、台北で米国の公式の外交施設が閉鎖されたことを受けて、台湾関係法を通過させた。この法律は、米国と台湾が、経済、文化、安全保障の各分野で引き続き維持する強い結び付きの枠組みを概括し、米国は「台湾が十分な自衛能力の維持に必要な、しかるべき量のしかるべき防衛機器と防衛サービスを提供する」(2)と宣言していた。レーガン政権が発足するやいなや、中国指導者は、関係正常化の残された課題として台湾への武器供与問題を再び持ち出し、米国内の矛盾を危機的な状況にまで高めた。レーガンは、台湾に対して何らかの武器売却を実施したいとの希望を隠さなかったが、アレクサンダー・ヘイグ国務長官は反対の考えを持っていた。ヘイグは、ニクソン政権下のホワイトハウスで、私の部下として一九七一年の大統領極秘訪中の立案に携わった。ヘイグはニクソン訪中に先立ち、実務チームを率いて中国入りし、周恩来と実質的な会談を行った。冷戦の始まりを経験した世代の一員として、彼は、中国を反ソ陣営に迎え入れることが戦略的均衡をいかに変化させるかを、よく知っていた。中国が将来、事実上の米国の同盟国になり得ると考えるヘイグは、米中関係正常化の突破口を守ることを最優先課題と見なした。その結果、米国が中国と台湾の双方に武器を売ることで、中国政府を納得させられないかと考えた。

この方式は、両国で破綻した。中国への表立った武器売却をレーガンが承認するはずもなく、軍事機器入手のために原則を曲げたと見なされかねない取引に、中国が乗るはずもなかった。事態は手に負えないものになりつつあった。ヘイグは、米国政府内部でも、また中国当局者に対しても、困難な交渉を続け、双方が将来に向けた工程表を作ったうえで、最終解決を先送りする、との合意にこぎつけた。鄧小平が、かくも曖昧で部分的な結論を黙認したという事実は、米国との緊密な関係を維持することを彼がいかに重要視していたか(また、彼がいかにヘイグを信頼していたか)を示している。

一九八二年八月一七日のいわゆる第三のコミュニケの文言は、この後の高官協議や共同コミュニケにおいて、神聖なものとして繰り返し再確認され、米中関係の基礎構造の一部となった。この第三のコミュニケは、内容が非常に曖昧で、将来への工程表としては適用が難しいものであり、ニクソン訪中時の上海コミュニケ、カーター政権時代の関係正常化合意と同等の地位をこのコミュニケが獲得したのは、奇妙なことに思える。

第三のコミュニケで、米中双方はこれまでと同様、その基本原則を再確認した。中国は、台湾問題が中国の内政問題であり、外国はいかなる合法的役割も持ち得ないとの立場を確認し、米国は、台湾問題の平和的解決への期待を表明し、さらに「平和的解決に努力する中国の政策を評価する」とまで述べる。ここでは、もし平和的解決が不可能だということになれば、中国は武力行使の自由を持つとの、中国がひっきりなしに繰り返してきた主張が影を潜めていた。コミュニケで最も実効性のある文言は、台湾への武器売却に関するものだ。それはこう書かれている。

米国政府は、台湾への長期的な武器売却政策を実行しようとはしないこと、米国の台湾への武器売却は質的にも量的にも、米中外交関係樹立以降の近年に供与された水準を超えないこと、また、米国は、台湾に対する武器売却を徐々に減らし、一定期間のうちに最終的解決に導くつもりであることを、表明する。これを表明するに当たり、米国はこの問題の全面解決に関する中国の一貫した立場を認識する。(3)

こうした用語は、どれも正確に定義されたものではなく、もっとはっきり言えば、定義などまったくされていない。「徐々に」とはどういう意味なのか、明らかにされていない。指標となるべき、カーター政権時代に到達した「水準」も、具体的には示されていない。米国は「長期的」な武器売却政策を捨て去ることを誓ったが、「長期的」という言葉が何を意味するのかについては何の言及もない。中国は最終解決についての主張を再確認したが、そのデッドラインは設けておらず、脅しをやめるとも言っていない。米中両国の国内的な事情によって、コミュニケの限界が決まった。中国は、自国領土と見なす場所への外国からの武器供給の原則を容認するわけにはいかない。米議会で台湾関係法が圧倒的多数で可決されたことに示された米国の政治情勢が、台湾への武器売却のいかなる削減をも許さなかった。ここで記述している出来事からほぼ三〇年を経た今も、同じ状況が続いているということは、米中両国の優れた政治手腕を証明するものだろう。

第三のコミュニケの意味するところが米国大統領にとっても自明のものではなかったことが、コミュニケ発表直後の出来事によって示された。レーガンは米誌ナショナル・レビューの発行人に次のように語った。「台湾のあなたの友人たちに、私が台湾についてこれっぽっちも意見を変えてはいない、と請け合ってもらっても構わない。台湾は、中共による攻撃や侵攻に対して自衛するために必要な武器をすべて、米国から手に入れることができる(4)」。この問題に強い思い入れを抱いていたレーガンは、当時、CBSテレビのイブニング・ニュースのアンカーだったダン・ラザーに電話をかけ、「私は一切、退却していない。……われわれは台湾に武器を供与し続ける(5)」と述べて、大統領がもう台湾を支援していないとの報道を否定しさえした。

ホワイトハウスは大統領の信念の実現へ向け、中国と調印したばかりのコミュニケの実施に制約を課すため、いわゆる「六つの保証」の交渉を台湾と秘密裏に行った。この保証とは、米国は台湾への武器供与をいつ終えるかについて具体的な時期を定めない、中国政府とそうした武器供与について相談することを約束しない、台湾関係法を修正するとの約束もしない、台湾の政治的立場に関する米国の立場を変更しない、中国政府と交渉するよう台湾に圧力をかけない、仲介者として動くこともしない——というものだった。[6] この保証は、国家安全保障会議のファイルの中に加えられた、中国と台湾の争点を平和的に解決することをコミュニケの履行条件とした覚書によって、強化された。レーガン政権はさらに、第三のコミュニケにある、台湾への「武器売却」を「減らす」という文言の意味を、勝手気ままに解釈することに踏み切った。技術移転(理論的には「武器売却」ではない)や、各種の武器供与計画の「水準」についての独創的な解釈によって、米国政府は、中国政府が予想もしなかったような期間や内容にまで、台湾に対する武器援助計画を拡大した。

台湾関係法は、当然、米国の大統領を拘束するが、中国指導部がこの法律を容認したことはない。台湾への武器売却を義務づけたり、台湾問題の平和解決を外交的に中国を承認する際の条件とする、などということが、米国の法律でできるという前提を、中国の指導者は認めなかった。状況が黙認されているからといって、いつとも知れない未来に合意が成立すると思い込むことは危険だ。二〇一〇年春の台湾への武器売却に対する中国の激烈な反応が示すように、ある行動様式が何年もの間、受け入れられてきたからといって、そのために長期的に見た場合の危険性がなくなるというわけではない。

それゆえ、レーガン政権一期目の中国・台湾政策は、ほとんど不可解な矛盾の典型となった。それは、競い合う個人の間の、互いに対立する政策目標の間の、中国と台湾のそれぞれに対する両立しない確約の間の、同じ基準では計れない道徳的要請と戦略的要請の間の、矛盾だった。レーガンはこれらすべてのことを、深い確信を持って、一緒くたに支持しているかのように見えた。

学者や伝統的な政策アナリストから見れば、中国と台湾に関するレーガン政権の当初の取り組みは、理路整然とした政策が守るべき基本原則をすべて逸脱していた。しかしながら、レーガンの、議論を呼んだ多くの型破りな政策と同様、それらはその後、数十年間も、非常にうまく機能した。

レーガン政権の顕著な特色は、持論を基本的には曲げないまま、論争の切っ先を鈍いものに変えてしまう彼の能力にあった。レーガンは、意見がいかに異なっていても、相手と個人的な対立関係に陥ることはなかったし、自らの強いイデオロギー的確信を、修辞的なものにとどめ、十字軍にまで高めることは決してなかった。このため、レーガンと、彼の二代目の国務長官だったジョージ・シュルツが、ソ連のミハイル・ゴルバチョフ、エドゥアルド・シェワルナゼ組との間で行った核軍縮に関する一連の優れた交渉が示すように、レーガンは、実際的であること、さらには友好的であることすらをも基礎として、イデオロギーの深い溝に橋を架けることのできる立場にいた。中国に関して言えば、中国指導部は、レーガンが自分の確信の許す限界まで、米国の政治的な文脈の枠内でなし得ることの限界まで突き進む、ということを理解するに至った。こうして、もしもっと公式の場だったり、別の大統領が持ち出したりした場合には、中国側が憤然として拒絶するであろう立場をレーガンが取ったとしても、中国側は彼の善意については信じるようになった。

外見上の矛盾は、結局、直ちに実施されることと、将来に先送りされることの、二つの時系列に分かれた。鄧小平は、第三のコミュニケが全般的な方向を確立したと考えていたようだ。レーガン政権初期に阻害要因となっていたものが、条件がいったん変われば、事態を進展させる要因に変わった。

一九八二年のシュルツ国務長官就任後、米国、台湾、中国は、いくつかの不愉快なやりとりやエゴのぶつかり合いはあったものの、それぞれの中核的な利益は全般的に守られたという状況で、八〇年代初頭を終えた。中国は、米国による第三のコミュニケの柔軟解釈に不満だったが、全体としては、この一〇年間、米国の支援を得て、経済面と軍事面で力を付け、世界政治において独自の役割を果たす能力も身に付けてきた。米国は、台湾海峡の両岸と友好関係を維持し、中国とは、情報の共有やアフガニスタンの反政府ゲリラ支援など、反ソのための共通の緊急事項で協力することができた。台湾は、中国との交渉を行うに当たっての有利な立場を獲得した。ほこりが収まってみれば、ニクソン以来、最も声高に共産主義に反対し、台湾を支援していた大統領が、大きな危機をまったく招くことなく、中国との「正常な」関係を取り仕切ることができていた。

中国と超大国――新たな均衡

一九八〇年代で本当に劇的だったのは、米国と中国の互いの関係ではなく、ソ連に対する両国それぞれの関係だった。戦略的状況の一連の顕著な変化が事態を動かした。

中国の政策を検討してみれば、その政策立案者が、発見し得る一連の事実を見過ごすということは、ほとんど起こり得ないことが分かる。だから、中国が、第三のコミュニケの台湾条項に見られる曖昧な文言や柔軟な解釈を見逃してきたのは、米国との協力が台湾問題以外の中国の国益にかなうと考えたからにほかならない。

レーガンが大統領に就任した時、一九七〇年代末に始まったソ連の戦略的攻勢にまだ終息の気配はなかった。米国がインドシナでの足掛かりを失って以来、ソ連とその代理人は、アンゴラ、エチオピア、アフガニスタン、インドシナなどの発展途上地域で、未曽有の(そして、ほとんど無差別の)進出を図っていた。しかし、米中接近が、さらなるソ連の拡大への効果的な防波堤となった。鄧小平と彼の同僚たちの確信と、米国の二大政党双方の当局者による巧みな協力に力を得て、毛沢東が心に描いた横線が実際に姿を現し始めた。

一九八〇年代半ばまでに、ソ連はほぼそのあらゆる国境線で、協調のとれた防御、そして、多くの場合には活発な抵抗に直面することになった。米国、西欧、東アジアでは、ほぼすべての先進国による反ソの緩い同盟が形成された。ソ連に残された先進世界での同盟国は、ソ連軍が駐留する東欧の衛星国だけとなった。一方、発展途上諸国では、ソ連とキューバの力を借りた人民「解放」の利点について、懐疑的な見方が広がった。アフリカ、アジア、中南米で、ソ連拡張主義者の努力は多大の犠牲を伴う袋小路に追い込まれたり、不名誉な失敗に帰していた。ソ連はアフガニスタンで試練に直面していた。その試練は、米国、中国、ペルシャ湾岸諸国、パキスタンが協調して資金を出し、訓練した武装ゲリラによってもたらされたものであり、米国がベトナムで経験したものと同じだった。そのベトナムについて言えば、ベトナムの主導でインドシナを衛星圏に組み込むというソ連の試みは、米国の協力を得た中国の手ごわい拒絶に遭っていた。中国と米国は、鄧小平がカーターにかくも生き生きと描写したように、ソ連の指を「切り落とした」。同時に、米国の戦略的な強化、特にレーガンが推し進めた戦略防衛構想(SDI)が、国内総生産(GDP)比で米国の三倍となる防衛費負担など、停滞し、過重負担にあえぐソ連経済にとって、乗り切ることのできそうにない技術的な挑戦となった。(7)

米中協力が最高潮に達したこの時期に、レーガン政権と中国指導部はソ連の弱点について、ほぼ同じような評価に到達していたが、この新たな状況が持つ政治的意味については、非常に異なった結論を導き出していた。レーガンとその側近たちは、ソ連の混乱を米国が攻勢に移る好機だととらえた。米国は、大規模な軍備増強と、新たなイデオロギー的自己主張を組み合わせて、ソ連に財政と地政学の両面から圧力を加えることによって、冷戦での勝利を目指した。

中国指導部も、ソ連の弱さについて似たような考えを持っていたが、これこそは世界の均衡を再び作り上げる良い機会だという、米国とは正反対の結論を導き出した。一九六九年以来、中国の不安定な地政学的立場を是正するため、米国に接近していた中国指導部は、レーガンが自らの究極的な目標だと標榜していた、米国的価値と西欧流の自由民主主義の世界的な勝利に、何の利益も見出してはいなかった。ベトナムで「虎の尾を踏んだ」ことで、ソ連の脅威の頂点を耐え切ったと考える中国にとっては、今こそ、さらなる行動の自由を取り戻すべき時だった。

したがって、一九八〇年代には、米中国交正常化の当初の熱気は消え去っていた。ついこの間まで最も優先されていた冷戦的思考は、すでに克服されていた。米中関係は、ほとんど起伏もなく日常的に行われる大国同士の交流、といったものに落ち着こうとしていた。冷戦的な思考パターンに慣れ切っていた米中双方の主役たちが気付くのには少し時間がかかったが、ソ連の力の凋落が始まったことも、一定の役割を果たした。中国のベトナム侵攻に対するソ連の弱腰の対応は、最初はゆっくりと進み、後に加速することになるソ連の凋落の、始まりを示すものだった。一九八二年のブレジネフからアンドロポフへ、一九八四年のアンドロポフからチェルネンコへ、一九八五年のチェルネンコからゴルバチョフへ、というソ連の三回の最高指導者交代は、控えめに言っても、ソ連が内政の危機に忙殺されていることの現れだと受け止められた。カーター政権下で始まり、レーガン政権下で加速された米国の軍備拡張は、力のバランスを徐々に変え、ソ連がその周縁部に介入するに当たっての即応性を弱めた。

ソ連が一九七〇年代に獲得したもののほとんどは、奪回された――その一部は、ジョージ・H・W・ブッシュ政権になってからの退却によってもたらされた。カンボジアでは、ベトナム軍による占領が一九九〇年に終わり、一九九三年には選挙が行われ、難民の帰還準備が進んだ。アンゴラでは一九九一年にキューバ軍の撤退が完了し、エチオピアの社会主義政権が同じ年に崩壊した。一九九〇年にはニカラグアのサンディニスタ政権が、共産主義者の支配政党がかつて受け入れたためしのない自由選挙の実施を、受け入れざるを得なくなった。そして、これが最も重要な出来事だと思われるが、一九八九年にはソ連軍がアフガニスタンから撤退した。

こうしたソ連の退却で、中国外交の動きに新たなゆとりが生まれた。中国指導部は軍事的な封じ込めについてあまり語らなくなり、ソ連との新たな外交の展望を探り始めた。中国はソ連との関係改善について、カンボジア撤退、中ソ国境と中国・モンゴル国境へのソ連軍集結の終了、アフガニスタン撤退――という三つの条件を堅持していた。これらの要求は主として、ソ連の前進基地維持を困難にし、撤退決定を不可避のものにした力の均衡の変化によって、実現されようとしていた。中国が米中ソの三極外交を目指そうとしたことで、米国は、中国がソ連に接近することはあり得ないとの確約をあらためて中国から得た形になった。この確約は、いずれにせよ、二つの目的を持っていた。すなわち一つは、ソ連覇権主義の阻止という既存の戦略に中国が忠実であり続けるということの確認であり、もう一つは、米国に対して中国が持つ選択肢の幅が広がっていることの誇示だった。

中国は程なく、新たな選択肢を世界規模で実行し始めた。鄧小平は一九八七年九月の私との会話で、当時五年目に入っていたイラン・イラク戦争に、新しい分析の枠組みを当てはめてみせた。米国は、イランの革命的政権に敗北してしまわない程度に、イラクを支援していた。鄧は、中国が戦争終結へ向けた外交でもっと意味のある役割を果たせるよう、イランに対してより「柔軟な姿勢」を取るための「行動の自由」を必要としている、と語った。

鄧小平はソ連との対決に際して、毛沢東の言う横線の概念である反ソ統一戦線の理論を実行してきた。今やこれが、中国は超大国の競争から離れ、独立した外交政策を遂行することで、超大国、先進国、第三世界という三つのすべての集団内で、自らが好むところを追求できるという、三つの世界のアプローチに立ち戻った。

鄧小平の子飼いで、中国共産党総書記となった胡耀邦は一九八二年九月の中国共産党第十二回党大会で、当時の中国外交政策の考え方について説明した。その最も重要な規定は、毛沢東による「中国人民は立ち上がった」という建国宣言の繰り返しだった。「中国はいかなる大国とも、いかなる国家集団とも決して結び付かず、いかなる大国の圧力にも決して屈しない」[8]。胡耀邦は、米国とソ連の外交政策に対する中国の批判的評価を概説し、両超大国が善意を示すために取るべき行動のリストを提示することから始めた。台湾問題解決に失敗したことは、米中の「関係に暗雲が立ち込めている」ことを示す。中国が純粋に内政問題と考えている台湾問題への介入を米国がやめること以外に、米中関係を「健全に発展」させる方策はない。胡耀邦は一方で、高慢にもこう論評した。「われわれは、ソ連指導部が再三にわたって中国との関係を改善したいとの希望を表明していることに留意する。しかし、重要なのは言葉ではなく、行動だ(9)」。

中国は、超大国と距離を置くことで、またある程度までは超大国に反対することで、第三世界における地位を確立しつつあった。「今日、各国の平和的共存を脅かしている主要な勢力は、帝国主義、覇権主義、植民地主義だ。……世界の人民にとって今、最も重要な任務は、覇権主義に反対して世界の平和を守ることだ(10)」。

中国は事実上、競争する超大国の上に立つ最大の「中立」勢力として、独自の道徳的な地位を主張した。

われわれは一貫して、超大国の軍拡競争に断固として反対し、核兵器の使用禁止と完全廃棄を主張し、超大国が率先して核兵器と通常兵器を大幅に削減すべきだと要求してきた。……中国は、他の第三世界諸国とともに、帝国主義、覇権主義、植民地主義と断固として戦うことが、自らに課せられた神聖な義務だと考える(11)。

これこそは、自力依存、道徳的な超然ぶり、優越性、それに超大国の望みを台無しにするという誓約をないまぜにした、共産党大会で再三蒸し返されてきた中国の伝統的な外交政策だった。

レーガン大統領に送付された一九八四年の米国務省覚書は、中国がとる姿勢について、次のように説明している。

ソ連の覇権主義に対抗する米国の軍備増強を支持すると同時に、米ソ両超大国の対立を世界の緊張の主要な要因として攻撃する。その結果、中国は、米国と同じ戦略的利益を追求することができ、同時に、勢いを増しつつあると中国が考える第三世界ブロックとの関係を強化することもできる。(12)

米中央情報局（CIA）は一九八五年の報告書で、中国は、ソ連との一連の高官協議や、中ソ対立以降、これまでになく頻繁となった外交儀礼レベルの共産党同士の接触を通じて、ソ連と緊密な関係を作り上げ、「三極関係をうまく動かそうとしている」と説明した。報告書はまた、中国指導部はソ連指導部に対する「同志」との呼び掛けを復活させ、ソ連を（「修正主義」ではなく）「社会主義」国家と再び呼び始めた、と指摘した。過去二〇年間には考えられなかったことだが、中ソ両国の高官が軍縮について実質的な意見交換を行い、姚依林副首相が一九八五年に一週間にわたってモスクワを訪問した際には、両国は通商と経済協力に関する画期的な合意文書に調印した。(13)

勢力圏の重層性というのは、晩年の毛沢東が曲がりなりにも提起した考え方だが、実際にはほとんど適用されなかった。第三世界の定義は、自らが二つの超大国とどれだけ区別されるかにあった。第三世界は、たとえどちらか一つの超大国を自陣営に引き込むという形を装ったとしても、超大国のどちらか一方に決定的に偏ってしまえば、第三世界としての資格を失う。実際問題としては、中国は超大国への道の途上にあり、改革がまだ端緒に付いたばかりのその時でさえ、超大国であるかのように振る舞っていた。第三世界は、一言で言えば、超大国の一つがそれに加わり、定義から言えば第三世界でなくなった時に初めて、大きな影響力を振るうことができる。ソ連が核超大国であり、中ソの関係が不安定なものである限り、中国は米国から離れたいとの誘惑に駆られることはないだろう(ソ連の崩壊後には二つの勢力圏しか残っておらず、中国は、ソ連が残した空席に米国への挑戦者として座るのか、それとも米国との協調を選択するのか、が問題となる)。一九八〇年代の米中関係は、一言で言えば、冷戦期の形態から地球規模の国際秩序への移行のさなかにあり、この新たな国際秩序が、ソ連が両国の安全保障における基本的な脅威だという前提で成り立っていた米中の友好関係に、新たな課題を突き付けることになった。

米中国交正常化の立役者リチャード・ニクソンも、世界情勢について同じ認識を持っていた。ニクソンは一九八二年後半に中国を私的に訪問した後、レーガン大統領への覚書にこう書いた。

私は、第三世界でより大きな役割を果たすよう中国を鼓舞することが、米国の国益に大いにかなうと信じている。中国の成功の度合いが大きければ大きいほど、ソ連の成功の度合いは小さくなるだろう。……

米中がそもそも一九七二年に顔を合わせたのは、ソ連による攻勢の脅威に対する懸念からだった。その脅威は今、一九七二年より格段に増大しているが、今後一〇年間にわれわれを緊密に結び付けることになる最大の要因は、米中の経済的な相互依存であるかもしれない。(14)

ニクソンはさらに、今後の一〇年間、米国とその西側同盟国および日本は中国の経済発展促進のため、協調して行動すべきだと呼び掛けた。彼は、第三世界を反ソ同盟につくり替えるための中国の影響力活用を基礎とした、まったく新しい国際秩序が生まれ出ようとしていると考えた。しかし、ニクソンの予見能力をもってしても、ソ連が崩壊した世界を見通すことはできなかったし、中国が一世代のうちに、その経済実績が世界経済の健全性を左右するような立場になると見通すことはできなかった。中国の興隆が世界を再び二極化に導くのだろうか、との疑問が出されるような事態を、ニクソンは予見できなかったのだ。

レーガンの有能な国務長官であり、練達のエコノミストだったジョージ・シュルツは米国流の同心円の概念を使って、米中関係を米ソ対立という文脈を超えたところで理解した。彼は、ソ連の脅威に対抗するために中国を取り込むことが欠かせないと強調し過ぎれば、中国に交渉上の過大な優位性を与えることになる、と主張した[15]。中国との関係は厳密な相互依存を基礎としなければならない。そのような外交において、中国はその国家理性に基づいて自らの役割を果たすだろう。共通利益に基づく共通の計画の結果として、中国は善意を示すことになる。米国の対中国政策の目標は、こうした共通利益を練り上げることであるべきだ。同時に米国は、毛沢東がこれより数年前、米国高官に対し、「もっと時間をかけるよう」求めた国、米国と同じ民主主義国家であり、第二次世界大戦の後、数十年間の経済急成長を経て、今や世界の経済大国となった国、つまり日本との同盟を再活性化させなければならない（一九八〇年代に、日本の経済力は中国の経済力を大きく凌駕していただけでなく、多くのアナリストが、米国の経済力をも追い抜く寸前にあると考えていたという事実は、日本のその後数十年間の経済沈滞で、ぼやけてしまった)。日米関係は、レーガンと日本の中曽根康弘首相が培った個人的な同志関係、メディアが「ロン・ヤス関係」と呼んだものによって、新たな足掛かりを得た。

米国と中国はともに、その存在に関わる共通の脅威に直面する戦略的パートナーとしての、かつての同盟関係から、徐々に離れつつあった。ソ連の脅威が弱まった今では、中国と米国は実質的には、その国益が一致する個別の問題についての便宜的なパートナーにすぎなかった。

レーガン政権時代、新たな本質的な緊張は何も起きず、台湾のような既存の問題は淡々と取り扱われた。レーガンは一九八四年の中国公式訪問の際、米中の協力関係を形容するために中国の古典的な詩や古代の占法マニュアルの「易経」から一節を引用するなど、いくつかの場面では持ち前の活力を発揮した。前任者の誰よりも頻繁に中国語を口にし、米中関係を説明するために「同力合作(力を合わせ、ともに働く)」「互敬互恵(互いに敬い、互いに利益を得る)」などの中国の慣用句も持ち出した。(16) しかしながら、米国のどの大統領も同じことなのだが、レーガンは中曽根とのような緊密な関係を、中国の指導者と結んだわけではなかった。彼の訪中は、世界情勢を見直すだけで、どんな重要問題の解決を目指したものでもなかった。レーガンが名指しを避けながらも、「大国」が中国国境に軍を集結させ、隣国を脅していると非難した際、中国の放送は彼の演説のこの一節を削除した。

レーガン政権末期のアジア情勢は、過去数十年間で最も平穏だった。戦争と革命の半世紀を経て、中国、日本、韓国、インドシナ、そして東南アジアの海洋諸国は、一六四八年の三〇年戦争終結に伴って欧州に主権国家が誕生した際の、いわゆるウエストファリア体制に基本的に基づく国家体制に生まれ変わった。貧しく、孤立した北朝鮮による定期的な挑発と、アフガニスタンにおけるソ連軍の占領に対するゲリラ活動を例外として、アジアは今や、独立した政府と画定された国境を持ち、互いに相手の国内政治やイデオロギーに基づく提携関係に口を挟まないという、ほぼ地球全域に存在する暗黙の了解事項を共有する国家の集まりとなった。中国、北朝鮮、北ベトナムによって相次いで熱心に遂行された共産主義革命輸出の試みは、終わりを迎えた。さまざまな権力の中心の間の均衡は、一つには各当事者の疲弊のために、一つには覇権を求めるさまざまな勢力を押し返す米国(続いて中国)の努力によって、維持された。こうしたことを背景に、アジアに経済改革と繁栄の新たな時代が根を下ろした。アジアは二一世紀には、世界で最も生産的で繁栄した大陸という、かつての歴史的な役割に回帰するかもしれない。

鄧小平の改革プログラム

鄧小平が「改革開放」と名付けたものは、経済のみならず、精神面にも及ぶ企てだった。それはまず、経済崩壊の瀬戸際にある社会を安定させ、さらに、共産主義の歴史にも、中国の歴史にも先例のない新たな方法で前進するための、内奥の力を探索することを目指していた。

鄧小平が中国の指導を引き継いだ時の経済環境は、ほとんど絶望的なものだった。中国の集団化された農業構造は、巨大な中国人民の需要にほとんど追いつけなかった。一人当たりの食料消費は、毛沢東時代の初期とほとんど変わらなかった。報道によれば、ある中国指導者は、一九八〇年の米国の人口の半分に相当する一億人の中国農民が食料不足の状態にあることを認めた。[17] 文化大革命期の学校閉鎖が、悲惨な状況を生み出していた。一九八二年に、中国の労働者の三四%は小学校教育しか受けておらず、二八%は「読み書きがまったくできないか、ほとんどできない」状態であり、大学教育を受けた労働者は〇・八七%にすぎなかった。[18] 鄧小平は経済を急成長させるべき時だと呼び掛けたが、教育がなく、孤立し、依然として大半は貧困の状態にあった一般人民を、世界経済の生産的、競争的役割を担うことが可能で、それが時にもたらすストレスにも耐え得る労働力にいかにして組織していくかは、困難な課題だった。

改革を進めようとする人々にとって、動員できるのが伝統的な手段だけだったことが、大きな困難となった。中国を外の世界に向かって開くことによって近代化するという鄧小平の主張は、一九世紀後半に試みられ、挫折した最初の改革者の主張と同種のものだった。当時は、中国の独自性なるものに固執する中国人の生活様式が、改革の障碍となった。今、問題となるのは、毛沢東の時代以来、社会の団結の基礎となっていた哲学的原則を維持しつつ、すべての共産主義社会がやってきた行動様式をいかにして克服するか、ということだった。

一九八〇年代初めには、まだ中央計画経済がすべての共産主義国家で行われていた。その失敗は明らかだったが、処方箋を見つけるのは難しかった。計画経済が行き着いた先の段階では、共産主義が与えるインセンティブは、停滞を称揚し、個人の主導性を妨害するなど、すべてが非生産的なものとなった。中央計画経済では、モノとサービスは官僚の決定によって配分された。時が経つにつれ、政府の認可によって決められる価格は、費用とのつながりを失っていった。価格決定のシステムは、人民から資源を奪い、優先順位を政治的に付けるための手段となった。共産党の政権樹立に使われ、次第に色あせていった恐怖に代わって、今度は、補助金制度を通じた価格が、共産党への人民の支持を取り付ける手段と化した。

修正主義的な共産主義が証明したのは、経済の法則を破棄することはできないということだった。誰かが真のコストを支払わなければならなかった。中央計画経済と補助金付きの価格の代償が、お粗末な品質管理、工夫の欠如、そして過剰雇用であり、言い換えれば、経済の停滞と一人当たり所得の低下だった。

中央計画経済はまた、品質向上や革新に寄与することがほとんどなかった。ある集団が生産した物はすべて、それに関連した政府官庁に買い上げられるのだから、品質を気にする必要はまったくなかった。革新的な工夫は、実際のところ、計画の体系全体を台無しにしかねないものとして、妨害を受けた。

製品に対する嗜好を調整する市場がないところでは、計画策定者は多かれ少なかれ、勝手気ままな判断を押し付けるしかない。その結果、人々が欲しがっている物は生産されず、実際に生産される物を人々は欲しがらない、ということになった。

何よりもまず、中央計画経済国家は、階級なき社会を作り上げるということには程遠く、かえって階層社会を神聖化することになってしまった。製品が購買されるのではなく、配給されるところでは、幹部に対する特別の商店、病院、教育機会など、職務に伴う特典が実際の報酬となる。役人が巨大な裁量権を持つことが、必然的に腐敗を生んだ。職業、教育および多くの特典は、一種の個人的な関係次第で決まった。階級なき社会をもたらすと喧伝された共産主義が、封建時代並みの特権階級を生み出しがちだったのは、歴史の皮肉の一つだ。現代の経済を中央からの計画では運営できないことが証明されたが、中央計画経済を適用しない共産主義国家は、それまで存在しなかった。

鄧小平の改革開放は、共産主義体制に組み込まれた、この経済停滞を克服するために考えられた。彼とその同志は、市場経済、非中央集権的な決定過程、外の世界への開放という、いずれも前代未聞の変革に乗り出した。中国人民は戦争、イデオロギー的ドグマ、個人投資への厳しい制限によって、生来の経済的活力、起業家精神を長い間抑えられてきた。鄧小平らは、中国人民のこうした才能の解放を、自分たちの革命の基礎にしようとした。

鄧小平の改革の主要な同志は、胡耀邦と趙紫陽の二人だった。もっとも、後に二人が経済改革の原則を政治の分野にまで持ち込もうとしたことで、鄧小平は彼らと袂を分かつことになる。

長征の最も若い参加者の一人である胡耀邦は、鄧小平の庇護を受けて頭角を現し、文化大革命で、彼とともに失脚した。鄧小平は復権すると、胡耀邦を共産党のいくつかの要職を経て、総書記にまで引き上げた。胡耀邦は総書記として、政治、経済両面で比較的リベラルな立場にくみした。彼はその歯に衣着せない性格で、常に党と社会が受け入れられるぎりぎりのところを試そうとした。彼は、しばしばスーツ姿で人前に姿を現した初めての中国共産党指導者であり、中国人は箸をやめてナイフとフォークを使うべきだと語って、物議を醸しもした。[19]

一九八〇年に首相、一九八七年一月に共産党総書記になった趙紫陽は、最初は四川省の党委第一書記として農業非集団化の先陣を切った。生活水準の大幅な上昇を実現した趙紫陽は、その姓を使った語呂合わせ（「趙」は中国語の「探す」という意味の「找」と発音が同じ）である「メシが食いたかったら、紫陽を探せ（趙＝找）」という言い回しが示すように、農村部住民の称賛を集めた。彼は胡耀邦と同じく、政治的には非正統であり、天安門事件が最高潮に達した時、鄧小平によって総書記を解任された。

鄧小平とその同志たちは何よりもまず、文化大革命に対する否定の立場を共有することで行動していた。当時の中国を統治していたすべての指導者は、左遷を生き延び、その多くは肉体的に虐待されもした。文化大革命の経験は、中国指導者の会話に染みわたっていた。私が一九八二年九月に私的な旅行で中国を訪問した際、鄧小平から真摯な胸の内を聞いた。

キッシンジャー　私は一九七四年四月に、国連資源特別総会出席のため訪米したあなたに会いました。次に毛沢東と一緒にお会いした時には、あなたは一言も口を開きませんでした。

鄧　その後、一九七四年一一月に(北京で)会った時は、周恩来が病気で、私が国務院の責任者だったため、私たちは大いに語り合った。一九七五年には、私は党と政府の仕事の責任者だった。それから一年間、私は失脚していた。歴史のこの時期を振り返る時、私にはそれがとても興味深いものに思える。この挫折が私たちを賢くした。……一九七九年から一九八一年にかけてのわれわれの経験は、われわれの政策の正しさを証明している。あなたの中国訪問は三年半ぶりだ。何か変わっただろうか。

キッシンジャー　前回、私がここに来た時には、私の思い違いかもしれませんが、中央顧問委員会主任(鄧小平)は党幹部の中に多くの敵がいるように思えました。……

鄧　……外国の人々は、中国が政治的に安定しているかどうかをしばしば懸念する。中国が政治的に安定しているかどうかを判断するためには、八億の中国人民が住んでいる場所に安定が存在するかどうかを見なければならない。今日、農民はとても幸福だ。都市部にも幾分かの変化はあったが、地方ほどではない。……(人民は)社会主義経済体制を大いに信頼し、党と政府をますます信認している。これこそ、何よりも意味のあることだ。文化大革命以前は、党と政府は高い信望を得ていたが、文化大革命がそれを破壊した。

改革の努力のために使える経験はほとんどなかった。一九八七年に私が中国を再訪した際、趙紫陽は一〇月の党大会に提出する経済計画を前もって教えてくれた。彼は、中国は資本主義と社会主義を織り交ぜるという、複雑で時間のかかる過程にある、と強調した。

対処すべき最重要課題は、社会主義と市場の力の関係をどのようにして合理的なものにするか、ということだ。党大会では、社会主義計画経済は市場の力を排除するのではなく、取り込んで、それを使わなければならない、と報告することになる。ケインズ以来、資本主義国を含むすべての国では、政府が経済活動に一定の介入をしてきた。米国と韓国がその良い例だ。政府は、経済計画か市場か、どちらかを通じて経済を規制している。中国はこの二つの方法を両方とも使う。企業は市場の力を十全に使い、国家はマクロ経済政策を通じて経済を指導する。必要な場合には経済計画が策定されるが、計画を通じて将来の経済活動を律することは手段の一つにすぎず、社会主義の特質と見なすべきではない。

こうした目的を実現するため、鄧小平は着実に動き始めた。「川底の石を探りながら川を渡る」という中国のことわざのように、中国指導部は実現可能なことを基礎に、路線を策定した。毛沢東の継続革命は、ユートピア的な変革の夢とともに、事実上、打ち捨てられた。中国指導部はもう、イデオロギーが改革を疎外することを許そうとはしなかった。彼らは「中国の特色を持つ社会主義」という言い回しの「中国の特色」を、中国にいっそうの繁栄をもたらすあらゆるものを意味するように定義し直した。

改革のプロセスを容易なものにするため、中国は沿海部の経済特区などを通じて、海外からの投資を奨励した。そこでは、企業に大幅な自由を認め、投資家に特別の優遇条件を与えた。中国が一九世紀に沿海部で経験した「海外からの投資」の悪夢や、この経験を反映した中国の愛国主義的言説を考えれば、海外からの投資の奨励は勇気の必要な行動だった。それはまた、国際経済秩序に組み入れられることによって、中国経済の自立という、数世紀の歴史を持つ考え方から、今まで経験したことのないほどに遠ざかることを意味した。中国は一九八〇年に国際通貨基金(IMF)と世界銀行に加盟し、外国からの融資が流入し始めた。

体系的な分権化がこれに続いた。農業分野では、いわゆる生産責任制が人民公社に取って代わり、事実上の家族経営が出現した。他の産業では、所有と経営の区別が明確化された。所有はなお、国家の手にあったが、経営は経営陣に大幅に任された。当局と経営陣の合意に基づき、互いの役割が定められたが、経営陣にはかなりの自由が与えられた。

これらの変化がもたらしたのは、目を見張らせるものだった。一九八四年には、中国農民の収入は、最初の経済改革が公表された一九七八年の倍になった。個人向けの経済優遇策が新たに導入されたことによって、かつては、ほぼ全額が政府の恣意的判断で発注されていた工業生産総額の五〇%近くを、民間セクターが占めるに至った。一九八〇年代を通じて、中国のGDPは年率平均九%の成長を示した。これは前代未聞の持続的な経済成長であり、本書出版の時点でも、それは続いている[20]。

かくも広大な領域に及ぶ努力の成否は、何よりもまず、改革の実行に責任を持つ役人の質にかかっている。一九八二年に鄧小平と会った時、そのことが話題となった。人員の若返りは思ったような方向に進んでいるか、との私の質問に鄧小平はこう答えた。

鄧　そうだ。そう言えると思う。しかし、まだ完成したわけではない。農業の問題はまだ解決されていない。二年前、私は趙紫陽首相と胡耀邦を第一線の職務に就けた。あなたもご存知だと思うが、党中央委員会のメンバーの六〇%が六〇歳以下で、多くは四〇歳前後だ。

キッシンジャー　知っています。

鄧　これでも、まだ十分ではない。古い同志の処遇を考えなければならない。だから、われわれは中央顧問委員会を作り、自分が主任になった。それは、私個人としては、徐々に公式の役職を退き、顧問の立場に立ちたい、と思っている、ということだ。

キッシンジャー　同志の何人かはあなたよりも年を取っているのに、中央顧問委員会に入っていないようですが。

鄧　わが党がとても年老いているからだ。老人の一部は第一線に置いておく必要がある。だが、この問題は徐々に解決されることになる。

キッシンジャー　文化大革命の問題は、それまで党幹部にふさわしいとされてきた高等教育を受けていない人々が、大量に党幹部になったことだと聞いています。そんな問題がありますか。そしてあなたはそれに対処できますか。

鄧　そういう問題はある。責任ある党の部署に就くために、われわれが定めている条件は次の通りだ。革命的でなければならないこと。若くなければならないこと。教育のあること。職業的に有能であること。前にも言ったが、第一二回党大会は新たな諸政策の継続を示しただけではなく、その継続を保証し、そこでの人事の采配も、その継続性を保証している。

この五年後に、鄧小平はまだ党の若返りに腐心していた。一九八七年九月に彼は、一〇月に行われる党大会の見通しを私に教えてくれた。日焼けして、休養十分で、八三歳にしてなお衰えない活力を見せ付ける鄧小平は、来るべき党大会を「改革と、外の世界に開くための会議」と名付けたいと述べた。趙紫陽が胡耀邦に代わって共産党総書記に就任し、したがって首相の後任が必要となる。胡耀邦は「いくつかの間違いをした」と、鄧小平は述べたが、(要職をはずれた個人が党のすべての役職を失った、それまでのやり方とは異なり)党中央政治局には残留することを明らかにした。胡耀邦の「誤り」とは、一九八六年に一連の学生の抗議活動で行き過ぎを許したことを指していると思われた。また、鄧小平によれば、党幹部の世代交代を促進するため、政治局常務委員会メンバーの兼職は禁じられる。他の「長老」は引退することになる。

鄧小平の説明によれば、今や彼の重点は経済改革から政治構造の改革に移った。政治改革は「数百万の人民の利害が絡んでいるため」、経済改革よりいっそう複雑だ。共産党と政府の仕事の仕分けは変更される。党の書記局に専門的な管理者が入ってくるため、多くの党幹部は配置換えとなる。

しかし、政策決定とその実行はどこで区別されるのだろうか。鄧小平は、イデオロギー的な問題は党が受け持ち、行政は管理者が行う、と説明した。具体例を挙げて欲しいと言うと、鄧小平は、ソ連との同盟関係に切り替えることは明らかにイデオロギー的な問題だ、と答えた。彼との会話の長い経験から、私は彼がこの話題に慣れていないと感じた。その後、よく考えてみた結果、鄧小平は、ソ連との同盟という、それまでなら思いもかけなかった考え方を持ち出すことによって、中国がより自由な外交行動を打ち出す、と警告したかったのではないかという気が、私にはしてきた。

鄧小平が政治面で提案しようとしていたのは、共産主義社会には前代未聞のことだった。彼が示唆するところによれば、共産党は国家の経済と政治構造について全般的な監督役を果たすが、中国人民の日常生活を細部にわたって統制するという、これまでの役割からは徐々に身を引く。中国人民は、個人の主導性を発揮することがより広い範囲で認められる。この大規模な改革は「秩序だったやり方で」実行される、と鄧小平は主張した。中国は今、安定しており、「発展するためには、この安定を維持する必要がある」。中国政府と人民は「文化大革命の混沌を思い起こし」、それが再び起きることを許しはしない。中国の改革は「前代未聞のものだ」。だから必然的に「いくつかの誤りが起きる」。人民の大多数は今の改革を支持しているが、これを成功させるためには「勇気」と「慎重さ」が必要だ、と鄧小平は語った。

鄧小平と著者．1980年代に撮影．鄧小平の改革政策は驚くべき経済成長の扉を開いた(著者の個人コレクション)

1984年4月，西安の兵馬俑博物館を訪れたロナルド・レーガン大統領とナンシー夫人(ゲッティ・イメージズ)

第15章　天安門

鄧小平が指摘した改革の難しさが抽象的な話ではなかったことが、やがて明らかになった。程なくして、鄧小平は「秩序ある」改革という彼の計画が本来的にはらむ緊張に直面せざるを得なくなる。世界の大半が中国の経済成長に驚嘆し、数万人の中国人学生が海外に留学し、中国国内の生活水準が変化する間に、国内に新たな潮流がうごめき始めたことを示す兆候が現れてきた。

改革の初期の過程では、経済計画の問題を市場の問題と混同しがちだ。実際のコストを価格に反映させようとする試みは、少なくとも短期間は価格を上昇させる。価格の改革は、価格がさらに上昇する前に物品を購入しようとする人々による貯蓄の取り崩しを招き、物資隠匿とインフレ高進の悪循環に至る。

趙紫陽は一九八七年九月に私と会った際、国内総生産（GDP）の約五〇％を市場の力に委ねるとの方針を説明した。そのためには、経済の技術的問題を超えて、命令系統の実質的な変革が必要となる。欧州諸国のように、通貨供給量の調整と、不況を防止するための介入を通じた、経済の間接的な統御に重点を移す必要があった。中国では多くの中央機関を廃止する必要があり、廃止しない機関についても、役割を定義し直す必要があった。このプロセスを容易にするため、党員資格の見直しと、党官僚制度の合理化が命令された。党員資格見直しは三〇〇〇万人に関係することであり、その活動が、変革されなければならない当の人々の手によって行われなければならなかったため、多くの困難に直面した。

経済改革が比較的成功したことも、後の不満の核を育んだ。そして、改革によって行政幹部は仕事上の脅威にさらされたため、政府への忠誠度は落ち込んだ。

二重価格制度の実施は、腐敗と縁故主義に道を開いた。市場経済への転換は、少なくとも過渡期にあっては、腐敗の機会を増大させた。縮小しつつあるが、なお広範な公共セクターと、成長する市場経済という、二つの経済セクターの併存が、二種類の価格を生み出した。無節操な官僚と起業家は、個人的な利益を得るため、二つのセクターの間で製品を行ったり来たりさせた。中国の民間セクターの利益の幾分かは、疑いもなく、汚職と縁故主義によって得られたものだった。

中国のような家族重視の社会では、あらゆる場面で縁故主義が特別の問題となった。中国本土であれ、台湾であれ、シンガポールであれ、香港であれ、すべての中国人社会では、最後に頼るべきは家族であり、家族の構成員は抽象的な市場の力ではなく、家族としての基準に従って、順繰りに利益を得ることになっている。

市場はそれ自体の不満を生み出す。市場経済は最終的には全体の福利を向上させるにしても、誰かが勝ち、誰かが負けるというのが、競争の本質である。市場経済の初期段階では、勝ち組は少数で、負け組が大多数ということになりがちだ。負け組は、負けたのは自分たちの落ち度ではなく、「システム」が悪いのだと考えやすい。そして、こうした彼らの考えは、しばしば正しい。

経済改革は大衆レベルで、生活水準と個人的自由の向上への期待を抱かせると同時に、社会の緊張と不公平を生んだ。中国人の多くは、これを是正できるのは、より開かれた、より参加型の政治システムだけだと考えるようになった。中国指導部の間では、中国が取るべき政治的、イデオロギー的道筋について、意見の相違が拡大した。ソ連におけるゴルバチョフ改革の例が、議論の沸騰に拍車を掛けた。中国指導部のある人々にとって、グラスノスチ(公開性)とペレストロイカ(改革)は、フルシチョフによるスターリン批判と同様の、危険な異端の教えだった。中国の学生や党官僚の若い世代を含む他の人々にとって、ゴルバチョフ改革は、中国が進むべき道の範例となり得るものだった。

鄧小平、胡耀邦、趙紫陽が指導した経済改革は、中国の日常生活の相貌を変えた。また同時に、収入の不均衡、色鮮やかな、挑発的でさえある衣服、「ぜいたく」品へのあからさまな憧憬など、毛沢東時代に根絶させられた事象が再び現れたことによって、伝統的な共産党幹部の間では、かつてジョン・フォスター・ダレス米国務長官が提唱した、資本主義へと向かう恐るべき「平和的変質」に、中華人民共和国が屈服しつつある、との懸念が高まった。

中国の当局者と知識人は、この論戦を、「ブルジョア自由化」の脅威に対する派手な反対キャンペーンなどと、マルクス主義の教義の枠組みで捉えがちだったが、意見の相違は最後には、一九世紀以来中国を分断してきた問題に回帰した。外に向かうことで、中国はその天命を果たすことができるのか、それは中国の道徳的な本質を傷つけることではないのか。そんなものがもしあるとして、中国が西側から学ぶべき社会的、政治的仕組みとは何なのか。

一九八八年、一見難解なテレビのミニシリーズが、議論を沸騰させた。中国中央テレビ局が放映した六回続きのドキュメンタリー番組「河殤」は、濁った水がゆったり流れる黄河を象徴として取り上げることで、中国文明が本来持つ鎖国性と停滞性を糾弾した。番組は、伝統的な儒教文化への断罪と、最近の政治の動きへの間接的な批判を織り交ぜて、中国は西側の文化を含む外界の「青い海」を遠望することによって、新たに生まれ変わる必要がある、と主張した。この番組が、中国政府の上層部を含む国民的な論争の火に油を注いだ。最初の放映の後、保守的な共産主義者は番組に「反革命的」とのレッテルを貼り、その後の放映を禁止させることに成功した。[1] 中国の天命と、その西側との関係をめぐり、何世代にもわたって続いてきた論争が、再び活気を帯びてきた。

一九八九年初めに東欧で兆候が現れたソ連の一枚岩支配のひび割れは、同年一一月にベルリンの壁の崩壊、そして最後にはソ連の解体につながった。しかし、中国は安定しているように見えたし、他の世界各国との関係は、一九四九年の共産党の勝利と中華人民共和国の建国宣言以来、最も良好だった。特に米国との関係は大きく改善した。米中両国は協調して、ソ連のアフガニスタン占領を挫折させた。米国は中国に対し、かなりの水準の武器売却を実施した。両国の貿易は増大し、閣僚から海軍艦艇に至るまで、両国の交流は花盛りとなった。

まだソ連の指導者であり続けていたゴルバチョフは、一九八九年五月に中国を訪問する計画だった。中ソ関係改善のために中国が提示した三つの条件のほとんどを、ソ連は達成していた。アフガニスタンからソ連軍が撤退し、中国国境にいたソ連軍は遠くに再配置され、ベトナム軍はカンボジアから撤退した。中国での国際機関の会議はめじろ押しの状況で、中国が三年前に加盟したばかりの国際開発機関であるアジア開発銀行も、一九八九年四月に北京で総会を開くことになっていたが、この会議は偶然、ある劇的な出来事の背景となった。

すべては胡耀邦の死去で始まった。鄧小平は一九八一年、彼を中国共産党の最高位である党主席［一九八二年の党規約改正で総書記に］に就任させた。一九八六年に、学生デモへの対処が手ぬるいと保守派が胡を批判した際、彼は総書記を解任され、鄧のもう一人の子飼いである趙紫陽に席を譲ったが、政治局委員のポストは維持していた。一九八九年四月八日、七三歳の胡耀邦は、政治局会議の最中に心筋梗塞の発作を起こした。驚いた同僚が救命措置をとり、病院に運んだが、そこでさらに発作を起こして、四月一五日に死去した。

一九七六年の周恩来死去の際と同じく、胡耀邦の死で、政治的に緊迫した服喪が始まった。しかしこの時は一九七六年以来の年月の間に、許容される言説の範囲がずっと緩和されていた。一九七六年に周の死を悼んだ人々は、毛沢東と江青に対する批判をあからさまには口にせず、昔の宮廷政治を引き合いにして暗に批判しただけだったが、胡の死を悲しむデモ隊は、標的を名指しした。ベルサイユ条約の不公平と中国政府の弱腰を非難する愛国主義運動だった一九一九年の五・四運動の七〇周年が迫り、政治的雰囲気はすでに緊迫していた。(2)

胡耀邦の支持者らは天安門広場の人民英雄記念碑に花輪と弔詞を捧げ、その政治的自由化への献身を称え、さらなる改革のため、彼の精神を受け継ごうと呼び掛けた。北京や他の各都市で、学生たちはこれを好機として、汚職、インフレ、報道規制、学生の生活条件、そして相変わらず「長老」が裏から支配している党の現状への不満を噴出させた。北京ではさまざまな学生グループが七項目の要求をまとめ、政府がこれを実行するまでデモを続けると脅した。すべてのグループが要求のすべてを支持していたわけではなかったが、各種各様の苛立ちが集まって、過去に例を見ない騒乱にエスカレートした。デモ行進として始まったものが、政府の権威への挑戦を意味する天安門広場の占拠に発展した。

外部からの観察者や広場の抗議行動参加者の誰もが、一九八九年五月初めには想像もしなかったような勢いで、事態はエスカレートしていった。六月には、さまざまな規模の反政府抗議行動が全国三四一都市に波及した。(3) 抗議行動の参加者が列車や学校を占拠し、首都の主要な道路は封鎖された。天安門広場で学生たちがハンストを宣言し、これが国内外の識者や他の学生以外のグループの強い関心を呼び、彼らも抗議行動に参加していった。中国指導部は、ゴルバチョフ歓迎式典を天安門広場から移動せざるを得なかった。指導部にとって屈辱的なことに、式典は公衆が見守ることのないまま、空港でひっそりと行われた。一部報道によれば、人民解放軍のある部隊がデモ隊鎮圧のための首都展開命令を拒否し、街角では政府職員がデモ隊と一緒に行進した。中国の西の端で、チベット人とウイグル人イスラム教徒が自分たちの文化の問題をめぐって抗議行動を始めた(ウイグルについては、当時発行された書物がイスラム教徒の逆鱗に触れたという問題があった）ことが、政府の抱える政治的困難をさらに増大させた(4)。

騒乱は通常、事態の進展が主役たちの統制を離れ始めると、それ自身の動因で展開し、主役たちは、もはや自分たちも筋書きを知らない劇の登場人物と化す。鄧小平にとって、抗議行動は、デモ参加者が掲げる目標のいかんにかかわらず、中国人が歴史的に持つ混沌への恐れと、文化大革命の記憶を呼び起こさせるものだった。中国政治の専門家、アンドリュー・ネイサンは、この袋小路を次のように活写している。

学生たちには、彼らがその危険性を知っている体制に対して、生きるか死ぬかの挑戦をするつもりなどなかった。体制側もまた、学生に対して、好んで軍事力を使おうなどとは思っていなかった。学生と体制の双方は、多くの目標を共有し、多くの語り口も共有していた。彼らは意思疎通の不足と判断の誤りによって、妥協を選択することが次第に不可能となる立場へと、互いに相手を追い込んでいった。何度か、解決がすぐ手の届くところに見えたこともあったが、土壇場になってそれは消え去った。最初はゆっくりに見えた、惨事へと滑り落ちる速度は、両者の溝が深まるにつれ、速まった。われわれは結果を知っており、真の悲劇が生み出す恐怖を抱きながら、天安門の物語をひもとくことになる(5)。

ここでは、天安門広場の悲劇がなぜ起こったかを検討することはしない。双方が、危機に関与するに至った動機——それは多様であり、しかもしばしば対立するものだったが——に応じて、異なった見解を抱いている。学生の騒乱は、特定の不満への対処を求めることから始まった。しかし、一国の首都の主要な広場を占拠することは、たとえそれが完全に平和的なものであったとしても、政府の無力を白日の下にさらし、それを弱体化させ、軽率な行動を誘発させて、政府に損害を与えるための戦術でもあった。

しかし、結末については論争はなかった。中国指導部は七週間にわたってためらい、武力行使についての内部での意見の不一致を露呈させた後、六月四日に断固とした弾圧に出た。趙紫陽は共産党総書記を解任された。これに先立つ数週間の内部討議の後、鄧小平と政治局の多数派は、人民解放軍に天安門広場の制圧を命じた。これに続いて、抗議活動への厳しい弾圧が行われた。すべては、ゴルバチョフと中国指導部の歴史的な会談を記録するため世界中から集まったメディアによって伝えられ、テレビで視聴された。

米国のジレンマ

世界の反応は厳しかった。中華人民共和国は一度も、西側流の民主主義によって機能していると標榜したことはなかった(そして、常にそうした誘惑を拒絶してきた)が、今や、この国は世界のメディアから、人々の人権への希求を圧殺する、勝手気ままな独裁国家として扱われていた。それまで改革者として広く称賛されてきた鄧小平は、暴君として非難された。

こうした雰囲気の中で、既存の定期協議を含めた米中関係全体が、広範で多様な政治的立場の人々から批判を浴びた。伝統的な保守主義者は、共産党支配下の中国は信頼できるパートナーではあり得ないという、自分たちの確信の正しさが証明されたと考えた。人権活動家は、保守、リベラルを問わず、激怒した。リベラル派は、天安門事件のために、米国は民主主義を広めるという、その究極の任務を遂行する責務を負ったと論じた。目的はそれぞれ異なっていたが、中国を批判する者たちは、中国政府に国内の制度を改め、人権への配慮を高めるよう圧力をかけるために、制裁が必要だとの点で一致していた。

五カ月前に大統領に就任したばかりのジョージ・H・W・ブッシュは、長期的な影響を考えて、制裁発動に気乗りがしなかった。ブッシュと、その国家安全保障担当補佐官であるブレント・スコウクロフトは、いずれもニクソン政権で仕事をしており、その時に鄧小平と面会していた。二人は、鄧小平が四人組の陰謀に抗し、個人が抱き得る最も遠大な見通しを持って、米国との関係を守った経緯を覚えていた。二人は鄧小平の経済改革を称賛し、天安門での抑圧に対する嫌悪の気持ちを、中国の開放によって世界を変化させたことへの畏敬の念によって、相殺させた。米国に敵対するあらゆる国が中国の支持を当てにできた時代、中国が世界から孤立することをすべてのアジア諸国が懸念していた時代、ソ連が、もう一つの脇腹のことを心配せずに、西側に対して政策的に圧力をかけることのできた時代に、二人は外交政策の立案に携わっていた。

ブッシュ大統領は一〇年前、米中関係が緊迫していた時代に、米国の連絡事務所長として北京に駐在していた。彼は、長征に参加し、延安の洞窟で生き延び、一九六〇年代には米ソ双方と対決した中国指導者たちが、外国からの圧力や、孤立するぞとの脅しに屈しはしないことを理解するだけの経験を積んでいた。中国への制裁の目的は何なのか。中国政府を倒すことか。中国の政治構造を変えるとしても、一体どんな政治構造に変えるのか。制裁という介入措置がいったん発動されれば、それはどんなプロセスで終わりにできるのか。そして、その代償はどれほどになるのか。

天安門事件以前に、米国では、民主主義の普及に米外交が果たすべき役割について、議論が盛んに行われた。単純化して言えば、議論は理想主義者と現実主義者の戦いだった。理想主義者は、ある国の国内体制は外交に影響を与えるのだから、その国の国内体制を外交の議題とすることは正当だと主張した。現実主義者は、ある国の国内体制などという問題はどんな国の能力をも超えるものであり、外交は一義的に外交政策のみを取り扱わなければならない、と論じた。道徳的指針がどこまで絶対的に不変なものであるかは、外交政策を導き出す際に、国益を秤に掛けながら是々非々で検討される。現実には、理想主義と現実主義の違いはかなり微妙だ。理想主義者は、その掲げる価値の適用に当たって、世界が置かれている特定の状況というものを考慮に入れざるを得ない。思慮深い現実主義者は、価値というものが現実の重要な構成要素であることを理解している。決定が下されれば、その違いが絶対的なものであることはほとんどなく、それはしばしばニュアンスの違いにとどまる。

中国に関しては、民主主義的価値が行きわたることを米国が望むかどうか、ということが問題なのではない。米国民の圧倒的多数は、イエスと答えるだろうし、対中国政策論議に関与する人々も同じ考えだろう。問題は、状況のいかんを問わず望ましい結果を導き出すために、米国民がどれだけの時間と能力をかけ、どれだけの代償を支払う用意があるのか、ということだ。

独裁国家に対処するための戦術については、国民的な議論を通じて、広く応用可能な二つの政策が浮上してきた。あるグループは、非民主的な行為や人権侵害に対して、米国はどんな代償を払うことになろうとも、相手に与え得る恩恵を停止することで対抗しなければならないとして、対決姿勢を主張した。極端な場合には、そうした政権を転覆することも訴えた。彼らは中国については、いかなる互恵的なものでも、その付与には民主主義への明確な歩みが条件となる、と主張した⑹。

これとは別の考え方をするグループは、人権問題の改善には関与政策がより有効だと主張した。十分な信頼関係がいったん生み出されれば、共通目的の名の下に、あるいは少なくとも共通利益を守るという名目で、社会的な慣習は変えることができる、というわけだ。

どちらの方法が適切であるかは、ある意味では状況次第でもある。例えば、カンボジアのポル・ポト派やルワンダの住民大虐殺のように、人権侵害が非常にひどく、関係を続けることによる利益が考えられない場合もある。また、米国の世論がその国の体制変革ないし一種の王位簒奪を求めるようになったとしても、その国との関係継続が米国の安全保障上、重要であるため、こうした強硬策を適用できない場合もある。西側社会からの屈辱的な介入の記憶が染み付いている中国の場合は、まさにこの例に当てはまる。

天安門事件が直ちにもたらす結末がどんなものであろうと、中国は世界政治で重要な役割を担うことになろう。もし指導部がその地位を固めれば、中国は経済改革計画を再開させ、次第に力を強めるだろう。米国と世界はその時に、姿を現しつつある大国との協力関係修復に動くのか、あるいは、この国に米国の価値観に沿った国内政策をとるよう圧力を加えるため、この国を孤立化させる道を選ぶのか、という決断を迫られることになる。

外界からの援助の唯一の源であったソ連が一九五九年に援助を停止した時、屈服を拒否したことのある中国は、孤立させられれば、長い対決の時代に突入するだろう。ブッシュ政権は就任当初の数カ月間、まだ冷戦を前提として行動しており、そこでは、ソ連との均衡のために中国の存在が必要だった。しかし、ソ連の脅威が減衰すると、ソ連の脅威に対抗するための米国との協調の必要性が減った中国は、次第に単独で動くための強さを身につけ始める。

中国の国内制度に対する米国の影響力には、対決を選ぶにせよ、関与を選ぶにせよ、客観的な限度がある。いったい米国には、中国ほどの規模と人口と複雑さを持った国の国内状況に進展をもたらすだけの知識があっただろうか。中央の権威の崩壊は、一九世紀に外国の干渉によって引き起こされた内戦を再び起こさせる引き金となっただろうか。

天安門事件の後、ブッシュ大統領は微妙な立場に置かれていた。かつて北京で米国の連絡事務所長を務めた彼は、外国の介入と見なされることに対する中国の敏感さを理解していた。また、米国政治の長い経験から、米国の国内政治の現実についても、鋭い洞察力を持っていた。彼は、米政府の対中政策は、当時カリフォルニア州選出の民主党下院議員だったナンシー・ペロシの言葉を借りるなら「中国指導部に明確かつ原則的な怒りのメッセージを伝えるもの」でなければならないと、大半の米国民が信じていることを知っていた。[7] ブッシュはしかし、同時に、米国にとって中国との関係は、中国の統治システムとは関係なく、米国の死活的な国益に関わるということも理解していた。彼は、冷戦下の世界で最も基本的な安全保障の諸問題について、二〇年近くにわたって協力してきた国の政府を苛立たせることに、懸念を抱いてもいた。後になって、彼はこう書く。「この、当然のことながら誇り高く、古い伝統を持ち、内向的な人々にとって、外国からの(中国的な意味での教育を受けたことのない「野蛮人」であり、植民地主義者であると、彼らがいまだに見なしている人々からの)批判は、侮辱であり、彼らに対して加えられた過去の抑圧の再来なのだ」[8]。より強い措置を取るべきだとの、左右両派からの圧力に対して、ブッシュは次のように主張した。

人権や政治改革の問題については、われわれには別の考え方はあり得ない。しかし、われわれは、批判に一〇〇万言を費やすよりも、(毛沢東の死以来、大変に大きい)彼らの進歩への歩みを励ますことによって、われわれの考え方をはっきり示すことができる。……私にとって問題なのは、たとえ関係が今「保留」されなければならないとしても、いかにすれば、中国への関与を継続させながら、われわれが悪いと考える点を非難し、適切に対処することができるかどうか、だった。[9]

ブッシュは技量と優雅さをもって、綱渡りを演じていた。米議会が中国に対する制裁措置を決定した際、彼はその内容の一部を緩和した。同時に、六月五日と六月二〇日には、彼自身が中国に有罪判決を下したことをはっきりさせるため、高官級の政府間交流の禁止、軍事協力と警察用・軍用機器売却の停止を命令し、世銀や他の国際金融機関による中国への新規借款に反対すると発表した。米国の制裁措置に続いて、欧州共同体(EC)、日本、オーストラリア、ニュージーランドが同様の措置を実施し、他の世界各国も、中国に対する遺憾と非難の意を表明した。米議会は世論に押され、(大統領によって発動され、したがって大統領が意のままに解除することのできる行政措置による制裁ではなく、より解除が困難な)法的措置による制裁や、米国に滞在するすべての中国人留学生の滞在査証を自動的に延長する法律を含む、より強硬な措置を打ち出した。(10)

過去一〇年間のほとんどを事実上の同盟国として行動してきた米国と中国は、高官級の接触がないまま、互いに恨みと非難を鬱積させながら、離れ離れになろうとしていた。ブッシュは、取り返しのつかない決裂を避けるため、鄧小平との長年の友好関係を利用することにした。彼は六月二一日、官僚機構を飛び越え、自らが定めた高官級接触の禁止にも違反して、「友である」鄧に長文の親書をしたためた。(11) ブッシュはこの中で、巧みな外交手腕を駆使し、「中国の歴史、文化、伝統への深い畏敬の念」を表明しつつ、鄧に中国の統治方法を教えていると受け取られるような言葉遣いを一切避けた。彼は同時に、中国の最高指導者に対し、米国内での国民の怒りを、米国の理想主義の必然の結果として理解するよう求めた。

私はあなたに、まだ若い私たちの国が創設された際の諸原則を思い起こしていただきたいと思います。その諸原則とは、民主主義と自由——言論の自由、集会の自由、当局の独断性からの自由——です。こうした諸原則に対する畏敬の念は、米国民が他の国々の出来事を見て、それに反応する際にも、当然、影響を与えます。それは、ごう慢や、他の人々に自分たちの信念を押しつけたいという欲望に基づく行動ではなく、これらの諸原則が不朽の価値を持ち、全世界に適用され得るものであるとの、素朴な信念に基づく行動なのです[12]。

ブッシュは、彼自身が国内政治への自らの影響力の限界ぎりぎりのところで行動していることを示唆した。

私は今後の出来事を、歴史書の審判に委ねたいと思います。しかし、それでもあえて言うなら、デモが終結した際の混乱と流血を、世界の人々はそれぞれの目で見つめていたのです。さまざまな国がさまざまなやり方で反応しました。先に述べた原則に則るならば、私が米国大統領としてとった行動は、避けることのできないものでした[13]。

ブッシュは鄧小平に対し、天安門事件の結末が米国の大衆に与える影響を指摘し、また、自分自身の行動の自由に限度があることをほのめかしながら、思いやりのある対応を要請した。

中国が、抗議行動をしている人々との今後の論争は平和的に解決するという、先の声明の延長線上で、なんらかの声明を出すなら、いかなるものでも、米国では歓迎されるでしょう。抗議行動に参加した学生に対する寛大な措置は、いかなるものであれ、世界から称賛されるでしょう[14]。

ブッシュは、こうしたアイデアの実現可能性を探ろうと、「これらの問題に関する私の心からの確信を、私に代わって、完全な率直さをもって、あなたにお話しする」「完全に信頼の置ける」高官級の使節を北京に派遣することを提案した。ブッシュは、米国と中国の、事態に対する展望の相違を指摘することにやぶさかではなかったが、既存の協力関係を継続するよう要請する、次のような文言で、書簡を締めくくった。「私たちは、最近の悲劇的な出来事の後遺症が、過去一七年間にわたって忍耐強く築き上げられてきた死活的な関係を台無しにすることがないようにしなければなりません」[15]。

鄧小平は翌日、ブッシュの申し出に答え、米国使節の北京訪問を歓迎すると表明した。天安門事件の三週間後の七月一日、ブッシュが国家安全保障担当補佐官のブレント・スコウクロフトと国務副長官のローレンス・イーグルバーガーを北京に派遣したのは、彼が中国との関係をいかに重要なものと考えていたか、またどれほど鄧小平を信頼していたかの証しだ。使節団の北京派遣は、ワシントンのごく少数の高官と、使節団訪問について個人的に説明を受けるためワシントンに召還されたジェームズ・リリー駐中国米大使しか知らない極秘事項だった[16]。スコウクロフトとイーグルバーガーは、標識のない米軍のC141輸送機で北京に飛んだ。彼らの到着は極秘にされていたため、中国防空部隊は、この正体不明の航空機を撃ち落とすべきかどうか、国家主席の楊尚昆に問い合わせたと言われている[17]。輸送機は途中で給油のために着陸する必要がないように、空中給油装置を備え、使節が直接、ホワイトハウスと連絡を取れるよう、特別の通信装置も搭載していた。会談や宴会の場に国旗は飾られず、訪問の報道は一切なかった。

スコウクロフトとイーグルバーガーは鄧小平、李鵬首相、銭其琛外相と会談した。鄧はブッシュを称賛し、友としての好意のあいさつを返したが、両国関係緊張の責任は米国にあると述べた。

これは驚天動地の事態であり、米国がこれに深く関わっていることは遺憾だ。……われわれは二カ月以上前、つまり出来事が起きた当初から、米国外交政策のさまざまなありようが、実際に中国を追い詰めたという印象を持っていた。われわれ中国側はそう考えている。……反革命的反乱の目的は、中華人民共和国とわれわれの社会主義システムの転覆だったのだから。もし彼らがこの目的を達成していれば、世界はこれまでとは違ったものになっていただろう。率直に言えば、戦争さえ起きかねなかった。[18]

彼は中国の内戦のことを言っていたのだろうか。中国に恨みを抱き、失地回復を狙っていた隣国が仕掛けてくる戦争のことを言っていたのだろうか。あるいは、その両方のことだったのだろうか。鄧小平は「中国と米国の関係は大変微妙な状況にあり、危険な状況にあると言っていいかもしれない」と警告した。米国による懲罰的な政策は「関係決裂を引き起こしかねない」としながらも、鄧小平は、関係が維持されることへの希望を捨ててはいなかった。[19]そして、昔ながらの挑戦的な姿勢を取り戻しながら、鄧は、外部からの圧力に容易には屈しない中国の特性について、また中国指導部の鍛え上げられた独特の決意について、長広舌を振るった。「われわれは制裁など気にしない」「われわれは制裁にびくついたりしない」[20]。米国人は「歴史を理解すべきだ」と、鄧は語った。

中国共産党の指導を受けた中国人民の二二年にわたる戦いは、二〇〇〇万人以上の犠牲を出しながらも、中華人民共和国の創設という勝利に結実した。……中国共産党に代表される中華人民共和国に取って代わることのできるいかなる勢力も存在しない。これは大言壮語ではない。これは過去数十年にわたる経験が実証したことなのだ。[21]

鄧小平は、「鈴の結び目を解くのは結んだ人[22]」という中国のことわざを引き合いに出しながら、関係改善の責任は米国にあると強調した。鄧は一方で、中国は「反乱の扇動者の処罰」をためらいはしないと言明し「そうでなければ、中華人民共和国はどうして存在し続けることができるだろうか[23]」と語った。

これに対し、スコウクロフトは、ブッシュが鄧小平への親書で強調した考え方を繰り返した。米中の緊密な関係は、両国の戦略的、経済的な利益の反映だが、それは同時に、「二つの異なった文化、背景、見識」を持つ社会の緊密な出会いをもたらす。米中両国は今、テレビを通じて伝えられた中国の内政上の出来事が、米国世論に深い影響を与えるような世界に生きている。

こうした米国の反応は、米国人が深く心に刻んだ価値観を反映している、とスコウクロフトは主張した。「米国民の信念と伝統の反映」である米国人の価値観は、中国人が外国からの干渉に示す敏感さと同様に、「米中二つの社会の間にある多様性」の一部なのだ。「米国民がデモの内に見いだしたものは、善悪は別として、米国の独立戦争に源を発し、彼らの最も大切な信念となっている価値観の発露にほかなりません[24]」。

スコウクロフトは、デモ参加者に対する中国政府の扱いは「完全に中国の内政問題」であることを認めたが、その扱い方が米国民の間に「現実のものであり、大統領が同調せざるを得ないような」反応を呼び起こしたのも「明白な事実」だった。ブッシュは米中間の長期的な関係の維持が重要だと信じている。しかし彼は、中国に対する何らかの具体的な不満の表明を米政府に求める「米国民の感情」を尊重する義務も負っている。この袋小路を抜け出すためには、両国政府に細やかな気配りが求められている[25]。

難しいのは、双方ともに正しいということだ。中国政府が包囲されていると、鄧小平は感じている。米国の最も根っこにある価値観が挑戦を受けていると、ブッシュとスコウクロフトは考えている。

李鵬首相と銭其琛外相も同じような点を強調し、何ら具体的な合意に達することなく、使節の訪中は終わった。スコウクロフトはこの袋小路を、外交官が暗礁に乗り上げた交渉を説明する際の常套句を使って、意見交換の道筋を維持することに成功した、と説明した。「双方は率直かつ開けっぴろげだった。われわれは互いの相違点を述べ合い、互いに耳を傾け合ったが、互いの溝を埋めるには、なお距離が残った[26]」。

事態はそこでとどまりはしなかった。一九八九年秋までに、米中関係は一九七一年の接触再開以来、最も困難な状況に立ち至っていた。どちらの政府も断絶を望んではいなかったが、どちらも断絶を回避できる立場にはいなかった。断絶はいったん起きれば、中ソ論争が一連の戦術的な論争から戦略的な対決にまで発展したように、それ自らの力で事態を動かし始める。米国は外交面での柔軟さを失ってしまうだろう。中国は経済発展を減速しなければならず、場合によっては一定期間、発展の停止を余儀なくされ、国内の安定に重大な影響をもたらすことになるかもしれない。一九八〇年代末に大いに盛り上がった米中二国間協力については、多くの分野で進展が望めなくなり、世界のさまざまな地域を脅かす騒乱を克服するための協調行動もできなくなるだろう。

こうした緊張状態のさなかの一一月、私は自分の考え方をまとめるため、中国指導部の招請に応じて北京を訪問することにした。ブッシュ大統領とスコウクロフト補佐官にも、私の私的な旅行の計画が伝えられた。中国との交渉に長く携わってきた私に、歴代の米政権がしてきてくれたことだが、北京への出発前、スコウクロフトは米中関係の現状について、私に説明してくれた。彼は私に、鄧小平との会談の内容を教えてくれた。彼は特別のメッセージを私に託したわけではないが、もし機会があれば、中国側に米政府の考え方をさらに詳しく説明して欲しいと望んだ。いつも通り、私は中国で得た私の印象を米政府に伝えるつもりだった。

多くの米国人と同じように、私は天安門事件の結末に衝撃を受けた。しかし、多くの米国人とは違って、私には、鄧小平が過去一五年間従事してきた中国再建の極度に困難な仕事を観察する機会があった。それはすなわち、共産主義者に非中央集権化と改革を受け入れさせ、伝統的に内向きな中国人を、彼らがしばしば拒絶してきた近代性と、グローバル化した世界に向けて開かせる仕事だった。そしてまた、私は、彼の米中関係改善へのたゆまぬ努力を目撃してきた。

この時の訪問で私の目に映った中国は、これまでの訪問の際に見られた自信を失っているように思えた。毛沢東時代、周恩来に代表される中国指導者たちは、イデオロギーと、数千年にわたる歴史的記憶を加味した国際情勢判断に裏打ちされた自信を持って、行動していた。鄧小平時代初期の中国は、文化大革命の苦悩の記憶を克服することが、個人の主導性に基礎を置いた経済的・政治的発展への導きとなるとの素朴な信念にあふれていた。しかし、鄧が改革プログラムを初めて公表した一九七八年以降の一〇年間に、中国は、成功のわくわくした気分とともに、その負の部分のいくつかをも経験していた。中央計画経済から、より分権化された決定方式への変更は、二つの方面で恒久的な危機の様相を生み出した。一つは、現状維持に利益を見いだす頑迷な官僚主義による抵抗であり、一つは、改革の速度が遅すぎるとするせっかちな改革者からの圧力だ。経済的な非中央集権化は、政治決定における多元主義の要求を生み出した。この意味で、中国の騒乱は、共産主義の改革に付き物の、厄介なジレンマの反映だった。

天安門事件の終結に際して、中国指導部は政治的安定の道を選択した。彼らは、指導部内でのほぼ六週間に及んだ論争を経て、ためらいながら、その道を選んだ。私は中国で、六月四日の出来事を正当化する感情的な声を少しも聞かなかった。それは、突然降って湧いた不幸な事故であるかのように扱われた。国外からの反響と、自分たち内部の対立に驚愕した中国指導部は、自分たちの国際的地位の回復に躍起となっていた。外国人を守勢に立たせる中国人の伝統的な技量を考慮に入れて判断するなら、私の会談の相手は本物の困難に直面していた。米国の物質的利益を侵害したわけではまったくなく、中国側が国際的にその正当性を主張したわけでもない出来事に、米国がなぜこれほど腹を立てるのかが、彼らには理解できなかった。歴史的に人権擁護にコミットしてきたとの米国の説明は、西側世界による「弱い者いじめ」の一形態、ないし、自国内にも人権問題を抱える国による身の程知らずの正義感の発露だとして、相手にされなかった。

中国の指導者たちは私との会談で、米国との実務的な関係を再開するという、基本的な戦略目標を追求しようとした。会談はある意味で、周恩来との初期の会談に似通ってきていた。二つの社会は協力の道を見つけることができるのだろうか。そして、もしそれができるのなら、協力の基礎となるものは何か。役割は今や逆転していた。かつての会談で、中国の指導者は共産主義イデオロギーの独自性を強調した。今や彼らは、共通の見解を見いだすための論理的な根拠を追い求めていた。

鄧小平が基本的な主題を設定した。それは、世界の平和は中国の安定に多くの部分を負っている、というものだった。

混沌とした状況を招くのは簡単であり、一夜にしてできる。秩序と平安を維持することは簡単ではない。中国政府が天安門で断固たる措置を取らなければ、中国に内戦が起きていただろう。中国の人口は世界の五分の一を占めており、中国の不安定化は、大国をも巻き込みかねない世界の不安定化につながる。

一国の歴史の解釈には、その国が持つ記憶が反映している。そして、中国のこの当時の指導者の世代にとって、トラウマとなっている歴史上の出来事は、中国で一九世紀に起きた中央権力の崩壊だ。これが外国による侵攻と中国の半植民地化を誘発し、大平天国の乱のような、大虐殺に相当する犠牲者を生んだ内戦に発展した。

鄧小平によれば、安定した中国が目指すものは、新たな国際秩序への貢献であり、米国との関係がその中心となる。彼は私に次のように語った。

これこそ、引退後に、私が他の人々にはっきりさせておかなければならないことだ(27)。私が収容場所から釈放されて最初にしたことは、米国との関係促進に人々の関心を向けさせることだった。私はまた、最近起こったことを清算し、中米関係を正常化させたいと思っている。私はわが友であるブッシュ大統領に、あなたの大統領任期中に中国と米国の関係が促進されるのを私たちは目にするだろう、と言いたいと思っている。

李瑞環(中国共産党の理論家で、アナリストからは改革派の一人と見なされている)によれば、障碍となっているのは「米国人が、中国人自身よりも中国のことを理解していると思い込んでいる」ことだった。中国が我慢ならないのは、海外から指図されることだった。

一八四〇年以来、中国国民は外国によるいじめの対象だった。当時の中国は半封建的な社会だった。……毛沢東は生涯をかけて、中国は自分たちを対等に扱う国々と友好を結ばなければならない、と言い続けてきた。彼は一九四九年に「中国人民は立ち上がった」と述べた。立ち上がるという言葉で、彼は、中国人民が他の国の人々との平等を享受することを意味した。われわれは、他人がわれわれに、どうしろ、こうしろと言うことを好まない。しかし、米国は他国に、これをやれ、あれをやれと要求しがちだ。中国人民は他人の指図に従うことを望まない。

私は副首相兼外相の銭其琛に、米国の国内的な圧力と価値観が米国の行動を縛っていることを説明しようとした。銭其琛は、中国は自らの国益によって規定される自らの歩調で動き、外国人の指図は受けない、として、説明に耳を貸そうとはしなかった。

銭　われわれは政治的・経済的安定を維持しようとしており、改革および外界との接触を促進しようとしている。われわれは米国の圧力のもとで行動することはできない。とにかく、われわれはこの方向に動いている。

キッシンジャー　しかし、それこそが私の言っていることだ。中国がその方向に動けば、利益になるような事象が生まれてくるだろう。

銭　中国は中国自身の利益のために経済改革を始めたのであって、米国が望んだから始めたのではない。

中国の見解によれば、国際関係は国益と国家目的によって決定される。国益との齟齬がなければ、協力は可能であり、必要でさえある。国益の一致は何ものにも替えることはできない。その国の国内体制はこの際、無関係だ。これは、ポル・ポト派への対応の問題で、米中の意見が分かれた理由でもある。鄧小平によれば、米中関係は、この原則さえ守られれば、活況を呈する。

あなたとニクソン大統領が中国との関係再開を決定した際、中国は社会主義ばかりではなく、共産主義のためにも奮闘していた。四人組は共産主義的貧困のシステムを好んでいた。あなた方はあの時、われわれの共産主義を受け入れた。したがって、中国の社会主義を今、受け入れない理由は何もない。国と国の関係が社会システムを基礎として取り扱われる時代は過去のものとなった。今では、異なった社会システムを持つ国々が友好関係を結ぶことができる。中国と米国の間には多くの共通利益を見いだすことができる。

かつて、中国指導部が共産主義イデオロギーの伝道役をやめた時、世界の民主主義陣営はこれを前向きの進化の証拠だとして歓迎した。そして、毛沢東の後継者が、イデオロギーの時代は終わり、国益こそが決定要因だと論じている今、著名な米国人が、他国と国益を一致させるには、その国に民主主義の制度が存在する必要がある、と主張している。米国の多くの専門家の信条ともなりつつあるこの考え方の正しさを、歴史的経験から実証することは難しいだろう。第一次世界大戦が始まった時、多くの欧州諸国(英国、フランス、ドイツを含む)の政府は、基本的に民主主義的な体制をとっていた。にもかかわらず、欧州が完全に立ち直ることができなかったほどの大惨事となった第一次世界大戦の開戦に、民主主義的に選出された各国議会が熱狂的な賛成票を投じた。

しかし、国益の計算も、それほど自明のことではない。国際関係の構成要素の内でも、国家の力や国家の利益といったものは、正確に計算することが最も難しい。ほとんどの戦争は、力関係の判断を誤り、それに国内の圧力が加わったことが原因で起きている。今、議論している時代に関して言えば、米国の政治的理想を実現することと、平和的かつ建設的な米中関係を追求することとの間でバランスを取るという困難な問題に対して、歴代の米政権はさまざまな解決策を提起してきた。ジョージ・H・W・ブッシュ政権は、関与を通じて米国の望むところを実現しようとし、一期目のクリントン政権は圧力をかける道を選んだ。この二つの政権とも、一国が最も熱烈に希求することは中途半端にしか達成されないという、外交政策の現実に直面することとなった。

社会が向かう基本的な方向は価値観によって形作られ、この価値観が究極的なゴールを決めることになる。同時に、自分の能力の限界を認めることは、優れた政治指導者にとっての資格試験の一つであり、そのことで、どういうことが可能であると彼が判断しているのかが、暗に示される。哲学者は自らが抱く直感に責任を持たなければならないが、優れた政治指導者は、自らが抱く概念を長期にわたって維持する能力を持つかどうかが評価の分かれ目となる。

中国ほどの規模を持つ国の国内構造を外部から変えようと試みることは、さまざまな意図せぬ結果を生み出すことになりかねない。米国社会は人間の尊厳に対する信念を決して放棄してはならない。しかし、西側社会とは違った概念のもとで数千年間動いてきた文明に、人権と個人の自由に関する西側社会の概念を直接適用することは、西側の政治や報道に一定期問さらされたからといって、できるものではないだろう。このことを認識しても、そうした信念の重要性を損なうことにはならない。また、政治的混沌に対する中国人の伝統的な恐怖を、西側からの啓蒙で「矯正」しさえすればよい、時代遅れの世迷い言だと決め付けることもできない。中国の歴史、特に過去二世紀の歴史には、政治的権威の分裂――それは、時にはより高度の自由を獲得したいという欲求から始まっていた――が、社会的、民族的な騒乱に結び付いた例が非常に多い。そして多くの場合には、勝利を収めたのは最も自由な勢力ではなく、最も戦闘的な勢力だった。

同様の考え方から、米国と付き合う国々は、米国の基本的価値観には人権の観念が不可欠のものとして含まれており、米国の判断は民主主義の実践に関する米国の考え方と不可分のものであることを、理解しなければならない。ある国との関係の全体を犠牲にしてでも、米国が反応せざるを得ない種類の人権侵害も存在する。そうした出来事の前では、米国の外交政策は国益の計算を乗り越えてしまう。米国の大統領の誰もが、このことを無視できないが、大統領は、何がこうした出来事に当たるかを慎重に定義し、意図せざる結果がどのような作用を及ぼすかを、承知していなければならない。外国の指導者の誰もが、このことを軽く見てはならない。こうした均衡をいかにして見定め、いかにして実現するのかが、米国の対中関係、ひいては世界の平和に決定的な影響を与えることになろう。

米国と中国の政治指導者は一九八九年一一月に、この選択に直面した。いつも通り実務的だった鄧小平は、内政への不介入を外交政策の総則とする、新たな国際秩序の概念を創設するために努力すべきだと示唆した。「私は新しい国際政治秩序の創設を提案すべきだと思っている。われわれは国際経済秩序の創設で大して前進できなかった。だから、当面は、平和共存五原則に則った新しい政治秩序に取り組むべきだ」。五原則の一つはもちろん、他国の内政問題への不干渉だった[28]。

こうした戦略的原則の彼方に、まだ形を取らない重要なものが立ち現れる。国益の計算は、単純な数式で行われるものではなく、国家の尊厳と自尊心に配慮したものでなければならない。鄧小平は私に、中国は米国との合意を望んでいるが、中国より強い国である米国が最初に行動を起こさなければならない、ということを、ブッシュ大統領に伝達して欲しいと語った[29]。新たな協力の局面を追求するからといって、人権問題をすっかり避けてしまうことはできない。新しい対話を誰が主導して始めるのかという鄧の設問には、結局、反体制派の方励之という一個人の運命について、鄧が対話を始めることによって、彼自身が答えを出した。

方励之をめぐる論争

一九八九年一一月の私の北京訪問の時には、反体制物理学者の方励之は米中間の断絶のシンボルとなっていた。方は西側流の議会制民主主義と個人の権利の雄弁な支持者であり、長年にわたって中国当局とぎりぎりのせめぎ合いを続けてきた。彼は一九五七年に共産党の反右派闘争で党籍を剝奪され、文化大革命期には「反動的」な活動で一年間、収監された。毛沢東の死後、名誉を回復し、学者としての華々しい経歴を重ねながら、政治的自由の拡大のため、活発に発言した。一九八六年の民主化デモの後、再び譴責の対象となったが、改革の呼び掛けを発し続けた。

ブッシュ大統領が一九八九年二月に中国を訪れた際、在北京米大使館がホワイトハウスに提出した北京での大統領主催晩餐会への招待者リストに、方励之の名前が含まれていた。大使館としては、レーガン大統領がモスクワ訪問で反体制派と面会した先例を踏襲したつもりだった。ホワイトハウスは、方に関する中国側の見解の厳しさにおそらく気付かないまま、このリストを承認した。招待者リストに方が含まれていたことは、米中両政府の間と米政府内部に厄介な状況を生んだ。(30) 結局、米大使館と中国政府は、方を中国政府当局者の席から遠く離れたところに座らせることで合意に達した。晩餐会当夜、中国治安当局は方の乗った車を途中で止め、彼を晩餐会場に近付けさせなかった。

方励之は天安門広場での抗議行動に参加したわけではなかったが、広場の学生たちは彼が主張している諸原則に同調していたため、政府による報復の標的になりかねないと思われていた。六月四日の天安門広場での弾圧の直後、方夫妻は米大使館に避難した。中国政府は数日後、夫妻に「最近の騒乱の前後に、反革命宣伝と扇動を行った罪」で逮捕状を出した。中国政府系の出版メディアは、米国に「この暴力を生み出した犯罪者」の引き渡しを要求し、さもなければ米中関係は悪化すると威嚇した。(31) ブッシュ大統領は日記の中で「われわれには彼をかくまうしか道はなかったが、中国にとっては、これはまことに屈辱の事態となった(32)」

と書いた。

方励之が米大使館にかくまわれていることは、絶えざる緊張の源泉となった。中国政府は、方が海外で宣伝活動を行うことを恐れて、彼を出国させようとはしなかった。米国政府は、自由民主主義を信奉する反体制派を、厳しい報復が待っていることを知りながら、中国当局に引き渡すつもりはなかった。ジェームズ・リリー駐中国米大使はワシントンへの公電で、方について次のように述べた。「彼はわれわれと共にいることで、われわれに「ブルジョア自由主義」とのつながりを常に思い出させてくれ、ここの体制とわれわれの違いを痛感させてくれる。彼は人権をめぐる米国と中国の闘争の生きたシンボルだ[33]」。

ブッシュは六月二一日の鄧小平への書簡で「方励之問題」を取り上げ、「われわれの間に打ち込まれた目立つくさび」だと嘆いた。ブッシュは、方をかくまった米国の決定を「国際法に関するわれわれの広く認められた解釈」に基本的に基づくものだと弁解し、「今やわれわれは、肉体的な危険に遭わないとの何らかの保証がない限り、方を大使館の外に出すわけにはいかない」と断言した。さらに、事を荒立てずに問題を解決する方法がある、として、他の国の政府が同様の問題を「追放という形で、ひそやかな出国を許可することによって」片付けた例を挙げた[34]。しかし、交渉は難航し、方夫妻は大使館にとどまり続けた。

スコウクロフト大統領補佐官は私の北京への出発に先立つブリーフィングで、この問題について詳しく教えてくれた。彼は、米国政府は言えることはすべて言ってしまったのであり、北京ではこの問題を持ち出さないようにと私に頼んだ。彼は同時に、現行の政策の枠内でなら、中国側の提案に私が反応することは構わないと語り、私は彼の忠告通りにした。北京で、私は方励之問題を持ち出さなかったし、私の対話相手も同様だった。私が別れを告げようと、鄧小平を訪問した時、彼は改革の難しさに関するとりとめのない雑談の後、突然この話題を持ち出し、事態を一括して手打ちにする方策を提案した。この時の会話を詳しく紹介することは、天安門事件から六カ月経った北京の雰囲気を理解するのに役立つと思う。

鄧　私はブッシュ大統領と方励之問題で話し合った。

キッシンジャー　ご存知の通り、大統領は晩餐会への招待の件を、事が公になるまで知りませんでした。

鄧　大統領は私にも、そう言った。

キッシンジャー　あなたが方問題を提起されたので、私の考えをお話ししましょう。これは非常に微妙な問題であり、中国の尊厳に関わる問題なので、私は北京に来てから、誰ともこれについて話し合いませんでした。しかし、彼を大使館から出し、国を離れさせる何らかの方法が見つかれば、米国にいるあなたの最良の友人たちは安堵するだろうと、私は思います。あまりにも騒ぎがひどくなってしまわないうちに、この一歩が踏み出せれば、米国民にこの上なく強い印象を与えることになるでしょう。

この時、鄧小平は椅子から立ち上がり、二人だけで話をしたいということを示すために、彼の椅子と私の椅子の間にあったマイクを取り外した。

鄧　どうすればよいのか、あなたの考えは。

キッシンジャー　私の考えは、中国が彼を国外に追放し、米国は、政府として彼を決して政治的には利用しないことを約束する、というものです。米国はたぶん、彼に米議会やマスコミから遠く離れた、例えばスウェーデンかどこかに移住してはどうか、と勧めることになると思います。こうした処置は、技術的な課題に関するいかなる動きにもまして、米国民に深い印象を刻み付けることになります。

鄧小平はもっと具体的な保証を望んだ。米国政府が方励之に、中国の法律に基づく罪を犯したことを「書面で告白するよう求める」ことは可能だろうか。あるいは「方が(中国から)追放された後、中国に反対するいかなる言動も行わない」ことを米国は保証できないか。鄧小平はさらに踏み込んで、「方や(現在、米国にいる他の中国の)反体制派がこれ以上、ナンセンスな言動をすることを防ぐ責任」を米国政府がとれないだろうか、と要請してきた。鄧小平は出口を捜していた。しかし、彼が提案したいろいろな措置は、米国政府の法的な権限の範囲を超えたものだった。

鄧　もし、彼が自らの犯罪を告白する文書を書いた後、中国が彼を国外に追放したら、あなたはどう思うか。

キッシンジャー　もし、彼がそうしたら、私には驚きです。私は今朝、大使館に行きましたが、方励之には会いませんでした。

鄧　しかし、もし米国側が強く求めれば、方はそうせざるを得ないだろう。この問題は、あなたの親しい友人、そして私が友人だと思っていた人々を含む、米大使館の人々によって引き起こされた[35]。

もし米国側が方に告白の文書を書くよう求め、その後、中国が彼を通常の犯罪者として追放すれば、彼はどこへでも好きなところに行ける。もし、これが駄目なら、追放後に方が中国に反対する言動を一切しないということを、米国が請け合うという、もう一つのアイデアはどうだろうか。彼は中国に反対するために、米国や他の国を拠点として使うべきではない。

キッシンジャー　最初の提案について、意見を述べさせてください。もし米国が彼に告白書への署名を求めれば、仮にわれわれがそういうことをしたとしてですが、問題になるのは大使館の中での彼の発言ではなく、中国を出てからの彼の発言です。もし彼が、米国政府に告白を強制されたと言えば、彼が告白をしなかった場合よりも、事態は誰にとっても悪くなります。彼を釈放することは、中国政府の自信を示すことになります。米国であなた方の反対者が中国について喧伝している戯画を打ち消すために、彼を釈放することが重要なのです。

鄧　では、二番目の提案はどうか。彼が中国を離れた後、中国に反対する言動をしないと米国が言明する。米国はこういう保証ができるだろうか。

キッシンジャー　そうですね、私はあなたに友人として話をしています。

鄧　分かっている。私はあなたに合意の保証を求めているわけではない。

キッシンジャー　米国政府にとって可能なのは、例えばボイス・オブ・アメリカや、大統領が制御できるあらゆる方法において、米国政府は方励之を利用しはしない、と約束することです。また、方に、そんなことをしないよう忠告することも、約束できます。米国政府は、大統領が彼を謁見したり、いかなる米政府機関も彼に公式の地位を与えないことも、約束できます。

鄧小平はこの時点で、ブッシュ大統領から受け取ったばかりの親書について、私に話した。それは、近く行われるゴルバチョフとの米ソ首脳会談について説明し、米中関係を検討するための特使の派遣を提案したものだった。鄧は特使派遣の提案を了承し、それを方励之問題の包括的な解決策を見いだす機会として使おうとしていた。

鄧　方励之問題を解決する過程で、すべての問題についての一括解決を達成するため、他の問題も持ち出されてくるかもしれない。事態はこういう具合なので、私はブッシュ大統領にまず先に動くよう要請し、大統領は私が先に動いて欲しいと言った。私は、もし一括解決ができるなら、どういう順序で段階を踏むかは問題ではないと思っている。

「一括解決」について、銭其琛外相は回想録で、次のように述べている。

（1）中国は、方励之夫妻が北京の米大使館を出て、米国ないし第三国に出発することを許可する、（2）米国は、自らにふさわしいと思うやり方で、中国に対する制裁を解除すると明確に発表する、（3）米中両国は一つないし二つの大型経済協力プロジェクトで、協定締結への努力をする、（4）米国は（趙紫陽に代わって共産党総書記に任命されたばかり

の)江沢民に対し、翌年の米国公式訪問を招請する。(36)

方励之の出国手順に関してさらに意見を交わした後、鄧小平はこの問題に関する話し合いを打ち切った。

鄧　ブッシュ大統領はこの提案を喜んで受け入れてくれるだろうか。

キッシンジャー　私の考えでは、彼は喜ぶと思います。

私は、ブッシュが中国による懸念と柔軟さの表明を歓迎すると考えていたが、関係改善は鄧小平が期待しているほど速やかには進まないのではないかと思っていた。

ソ連と東欧の騒乱の拡大が、現状の三極関係の前提を掘り崩しつつあるように見えたため、米中両国にとっては互いの理解をあらためて深めることが非常に重要になっていた。ソ連帝国が解体しつつある時、米国と中国が接近し始めた当初の動機はどうなってしまうのだろうか。私は鄧小平との会談を終えて、その日の夕方に北京を去り、米国に帰着したが、ベルリンの壁が崩壊して冷戦時代の外交政策の前提が崩れたことをその時に知り、この設問の緊急性が裏付けられることになった。

東欧の政治革命のおかげで、中国との一括解決の協議は台無しになりかけていた。私は三日後にワシントンに戻り、ホワイトハウスでの夕食会で、ブッシュ、スコウクロフト、そしてジェームズ・ベーカー国務長官に鄧小平との会話の内容を報告した。この席では、中国は中心的な話題ではなかった。夕食会の主人側にとって、圧倒的に重要な話題は、ベルリンの壁崩壊が与える衝撃と、一九八九年一二月二日と三日にマルタで開かれることになっていたゴルバチョフとの米ソ首脳会談のことだった。この二つの問題は、戦術と長期的な戦略について、直ちに何らかの決定をしなければならない種類の問題だった。ソ連軍が二〇個師団も駐留している衛星国の東ドイツは、崩壊に向かっているのだろうか。東ドイツが非共産国家となっても、ドイツには二つの国家が存在し続けるのだろうか。もし国家の統一を目指すのなら、どのような外交によってそれを成し遂げるべきなのか。そして、起こり得る偶発的出来事に、米国はどのような態度をとるべきなのか。

東欧におけるソ連崩壊にまつわる劇的な出来事のさなかとあって、鄧小平の一括解決提案は、もっと平穏な時なら与えられたに違いない優先的な扱いを受けることができなかった。

私が鄧小平と話し合った特使の派遣は、一二月中旬まで実現しなかった。この時、ブレント・スコウクロフトとローレンス・イーグルバーガーが過去半年間で二度目となる北京訪問を行った。この時の訪問は、七月の訪問とは違って秘密ではなかった(七月の訪問は、この時もまだ秘密のままだった)が、米議会やメディアでの論争を避けるため、できるだけ目立たないように実施される予定だった。しかし、中国側はスコウクロフトと銭其琛の乾杯の場面を報道陣のカメラに公開し、米国内にかなりのショックを与えた。スコウクロフトは後にこのことを回想して、こう書いた。

外相による歓迎晩餐会の最後に、儀礼的な乾杯が始まった時、テレビのクルーが再び現れた。それは私にとっては、なんとも間の悪い状況だった。このまま乾杯すれば、私はマスコミが「天安門広場の虐殺者」と名付けている人々と乾杯しているのを見られることになる。乾杯を拒否すれば、私の訪問の目的がすべて台無しになる。私は前者の道を選び、たいへん悲しいことに、一夜にして、言葉の最も悪い意味における有名人になってしまった[37]。

この出来事は、米中両国の求めているものが食い違っていることを示した。中国政府は人民に、孤立が終わりつつあることを示したかった。米国政府は、合意が成立するまでは国内の論争を避けるため、できるだけ注意を引きたくなかった。

当然のことではあるが、スコウクロフトとイーグルバーガーの訪問では、ソ連問題が協議の大半を占め、その協議は、伝統的な内容とは正反対の観点からのものとなった。議題は今や、ソ連の軍事的脅威ではなく、その弱体化だった。銭其琛は、ソ連の解体を予想し、五月の天安門での抗議行動の真っただ中にやってきたゴルバチョフが中国に経済支援を要請した時の、中国側の驚きについて語った。スコウクロフトは後に、この出来事に関する中国側の解釈を次のように記述している。

ソ連は経済をしっかりとは掌握しておらず、ゴルバチョフは、自分が経済をどうしようと思っているのか、自分でもよく分かっていなかった。銭其琛は、ソ連経済が崩壊しつつあり、民族問題で大混乱が起きるだろうと予測していた。彼はわれわれに「ゴルバチョフは何の手立ても打っていなかった。彼は中国側に、消費必需品の提供を要請した」と語った。「中国が消費物資を提供し、ソ連はその代金を原材料で支払う。ソ連は借款も望んでいた。最初にソ連が借款の話を持ち出した時、われわれは尻込みしたが、多少の金額を融資することで合意した(38)」。

中国指導者は彼らの「一括」解決案をスコウクロフトに提起し、米国による制裁の解除を方励之解放の条件とした。米国政府は、方問題を個別の人権問題として、それのみで解決されることを望んだ。

ルーマニアの共産主義指導者ニコラエ・チャウシェスクの血塗られた追放を含むソ連圏の騒乱の拡大で、中国共産党は、包囲されているとの感覚を強めていた。東欧の共産主義諸国の解体によって、ワシントンでは、いずれは起きるであろう中国政府の崩壊を米国は待つべきだ、と主張する人々の力が強まった。この雰囲気の中では、米国も中国も、従来の立場から踏み出すことができなかった。方励之の解放に関する協議は、米大使館を通じて続けられたが、両国が合意に達したのは、方夫妻が最初に大使館に保護を求めてから一年後、鄧小平が一括解決案を提起してから八カ月後の、一九九〇年六月のことだった(39)。

そうこうするうちに、米議会で年に一回行われる、中国への最恵国待遇(MFN)付与の更新協議が、人権問題での中国非難の舞台と化すようになった。一九七四年のジャクソン＝バニク修正条項によって、市場経済を採用しない国への最恵国待遇付与には、その国が自国民の海外移住に不当な制限を加えていないことが条件となった。米議会での論議の暗黙の了解事項は、中国とのいかなる経済協定も、中国への特恵付与に相当し、米国の民主主義的理想に照らせば嫌悪すべき状況下では、中国への特恵付与は、人権と政治的自由で中国が米国の考え方に近づきつつあることを前提としなければならない、というものだった。中国側は孤立感を深め、米国側は勝利の感覚に浸っていた。東ドイツ、チェコスロバキア、ルーマニアで共産主義政権が崩壊すると、一九九〇年春、鄧小平は中国共産党員に厳しい警告を発した。

現下の国際情勢においては、敵があらゆる関心を中国に集中していることを、全員が肝に銘じなければならない。敵は、騒ぎを起こし、困難を作り出し、われわれに圧力を加えるため、あらゆる口実を使う。（それゆえ、中国に必要なのは）安定、安定、さらなる安定だ。わが党、そしてわが国にとっては、今後三年から五年が非常に困難な、そして非常に重要なものとなる。もしわれわれが足を踏ん張り、それを生き延びれば、われわれの大義は急速に発展するだろう。もしわれわれが崩れ落ちてしまえば、中国の歴史は数十年、いや一〇〇年、退行するだろう。(40)

一二文字と二四文字の遺訓

激動の一年の終わりに当たって、鄧小平は長い間考えていた引退の計画を実行することにした。彼は一九八〇年代に、伝統的な中央集権構造を終わらせるため、多くの措置を講じた。権力の交代はそれまで、現職の死か、天命が改まることによってしか起き得ず、いずれも、いつになるのか分からず、混沌とした状態がつきものだった。彼は、党の指導幹部終身制を改めるため、古参幹部のために共産党中央顧問委員会を創設した。彼は私を含む訪問者に、自分自身が近く引退して、この委員会の主任に就任すると語っていた。

鄧小平は一九九〇年代初めから、重要な役職から徐々に身を引き始めた。近代中国で、自ら身を引いた指導者は彼が初めてだった。この移行期間を全般的に監督し、新たな指導者がその権力を確立できるようにするという鄧小平の決意を、天安門事件が加速させたようだ。一九八九年一二月、ブレント・スコウクロフトは鄧小平が謁見した最後の外国高官となった。鄧小平はこの時以来、公式行事に出席しないようになり、世捨て人となって、一九九七年に死去した。

鄧小平は舞台を去るに当たり、彼の指導を一連の遺訓として残し、後継者や次世代の指導者たちを支えようと決意した。鄧小平はこれらの指示を共産党幹部に伝えるのに、中国の古代からの歴史に則った形式を選んだ。指示は明瞭で簡潔だった。それらは、中国の古典詩の形式で書かれた二つの文章、すなわち、高官に限定して回覧された二四文字の指示と、一二文字の政策解説で構成されていた。二四文字の指示は以下の通りだ。

冷静に観察せよ、わが方の立場を固めよ、沈着に事態に対処せよ、わが方の能力を隠し好機を待て、控えめな姿勢をとることに長けよ、決して先頭に立つな。(41)

回覧先をさらに限定した一二文字の政策解説は次の通りだ。

敵軍は城壁の外に迫っている。(42) 彼らはわが方より強い。わが方は主として防衛に力を注がなければならない。

誰に対して、何に対しての防衛だろうか。多様な解釈を許すこの遺訓は、その点について何も語らない。鄧小平はおそらく、彼が遺訓を残した相手は、自分たちの国家の立場が、国内的に、またそれ以上に国際的に、おぼつかなくなってきていることを、本能的に理解すると思ったのだろう。

鄧小平の遺訓は、ある意味で、潜在的な敵勢力に囲まれた歴史上の中国を思い起こさせる。中国は、興隆の時期には周縁をも支配し、衰退の時期には、彼らにふさわしい偉大さを、その文化的、政治的規律ゆえに、いつか取り戻すであろうことを確信しながら、何とか時間をやり過ごそうとする。一二文字の遺訓は中国指導者に、危険な時期の到来を知らせている。超然としていながら普遍的であり、威厳がありながら混沌の発作に身を委ねることもある、中国というこの独特な有機体との付き合いに、世界はいつも苦労してきた。この歴史ある民族の年老いた指導者が今、改革の努力のさなか、包囲されているという感覚を抱きながら、自分たちの社会に最後の指示を与えようとしていた。

鄧小平は、人民の感情や中国の愛国主義に安易に訴えることをせず、中国人の古来の美徳、すなわち、逆境における静謐、義務を果たす際の高い分析能力、共通の目標を追求する際の規律、といったもので、人々を糾合しようとした。彼は、最も重大な試練は、一二文字の遺訓で描いた危機を生き延びることではなく、直接的な危険が克服された後の、未来について準備をすることにあると考えていた。

二四文字の遺訓は、中国が弱い時期の指導原理のつもりだったのだろうか、あるいは恒久的な原則のつもりだったのだろうか。その頃、中国の改革は、国内的な騒乱と外国からの圧力によって脅かされていた。しかし、改革が成功した次の段階になれば、中国の成長は、別の意味で世界の懸念を呼び起こすかもしれない。その時に、国際社会は、中国の支配的な大国への歩みを邪魔しようとするかもしれない。鄧小平は重大な危機に直面していた時に、中国にとっての最大の危険は、中国がついに復活する時に訪れるだろうことを予見していたのだろうか。この解釈に立てば、鄧小平は中国人民に「わが方の能力を隠し好機を待て」「決して先頭に立つな」という言葉で、過度の自己主張をして不必要な懸念を呼び起こすことのないよう、求めていたことになる。

鄧小平は、騒乱と孤立の低迷期に、中国が危機の中で燃え尽きてしまうことを懸念し、また同時に、中国の将来は、自信過剰に陥ることの危険性を認識できるだけの視野を、次世代の指導者が獲得できるかどうかにかかっている、と考えていたのかもしれない。遺訓は、中国が直面する当面の困難に向けたものなのか。あるいは二四文字の遺訓は、中国がもはやそれを守る必要がないほど強力になった時に、それを実行するように求めるものだったのだろうか。米中関係の将来は、こうした疑問に関する中国の回答いかんによって、大いに左右されることになろう。

第16章　どのような改革か——鄧小平の南方視察

一九八九年六月の天安門事件で中国共産党指導部の路線対立が表面化し、鄧小平に三年前に抜擢されたばかりの趙紫陽総書記は事件の責任をとらされて失脚した。代わって上海市党委員会の江沢民書記が共産党のトップに昇格した。

江沢民が直面した危機は中華人民共和国史上、最も複雑なものの一つだった。中国は孤立し、海外から経済制裁を受け、国内も天安門事件後の不安定な状態が全国で続いていた。北朝鮮、キューバ、ベトナムを除けば、世界的に共産主義は崩壊の道を歩んでいた。著名な反体制活動家は海外に逃げ、その地で保護され、共感して耳を傾けてくれる人もおり、活動の自由も保障されていた。チベットと新疆も揺れていた。ダライ・ラマは海外で敬愛され、天安門事件と同じ年にノーベル平和賞を受賞し、チベット自治の大義に国際的な関心が集まった。

社会的、政治的な混乱を経て、国を統治するうえで最も深刻な問題は、いかにして団結を取り戻すかだった。しかし、どのような原則に依拠して統治するのか。事件に対する国内のリアクションは、海外からの制裁以上に、改革政策の大方針を脅かすものだった。天安門事件という危機を乗り切るために、鄧小平は中国共産党政治局の保守派の協力を必要とした。しかし彼らは事件後、鄧の「発展を求める政策」が危機の原因だと言って非難し、伝統的な毛沢東主義に立ち戻るよう江沢民に圧力を掛けた。彼らは文化大革命の否定という、確立されたと見られていた党の方針まで覆そうとした。政治局員の鄧力群(「小さい鄧」として知られる)はこう主張した。「もしも自由化や資本主義的改革や開放政策に断固たる闘争を仕掛けなければ、われわれの社会主義の大義は消滅する」[1]。鄧小平と江沢民はこれとまったく反対の姿勢だった。中国の政治構造の新たな活力は改革政策の加速によってのみ生まれると、鄧や江は考えていた。彼らは国民生活の改善と生産性の向上が、社会の安定維持に不可欠だと考えていた。

こうした状況の中で、引退していた鄧小平は一九九二年の初頭、公の場での最後の大いなる意思表示のために姿を現した。彼は中国南方への「視察旅行」という方法で、経済自由化の続行を促し、江沢民指導部の改革政策への支持を取り付けようとした。改革が勢いを失い、改革勢力が党内の地盤を保守主義者に奪われる中で、八七歳の鄧小平は娘の鄧楠と側近を引き連れて南方の経済拠点を訪れた。一九八〇年代の改革政策の下で経済特区に指定された深圳、珠海の二つの特区も訪問した。それは改革のための十字軍だった。自由な市場の役割、外国資本の誘致、個人の自発性の発揮を主な内容とする「中国の特色を持つ社会主義」を説いて回る旅だった。

当時、鄧小平は公的な役職には就いていなかったが、旅する伝道師のように、学校やハイテク基地やモデル企業など、彼の改革ビジョンを象徴する場所を訪ねて歩き、努力を倍加するよう国民を激励し、中国の経済発展と文化発展の遠大な目標を国民に示した。(当時保守派に牛耳られていた)国営メディアは、鄧小平の演説を最初は無視したが、香港メディアが書きたてて、それが中国大陸にも伝えられた。

やがて鄧小平の「南方視察」は伝説となり、彼の演説はその後二〇年の政治経済政策の青写真ともなった。今でも中国の看板に鄧小平の肖像が使われ、南方視察の演説が引用されている。有名な「発展こそ確かな道理だ」という宣言もよく使われている。

鄧小平は、中国の社会主義の伝統を裏切るものだという攻撃に対して、改革政策の正当性を示してみせた。経済改革と発展は根本的な「革命的」行為であると主張した。改革を放棄すれば中国は「行き詰まる」と説いた。「人民の信頼と支持を勝ち取る」ためには、経済自由化政策を「一〇〇年間」は続けなければならないとも語った。改革開放政策があったからこそ、中国は一九八九年に内戦を回避できたと強調し、文化大革命をあらためて非難し、それは失政どころか内戦だったとこき下ろした。(2)

毛沢東の後継者が市場原理と、リスクをとること、民間に任せること、生産力と企業家精神の重要性を唱道した。鄧小平によれば、利潤原理はなにもマルクス主義理論に代わるものではなく、人間の本質に基づいた価値原理であるという。政府が企業家の成功を処罰すれば、国民の支持を失うであろう。鄧小平の助言は、中国は「もっと大胆」であるべきで、努力を倍加させ「あえて実験を行う」べきだというものだった。「纏足の女性のような振る舞いではいけない。これだと見定めたら大胆に実験し、大胆に突き進むことだ。……危険を冒さず、何をやるにも一〇〇%の自信があり、絶対に間違いがない――こんなことを誰が言えるだろうか」(3)。

鄧小平は、改革が中国を「資本主義の道」へと導くという批判を相手にしなかった。何十年にもわたる毛沢東主義者の教義を相手にせず、重要なのは結果であって教義ではないという鄧小平らしい考え方を唱えた。中国は外国からの投資を恐れるべきではないとも主張した。

現在わが国にある「三資」企業[外国企業単独の、あるいは中国企業との共同出資の事業体]では、外国業者は現行の法規、政策に従っていくらか金もうけをしているが、国は税金を取るし、労働者は賃金をもらう。この他、われわれは技術と管理を学ぶことができ、情報を入手したり市場を切り開くこともできる(4)。

最終的に鄧小平は共産党の「左派」を攻撃した。鄧小平自身もかつては、人民公社の建設事業で毛沢東の「政策執行者」として働き、左派の一員であった。「今、われわれに影響を与えているものには、極右派のものもあれば極左派のものもある。しかし、根の深いのはやはり極左側のものだ。極左そのものは、わが党の歴史においてたいへん恐るべきものであった。良いものでも、極左派にかかると一挙に崩れてしまった」(5)。

鄧小平は国民のプライドを煽り、近隣諸国の経済成長に追い付くことを目指した。鄧はこの二〇年足らずの間に自転車、ミシン、ラジオ、腕時計の「四種の神器」が農村に行きわたったことを、中国が大きく発展した表れとして掲げ、中国経済は「数年ごとに新たな地平に到達できる」と宣言、もし中国人が「思想を解放し、自由に振る舞って」チャレンジすれば成功すると断言した[6]。

科学と技術がカギだった。鄧小平は一九七〇年代からの持論を繰り返すかのように「知識人は労働者階級の一部である」と強調した。つまり知識人には、共産党員の資格があるということだ。天安門広場での座り込みを支持して海外に亡命した知識人に対しても、中国に戻るよう促した。もし特別の知識や技能のある人たちなら、過去の態度がどうであれ、歓迎するというわけだ。「貢献したいと思うなら、やはり帰国した方がよいと彼らに話すべきだ。わが国の科学技術と教育事業の発展を速めるために、みんなが力を合わせるよう希望する。……わが国を愛し、わが国の発達に協力しなければならない[7]」。

時には冷酷に社会主義経済システムを組み立ててきた八〇歳を超える人間が、そのシステムを壊そうというのだから、並はずれた転向というしかない。鄧小平は延安で毛沢東と働いた国共内戦時代には、五〇年後に国中を訪ね歩き、自分がやってきた革命を改革するよう説いて回ることなど、想像さえもしなかっただろう。文化大革命で衝突するまで、鄧は毛沢東を一心不乱に助ける主要な側近であった。

数十年を経て、徐々に転換が進められた。鄧小平は良い統治の基準を再定義した。それは庶民に幸福と発展をもたらすことだった。発展のためならナショナリズムも使った。たとえそれが、かつては批判した資本主義社会の手法だったものでも、必要となれば使うのである。鄧小平の子供の一人が学者で米中関係全国委員会会長だったデビッド・ランプトン氏に後にこう語っている。

一九七〇年代の半ばに、父は中国の周辺国を見渡していました。四つの小龍の経済です(シンガポール、香港、台湾、韓国)。彼らは年八%から一〇%の経済成長を成し遂げ、技術的に中国をはるかに上回っていました。もしわれわれが彼らを乗り越え、この地域、そして最終的に世界で正当な地位を獲得しようとするなら、中国は彼らのスピードを上回らねばならないと話していました(8)。

そうするために鄧小平は、米国の経済および社会の原理を改革の一部として取り込んでいった。しかし彼が社会主義民主と呼ぶものは、純粋な民主主義とは大いに異なるものだった。彼は中国では、西側の政治原理は混乱をもたらし、発展を妨げると信じていた。独裁政権の必要性を確信していた鄧小平は、次世代にすべての使命を託そうとしていた。中国が順調に発展した暁には、次世代の人たちが自ら政治のあり方を決めていかざるを得ないからだ。改革政策が成功すれば、民主化への機運は収まると鄧は期待していた。しかし鄧小平は、自分が導入した変革が最後には予想できないような政治的な結果を招くということを、知るべきであったろう。それこそが、彼の後継者たちが今、直面している課題なのである。

鄧小平は一九九二年に、比較的穏やかな当面の目標を掲げた。

われわれは引き続き、中国の特色を持つ社会主義建設の道を前進しなければならない。資本主義は数百年間発展してきたが、われわれが社会主義をやり始めてどれくらいの時間が経ったのか。まして、われわれ自身は二〇年も道草を食ったのだ。建国の時から一〇〇年以内の時間をかけて、わが国を中程度に発達した国に築き上げることができたら、
それは大したものだ[9]。

一〇〇年以内とは二〇四九年までである。中国は一世代で、すでにもっとよい成果を成し遂げている。

毛沢東が死去してから一〇年を経て、継続革命論が再び現れた。だがそれはイデオロギーに依拠したものではなく、個人的な構想に基づく異質の継続革命論だった。自給自足ではなく、国際社会に開放された革命論である。それは中国を、偉大なる舵取り役だった毛沢東が追い求めたのと同じように、根本的に変革するものだった。しかし、毛が考えていたものとは逆の方向に変革する革命論だった。南方視察を終えて鄧小平は、独自の視点を持つ新世代の指導者たちが登場することを願った。現在の共産党指導部は、あまりにも年老いていると彼は言った。六〇歳を超えた人たちは決断するより雑談している方がいい。老人は引退すべきだ。最前線で活躍してきた人には辛い告白だったであろう。

私が引退を強調するのは、晩年に間違いを犯したくないからだ。老人は強いが、一方でどうしようもない弱さがある。例えば頑固になりがちである。その弱さに老人は気付くべきだ。年をとればとるほど、穏やかになるべきで、過ちを犯さないように注意すべきだ。われわれは若き同志を選んで昇格させ、彼らを育てるべきだ。老人に頼ってはいけない。……彼らが成熟すれば、われわれは休める。今はまだ心配して休めないでいる[10]。

鄧小平の淡々とした指示には、老齢の哀愁が漂っていた。自分が提唱し計画した政策の果実を確認できずに引退することを自覚していた。彼はこれまで多くの混乱に遭遇し、時には自ら混乱を起こしてきたため、安定した時期を遺産として次世代に引き継ぎたいと考えていた。新世代の人たちは、そんな鄧小平を彼が言っていたように「静かに休ませて」あげなければならなかった。

南方視察は鄧小平の最後の公務となった。彼が掲げた政策の実行は、江沢民たちが責任を負うことになった。鄧は引退後、ほとんど姿を現さなくなり、一九九七年に死去した。江沢民はその時までに、自らの立場を固めた。非凡な朱鎔基首相に助けられながら、江沢民は鄧の南方視察の遺産を受け継ぎ、二〇〇二年に総書記を引退するまで、中国の舵取りに手腕を発揮した。中国の方針が正しいかどうかという議論はもはや行われず、行われるのは、台頭するダイナミックな中国が、国際秩序とグローバル経済にどのような影響を与えるかについてだった。

第17章　新たな和解へのジェットコースター——江沢民時代

天安門事件の後、米中関係は出発点に逆戻りした。一九七一—七二年に米国は中国との和解を目指し、その後、文化大革命の終盤に至って、中国との関係が平和な国際秩序の確立に重要であると判断し、中国の過激な統治体制を懸念することをやめた。そして今、米国は対中制裁を課し、方励之を北京の米国大使館にかくまった。世界中で進歩的な民主制度が採用されつつある中で、中国の国内構造の改革が米国の主要な政策目標となった。

私は上海市長時代の江沢民と会った。彼が中国を大惨禍から、その興隆を決定づけた活力と創造力のみなぎる国へと発展させるリーダーになるとは当時、思っていなかった。当初はまやかしの数字ではないかと疑われたものだが、彼は人類史上まれに見るような国内総生産(GDP)の成長を成し遂げ、平和的な香港返還にこぎ着け、米国および世界との関係を再構築し、中国が世界経済の原動力となる道を切り開いたのだ。

江沢民が抜擢されてまもなくの一九八九年一一月、鄧小平は新しい総書記の能力の高さをしきりに私に強調した。

鄧　あなたは江沢民総書記に会い、今後も会う機会があるだろう。彼は自分の考え方を持ち、高い手腕を持つ人だ。

キッシンジャー　彼に強い印象を受けました。

鄧　彼は本当の知識人だ。

当時は誰も江沢民が総書記になるとは想像もしていなかった。江は上海市党委員会書記として、上海の民主化運動をうまく収めたことで評価が上がった。彼は民主化運動の初期に、影響力を持つ進歩的な新聞の発行を止めたが、戒厳令の発令は拒否し、上海のデモは流血の惨事を招かずに収まった。とはいえ、党の総書記としては過渡的な人選と見られ、党の思想家の李瑞環ら比較的リベラルな層と李鵬首相ら保守的なグループの間の妥協的な中間派と考えられていた。自らの権力基盤はほとんどなく、前任者たちと違って、指導者としてのオーラもなかった。彼は革命家あるいは軍人としての経歴がない初めての中国共産党の指導者だった。彼のリーダーシップは、後継者もそうであるように、行政と経済における手腕によって成立していた。しかし、そのリーダーシップは絶対的なものではなく、政治局では物事はコンセンサスで決められた。総書記就任から八年経った一九九七年まで、彼は外交政策さえコントロールできなかった(1)。

それまでの中国の党指導者は、マルクス主義者の唯物論と中国伝統の儒教の名残りを併せ持つ司祭職にふさわしい超然としたオーラを放ちながら振る舞っていた。江沢民は異なっていた。哲学者で王でもある毛沢東、高級官僚の周恩来、百戦錬磨の国益保護者である鄧小平ら前任者たちと違って、江は親しみやすい家族の一員のように振る舞った。温かく、ざっくばらんだった。毛沢東は人と話す時、オリンポスの山の上から睥睨するかのようだった。あたかも大学院生に哲学的な見識の試験をしているかのようだった。周恩来は身に着いた優雅さと儒教の賢者のような優れた見識で、会話を操った。鄧小平は実務面を重視して議論は手早く済ませ、世間話は時間の無駄と切り捨てた。

江沢民は自分が哲学的に優れているという主張をしなかった。笑みを浮かべ、逸話を披露し、絆を深めるために相手とのスキンシップも重視した。外国語を話す能力や欧米の音楽への造詣を、時には熱狂的に、自慢もした。外国人に対して論点を強調するために、英語、ロシア語、時にはルーマニア語を交えて話した。豊富な中国語の故事成句と"It takes two to tango"［タンゴを踊るには二人必要だ。つまり、喧嘩両成敗］というような英語の口語表現を、何の前触れもなく突然切り替えて使ったりもした。事情が許せば、社交的な会談、時には公的な会談さえも中断し、歌を歌った。不愉快な雰囲気を解消したり、仲間意識を盛り上げたりするのが目的だった。

中国の指導者たちが外国のゲストと会談する時、たいていは側近や記録係がそばにいた。彼らは通常はしゃべらず、指導者たちにメモを渡すこともほとんどなかったが、江沢民は側近たちをギリシャの合唱歌舞団のように扱った。つまり、彼はまず何か考えを口にし、それを側近に投げ掛けることで結論とした。この間の振る舞いが自然で、あたかも江を船長とするチームと話しているかのような印象を会談相手に与えた。よく本を読み、高い教育を受けた江は、少なくとも外国人と会談する時は、相手を友好の雰囲気の中に包み込もうとした。

対話の時は、異なる考え方を、時には同僚の意見でさえ、彼自身の意見と同じように重要なものとして尊重した。その意味で言えば、私が出会った中国の指導者の中で、江は最も中華帝国的でないタイプの個性を持った人だった。

江沢民が中国の最高指導者に昇格した時、米国務省のある内部報告は彼のことを「都会的で精力的、時として大胆」と表現し、「一九八七年の上海での国慶節祝賀行事で、VIP席から立ち上がり、フラッシュライトと煙を浴びながら、オーケストラによる「インターナショナル」の勇壮な演奏を指揮した[2]」とのエピソードを紹介した。一九八九年にニクソンが北京を個人的に訪問した時は、江は予告なしにさっと立ち上がり、リンカーン大統領のゲティスバーグ演説を英語で暗唱してみせた。

そうした形式ばらない振る舞いをする人物は、それまでの中国やソ連の共産党指導者にはほとんどいなかった。多くの外部の人たちは、江沢民のおやじ風の仕草を真剣さの欠如と勘違いし、彼を過小評価した。事実はまったく逆だ。江の気さくさには絶対的な限度が設けられており、重要な国益に関係していると判断した時には、彼の態度は先輩指導者と同じく毅然としたものに変わった。

江沢民は国際人であり、中国は中華帝国として遠方から、あるいは支配的に国際システムに関与するのではなく、その国際システムの中で生きていかなければならない、ということを理解していた。周恩来も鄧小平も同じ考え方だったが、周恩来は相手の息を詰まらせるような毛沢東がいたため、自分のビジョンを部分的にしか実践できず、鄧小平は天安門事件でつまずいた。江の愛想のよさは、新たな国際秩序に向けて中国を立て直し、国際的な信用を回復するための真剣で計算された姿勢の表れだった。それが中国国内の傷を癒し、国際的イメージを和らげると考えていたのだ。江は、時として派手な手法で相手の批判を和らげることによって、国際的孤立から脱し、ソ連のような運命から国を救うために努力している中国政府の、効果的な顔の役割を務めた。

外交面で江沢民は、私の知る限りでは最も腕利きの外相である銭其琛と、並はずれた知識と不屈の精神を備えた経済政策立案者である朱鎔基副首相(後に首相)の二人に恵まれた。二人とも当時の中国の政治システムが国益に資すると考える一方で、中国を継続的に発展させるには、国際社会および世界経済と密接につながりを持つことが必要だと確信していた。つながりを持つ対象には、中国の内政にしばしば批判的な西側世界ももちろん含めていた。江の大胆な楽天主義に従って、銭と朱は頻繁に海外に出て、国際会議に出席し、インタビューに応じ、外交あるいは経済関係の対話に出席した。懐疑的で批判的な相手に対しては、決意とユーモアをもって応じた。中国の現実を否定するような西側世界に歩み寄ろうとする政策に、賛同しない中国人もいた。西側世界の期待に全面的には応えない中国に関与する政策を、承認しない西側の人もいた。政治的手腕というものは、道が定まっている時ではなく、情勢が曖昧な時にどう指導力を発揮できるかによってその力量が問われる。江、銭、朱の三氏と彼らの側近たちは、国を孤立状態から脱却させ、中国に懐疑的な西側世界とのつながりを回復させようとしたのだ。

最高指導者に任命されてまもなく、一九八九年一一月に江沢民は私を招待した。議論の中で江は伝統的な中国外交に立ち戻ったかのような姿勢をとった。彼には、国内問題への中国の対応が、なぜ米中関係を壊すことになるのかが理解できなかった。「台湾問題を除けば米中間には大きな懸案はない。われわれは国境問題も抱えていないし、台湾問題についても上海コミュニケでしっかりとした枠組みができている」と、江は強調した。彼はさらに、中国は自分たちの国内的な原則が海外でも通用するとは考えていないとして「われわれは革命を輸出しはしない。しかし、一国の社会システムはその国自身によって選ばれなければならない。中国における社会主義システムは、われわれ自身の歴史的立場に由来する」と語った。

江沢民によれば、いかなる状況でも、中国の経済改革は続く。「中国に関して言えば、ドアは常に開いている。われわれは米国によるいかなる前向きな姿勢にも応える用意がある。われわれには多くの共通した利益がある」。だが改革は自発的なものでなければならない。外から指図されるものではない。

中国の歴史を見れば分かるが、強い圧力は強い反抗を招く。私は自然科学を勉強したので、自然科学の法則によってものごとを解釈しようとする。中国は一一億の人口を有する。人間があまりにも多く、その力も莫大だ。これを前進させるのは簡単ではない。古い友人として、あなたには率直に話している。

江沢民は天安門事件がもたらした危機に関する自らの考え方を明かした。中国政府はあのような事件に対する「精神的な準備」ができていなかった。政治局も当初は意見が分かれた。

彼の解釈では、学生の指導者の中にも、あるいは党の中にも、ヒーローはほとんどいなかった。彼は無念そうに、党が無力であったこと、そして過去に例のないような挑戦を目の前にして分裂してしまったことを話した。

それから約一年後の一九九〇年九月、再び江沢民に会った。米中関係はまだ緊張状態にあった。方励之の釈放と引き換えに対中制裁を緩和するという合意の履行は、遅々として進んでいなかった。問題の性格を考えれば、期待はずれに終わっていることは驚くべきことではなかった。米国の人権擁護派は、自分たちが普遍的価値と考えていることを声高に主張した。中国の指導者たちは、中国の国益の範囲内でいくつかの政策調整を行った。米国の活動家たち、とりわけいくつかのＮＧＯ(非政府組織)は、中途半端な措置が取られたことをもって、自分たちの目標が達成されたと宣言しようとはしなかった。彼らは、中国政府が譲歩したことによって、中国の目標は取引の対象になり得るものであり、したがって普遍的ではない、と考えた。活動家たちが強調したのは、政治的な目標ではなく、道徳的な目標だったのに対して、中国の指導者たちは、緊張状態を終結させ、「正常な」関係に戻すことを主目的とする政治的プロセスの継続を重視した。この正常化こそ、活動家たちが拒絶するか、あるいはそこに条件を付けようとしたものだった。

そのうちに悪口が議論に登場してきた。伝統(traditional)外交を「取引(transactional)」外交と形容したのである。その見方に従えば、非民主的国家との建設的で長期的な関係は、最初からあり得ないことになる。そのような考え方をする人々は、真の持続的な平和は民主的な国家の間でしか生まれないという前提から出発する。だからこそフォード政権も、二〇年後のクリントン政権も、ソ連や中国が譲歩する準備を進めてもなお、ジャクソン＝バニク修正条項の履行に関して議会から譲歩を勝ち取れなかったのである。活動家たちは部分的な段階的措置を拒否し、初志を貫き通すことが目標の完全達成への道であると主張した。江沢民は一九九〇年、私にこの段階的措置の問題を提起した。江によれば、中国は最近、米国との関係改善を願って「多くの対策」を講じた。

いくつかは純粋に中国の内政問題に関するものだ。例えば、北京やチベットの戒厳令解除がそれだ。われわれは二つのことを考えてその手続きを進めた。一つは、それが中国国内の安定を示す証しとなるからだ。もう一つは、包み隠さずに言えば、こうした措置が米中間により良い相互理解をもたらすと考えたからだ。

江沢民の見方によれば、こうした中国側の動きは相互作用を生み出さなかった。中国は、鄧小平が提案した関係改善への合意案を実行したのに、米議会は以前にも増して高い要求を突き付けてきた。

民主主義の価値観と人権擁護は、米国の信念の核心部分である。しかし、あらゆる価値観と同様に、それは絶対的な性格を持ち、外交の運営では避けて通れない微妙なニュアンスの要素とぶつかるのである。もし外交関係のあらゆる場面で、米国の統治原則を譲れない条件として掲げれば、行き詰まることは避けられなくなる。このため、双方は国の安全保障と統治原則の間のバランスをとることを強いられる。中国のかたくなな拒絶に直面して、クリントン政権はこの章で後に説明するように、立場を軟化させた。こうして焦点は、米国とその対話相手の間での優先事項の調整へと、言葉を変えれば「取引」的な伝統外交に戻っていった。さもないと決定的な対立に陥っただろう。

これはやむを得ない選択であり、避けることはできない。私は米国の価値観を広めようという観点から戦おうとする人々に、敬意を表する。だが外交政策は目標とともに、そこに至る手段をも定めなければならない。もしその手段が、国際的な枠組み、あるいは自国の安全保障上重要と考えられる外交関係の許容範囲を超えた時には、選択をしなければならない。われわれがしてはいけないことは、その選択の幅を狭めることである。米国内での議論における最高の結果は、二つのアプローチを統合することだろう。すなわち、理想主義者は、原則というものは時間をかけて履行されることが必要であり、だからこそ時には状況に合わせた調整が必要だ、ということを認識する。「現実主義者」は、価値観というものはそれ自体現実的なものであり、実行可能な政策に組み込まれなければならない、ということを受け入れる。そうしたアプローチをとることによって、双方の陣営にある意見の多様性が浮き彫りになるだろう。こうした多様性を互いに溶け込ませていく努力が必要なのである。だが現実の外交の場において、そのような努力は往々にして議論の熱気に負けてしまう。

一九九〇年代、中国の指導者たちとの議論において、米国内の論争と同じ話題が繰り返された。共産主義の勝利から四〇年が経った中国は、国境を越えた価値観の輸出を拒絶する新たな国際秩序の代表選手であるかのような主張をするようになった(国境を越えた価値観の輸出こそ、かつては共産主義者の政策の神聖なる原則であった)。一方で、米国は自国の価値観が世界に通用すると主張し、圧力と報奨で、すなわち他国の内政に干渉することで、これを達成できると信じていた。私がすでに数十年も前に書いていたこと、つまり主権国家を基礎とした国際社会のシステムについて、毛沢東の後継者が私にレクチャーするというのは、皮肉なことだった。

一九九〇年に訪中した際、江沢民はまさにこのテーマについて私に講義した。江ら中国の指導者たちは、少なくとも五年前までなら両国の共通の知恵だったはずのことを、しきりに主張した。つまり、中国と米国は、一六四八年以来の欧州の伝統的な国家システムに範をとった、新たな国際秩序に向けてともに仕事をすべきだ、という主張である。言葉を変えれば、国内の事象は外交政策の領域外であり、国と国の関係は国益の原則によって支配されるという主張だ。

そうした提案は、まさに西側社会の新たな政治システムが放棄したことだった。西側社会の新たな概念によれば、世界は「ポスト主権」時代を迎え、国際的な人権の基準が主権国家の伝統的な特権を凌駕する。それとは対照的に、江沢民と彼の側近たちは、中国の特色を持つ社会主義と「人民の民主」を許容する多極的な世界を求め、そこにおいて、米国は対等な大国として中国を扱うべきだと訴えた。

私が次に一九九一年九月に中国を訪問した時、江沢民は伝統的な外交の一般原則に立場を戻した。国益を考えれば、中国内政への批判など取るに足りないという主張だった。

われわれ二国間には国益の根本的な対立はない。関係を正常化させない理由などない。互いを尊重し内政干渉をやめ、平等と互恵の原則の下で関係を構築できれば、共通の利益を見いだすことができるはずだ。

冷戦時の敵対関係が消滅する中で、江沢民は「現在の状況では、イデオロギーの要素は国家の関係において重要ではない」と主張した。

私が一九九〇年九月に訪中した時、江沢民は自分が鄧小平のすべての役割を引き継いだと伝えた。中国の権力構造の正確な内情は常に不透明なのであり、この時点では江が鄧小平のすべての役割を引き継いだのかどうかははっきりしていなかった。

鄧小平はあなたの訪問を知っている。あなたに歓迎の意を伝えるように、鄧から頼まれた。次に、ブッシュ大統領が鄧に書かれた私信について触れ、鄧は二つのことを話した。まずは総書記としての私に対して、あなたを通じてブッシュ大統領に鄧のあいさつを伝えるよう命じた。もう一つは、昨年の引退後、鄧はこうした仕事のすべてを総書記である私に引き継いだというメッセージだ。私はブッシュ大統領の鄧小平宛ての私信に返事を書くつもりはないが、あなたに話していることは、私なりの表現ではあるが、鄧氏が言わんとする考え方や精神と一致している。

江沢民が私を通じてブッシュ大統領に伝えようとしたことは、中国はすでに十分に譲歩をしており、今は米国が関係改善に向けた行動をとる責任があるということだった。江は「中国に関して言えば、われわれは二国間の友好を常に大切にしてきた」と述べたうえで、中国側の譲歩は終了したと宣言した。「中国側は十分なことを行った。われわれは全力でベストを尽くした」。

江沢民は、毛沢東と鄧小平がいつも言っていたことを繰り返した。中国は圧力に屈することなく、外国からの弱い者いじめの兆候があれば、決然と歯向かう。江はさらに、中国も米国と同じように、自国民からの政治的圧力に直面しているとして、「もう一つの問題として、米側はこの事実を考慮して欲しい。もし中国が米国の譲歩なしに一方的に譲歩すれば、中国の国民の反発を招いてしまう」と述べた。

ソ連の崩壊と中国

こうしたすべての議論の底流には、ソ連の崩壊というテーマが横たわっていた。天安門での騒ぎが始まったちょうどそのころにミハイル・ゴルバチョフは北京を訪問した。中国が国内の論争で引き裂かれている時に、ソ連の政権基盤が現在進行形で崩壊し、その姿が全世界にテレビで放映された。まさにスローモーションを見ているかのような光景だった。

ゴルバチョフのジレンマは、中国政府のそれより深刻だった。中国の論争はいかに共産党が統治するかがテーマだったが、ソ連の論争は、そもそも共産党は統治すべきなのか、という問題だった。経済改革(ペレストロイカ)より政治改革(グラスノスチ)を優先させた結果、ゴルバチョフは共産党支配の正当性について議論せざるを得なくなった。ゴルバチョフはソ連の閉塞状況を理解していたが、硬直したシステムを突き破る想像力と能力に欠けていた。多くの監督官庁自体が、時間の経過とともに、問題の一部となっていった。かつて革命の担い手であった共産党は、複雑な共産主義システムの中で、自分たちがよく理解していない現代経済の運営を監督することしか仕事がなく、統制しているはずの相手と共謀して問題を解決するような機関になっていた。共産主義者のエリートは特権階級となり、理論的には国家の正統性の担い手でありながら、自分たちの特権の擁護に懸命になっていた。

グラスノスチはペレストロイカとぶつかった。ゴルバチョフは、彼を育て、また彼自身もそれに頼っていたシステムを、最後には打ち壊す先導役となった。しかし彼はその前に、平和共存という概念を再定義した。ゴルバチョフの前任者たちも平和共存の概念を支持し、毛沢東はこの問題でフルシチョフとぶつかった。しかし、ゴルバチョフの前任者たちは、最終的な対立と勝利に向けた猶予期間として、一時的な平和共存を唱道したのだが、ゴルバチョフは一九八六年の第二七回党大会で、平和共存を共産主義と資本主義の永続的な関係として宣言したのである。そうすることによって、ゴルバチョフは革命前のロシアが参入していた国際システムへの復帰を目指した。

私が訪中した際、中国の指導者たちはソ連モデル、特にゴルバチョフ・モデルと中国をはっきりと区別することに腐心していた。一九九〇年九月の会談で江沢民はこう強調した。

中国のゴルバチョフを探しても無駄だ。われわれとの議論でわかるだろう。あなたの友人でもある周恩来は平和共存五原則を訴えていた。それは今でも生きている。世界は一つの社会システムであるべきというような考え方は通らない。われわれは、われわれのシステムを他人に押し付けたり、あるいは他人のシステムを押し付けられたりすることを望まない。

中国の指導者たちはゴルバチョフと同じように共存の原則を主張した。しかし、彼らはゴルバチョフが西側の敵意を取り除こうとしてそれを主張したのと違い、西側との間に壁をつくろうとして共存を主張した。ゴルバチョフは北京で、批判こそされなかったが、軽視されていた。彼の近代化計画を、問題ありとして中国は拒否した。経済改革の前に政治改革を位置付けたからである。中国の見方は、政治改革も長期的には必要かもしれないが、経済改革がそれに先行しなければならないというものだった。李瑞環は、なぜソ連で価格改革が成功しなかったかを説明した。あらゆる商品が不足する中で価格改革をやっても、インフレとパニックを招くだけだと。朱鎔基は一九九〇年に訪米した時「中国のゴルバチョフ」と騒がれたが、彼は「私は中国のゴルバチョフではありません。中国の朱鎔基です」と躍起になって繰り返した。(3)

私が一九九二年に中国を再訪した時、銭其琛はソ連崩壊を「爆発の後みたいだ。衝撃波があらゆる方向に及んでいる」と表現した。ソ連崩壊は確かに新たな地政学を生み出した。中国政府と米国政府は新たな地平を評価検討する中で、同盟関係に近かった時のような国益の一致はもはやないことを実感した。当時、米中の不一致は主として、ソ連の覇権にどのように対抗するかという戦術をめぐるものだった。共通の敵が消えた今は、米中指導者間の価値観や世界観の相違が前面に出てくることは避けられなかった。

冷戦崩壊は中国に安堵と恐怖を生み出した。ある意味では、中国の指導者たちは敵であったソ連の崩壊を歓迎した。毛沢東や鄧小平の積極的かつ攻撃的な抑止戦術が勝利したのだ。その一方で、中国指導者は、ソ連の消滅と中国の内政状況を比較対照せざるを得なかった。ソ連と同様、中国もかつての多民族帝国を引き継ぎ、それを現代の社会主義国家として運営しようとした。漢民族以外の少数民族の人口は一〇%程度で、ソ連の約五〇%とは比べものにならないが、それでも漢民族とは異質の伝統を持つ少数民族が存在した。さらに重要なことに、彼ら少数民族はベトナム、ロシア、インドに国境を接する戦略的に重要な地域に居住していた。

一九七〇年代の米大統領は、戦略的な脅威の対象だったソ連が存在していたため、誰も中国と対立するリスクをとらなかった。米国の立場に立てば、ソ連の崩壊は永続的かつ世界的な民主主義の価値観の大勝利だった。党派を超えて、伝統的な「歴史」は終焉を迎えた、という感情が広がった。すなわち、同盟国も敵対していた国々も、多党制の議会制民主主義と市場経済(両者は不可避的にリンクしていると米国人は考えている)に厳然と向かっていき、その潮流に立ち向かう障碍物は取り除かれると考えられた。

民族国家の重要性は失われていき、今後の国際社会のシステムは、国境を越えた原則を基礎とするようになるとの新たな考え方が生まれた。この考え方によれば、独裁政治は暴力と国際テロを生むのに対し、民主主義は平和を導くので、政権転換を促すのは合理的な外交政策であり、内政干渉には当たらない。

中国の指導者たちは、西側の自由民主主義が地球規模で勝利するという米国の予測を拒絶したが、中国の改革には米国の協力が必要だということも分かっていた。だからこそ一九九〇年九月に、彼らはブッシュ大統領への「口頭メッセージ」を私に託した。メッセージは米国大統領への次のような呼び掛けで締めくくられていた。

一世紀以上もの間、中国人は外国によっていじめられ屈辱を受けてきました。この傷口が再び開くことをわれわれは望みません。大統領閣下、中国の古い友人として、あなたは中国人のこの感情を分かってくださるはずです。簡単には実現しない米中の友好と協力を、中国は切望しますが、同時に、それ以上に自国の独立と主権と尊厳を大切にします。

新たな国際情勢下で、米中関係を速やかに正常化することがさらに必要になっています。その目標に向けた道筋を、あなたは見つけることができるはずです。より良い米中関係から得られる利益のために、あなたがとられるであろういかなる前向きな行動に対しても、中国は必要な対応をする用意があります。

江沢民が私に個人的に発言したことを補うために、中国外務省の職員がブッシュ大統領宛ての書面メッセージを私に手渡した。署名はなく、口頭のやりとりを書面化したもので、単なる会話よりもフォーマルだが、公式文書よりも曖昧な性格のものだった。加えて中国の外務次官が空港まで見送りに来て、私が江に聞いた質問への回答文書もくれた。メッセージと同様、それらはすでに会談で伝えられていたが、ポイントを強調するためにわざわざ書面化された。

質問　大統領の手紙に鄧小平が答えなかった意味は？

回答　鄧は昨年引退した。外交面でのすべての権限は江沢民に移譲したという口頭のメッセージを、大統領に伝達した。

質問　書面ではなく口頭での回答であるのはなぜか？

回答　鄧は大統領の手紙を読んだが、こうした問題はすでに江に任せてあるので、江に返答するよう指示した。米中関係前進のためにキッシンジャー博士が果たしてきた役割を考えて、われわれは大統領への口頭メッセージを博士に託したかった。

質問　大統領の手紙に対する回答の内容を鄧は知っているのか？

回答　もちろんだ。

質問　あなたは米国が「対応策」をとっていないと述べたが、何を想定しているのか？

回答　最大の問題は対中制裁を続けていることだ。大統領が制裁を解除するか、あるいは事実上の解除に踏み切っていただければ最高だ。米国は世界銀行の融資に決定的な発言力を有してもいる。もう一点は包括的な解決策の一部でもある、政府高官の訪問再開である。

……

質問　中国は他の解決策を考えようとしているのか？
回答　最初の包括提案が実現されていないのだから、その質問は意味がない。
ブッシュは、個人的な経験を踏まえて、世界最多の人口を有し、独立した国家として最も長い歴史をもつ中国の内政に干渉することは、得策ではないと判断していた。特定の状況の下で、特定の個人やグループのために干渉する準備はしていたが、中国の内政問題で全面的に対決することは、米国の安全保障に不可欠な中国との関係を危うくすると考えていた。
江沢民の口頭メッセージに応じて、ブッシュは中国への高官訪問禁止に特例を設け、ジェームズ・ベーカー国務長官に協議のため北京に行くよう指示した。米中関係は少しの間、安定した。しかしその一年半後にクリントン政権が誕生して、状況は一変した。どの政権も一期目はそうなのだが、政策は猫の目のごとく変転した。

クリントン政権と中国政策

一九九二年九月の大統領選挙運動期間中に、ビル・クリントンは中国政府の原理原則の問題に異を唱え、天安門事件の後で北京を「甘やかした」とブッシュ政権を批判した。「中国はいつまでも民主的変革のエネルギーに抵抗することはできない」「いつか中国は東欧や旧ソ連の共産主義政権と同じ道をたどるだろう。米国はそうしたプロセスを後押しするために、できることをやらねばならない(4)」とクリントンは主張した。

クリントンは一九九三年に大統領に就任した後、外交政策の主要目標として民主主義の「拡大」を掲げた。一九九三年九月の国連総会で彼は、人類が「互いに協力し平和に暮らす繁栄した民主主義の世界」を達成するまで、「市場経済を基礎とした民主主義社会を拡大、強化し」「そうした自由な制度の下で営まれる国家を拡大する」ことを目標として掲げた。(5)

新政権の挑戦的な人権問題への姿勢は、中国の弱体化や米国の戦略的な優位性を狙った戦略として選択されたものではなく、むしろ中国が胸を張って参加できるような国際秩序の一般的な概念を反映したものだった。クリントン政権の観点で言えば、それは、大統領とその側近たちが、中国のためになると信じるさまざまな行動を、心から支援しようとするものだった。

米国の圧力に他の西側民主主義国家も同調した。そうした圧力を中国政府は、一九世紀の植民地主義者のように、内政に干渉して中国の弱体化を図るものと捉えた。中国の指導者たちは米国の新政権の姿勢を、世界中から共産主義政権を駆逐しようとする資本主義者の策略と解釈した。ソ連が崩壊しつつあるこの時に、毛沢東が予言したように、米国は共産主義の巨人が破滅した後で、もう一つの国の背中を「指でつつこうとしている」と中国は疑ったのである。

ウォーレン・クリストファーは議会での国務長官指名承認公聴会で、中国を変質させる目標をより具体的に語った。すなわち、米国は「この大国における政治と経済の自由化勢力を励ますことによって、共産主義から民主主義への中国の平和的な変質を手助けする」(6)。しかしそのクリストファーの「平和的な変質」という言葉は、意図的かどうかは別として、共産主義国家の最終的な崩壊を目指してジョン・フォスター・ダレスが使った言葉と同じだった。中国政府はこれを好意的にはとらず、戦火を交えずに中国を資本主義の民主主義国家に転換しようとする西側の策略と捉えた。(7) クリントンとクリストファーの演説は米国でいずれも議論にはならなかったが、中国政府にとっては受け入れ難いものだった。

その挑戦の衝撃度をおそらくは十分には理解しないまま中国に決闘を挑んだクリントン政権は、広範な分野で中国に「関与」する用意があると宣言し、関与の条件として、中国国内の改革やより広範な世界経済との統合を掲げた。政治体制の転換を求めた当の米国政府高官たちと対話に入ることに、中国の指導者たちが二の足を踏み、そのことが乗り越えられない障碍になるということを、米国は考えていなかった。この構想のその後の命運が、こうした政策の複雑さと曖昧さを浮かび上がらせることになった。

中国の指導者たちは、もはや革命の大義を海外に広めようとはしていなかった。そうではなく、彼らは、自分たちの統治システムや領土保全にあからさまな敵対心を持たない世界に向けて働き掛け、自国の経済を発展させ、自分たちのペースで国内問題を解決するための時間を稼ぐという、基本的に防衛的な姿勢をとった。その外交姿勢は毛沢東というより明らかにビスマルクに近かった。漸進的、防衛的で、不都合な歴史的潮流に対してはダムを築いて防ぐ姿勢である。潮流は変わりつつあったが、中国の指導者たちはなお強い独立意識を顕示してみせた。彼らはあらゆる機会を通じて、外からの圧力に最大限抵抗すると宣言することで、不安を押し隠した。江沢民は一九九一年に私にこう強調した。「われわれは圧力に決して屈しない。このことはとても重要だ(この部分は英語)。これは思想的な原則だ」。

中国の指導者たちは、冷戦終結で米国の一極支配時代が始まるという考え方も受け入れなかった。一九九一年に銭其琛は私に、新たな国際秩序が一極支配で無限に固定することはあり得ず、中国は世界の多極化に向けて努力する、と警告した。それは、米国の突出には対抗するという意味だった。彼は自分の考えを補強するために、中国の巨大な人口が持つ力への一種脅迫的な言及を含む、世界人口の現実を口にした。

そういう一極支配の時代が来ることはあり得ないと信じています。ある人々は、湾岸戦争と冷戦の終結後に、米国が何でもできるようになると信じているようですが、それは違うと思います。……イスラム世界は一〇億人以上、中国は一一億人の人口を抱えています。南アジアにも一〇億人以上います。中国の人口は、米国、ソ連、欧州、日本を合わせた人口よりも多い。つまり、世界はなお多様性に富んでいます。

人権問題について、おそらくは最も率直な見方を披露したのは李鵬首相だ。一九九二年一二月に、改善が必要な点として私が人権問題、武器技術拡散問題、貿易問題の三点を指摘したところ、李鵬はこう語った。

あなたの言う三つの分野について言えば、われわれは人権問題について話し合うことができるはずです。もちろんわれわれの間には大きな意見の相違があるので、大きな進展が期待できるとは思っていません。人権の概念には、伝統と道徳と思想的な価値観の問題が含まれています。これらは西側と中国では異なっています。われわれは中国人民がもっと民主的な権利を享受すべきであり、国内政治でより重要な役割を果たすべきだと信じています。だが、それは中国人民が許容できるやり方で行われるべきです。

李鵬は民主的権利の必要性について認めた。保守派の代表格の発言としては、かつてなかったことである。しかし、中国の柔軟さの限界についての彼の説明も、その率直さにおいて例のないものだった。「当然ながら、人権のような問題について、われわれは何がしかのことができます。米中間で議論もできます。われわれの原則について譲歩しない範囲で、柔軟な対応をとることもできます。しかし、われわれは西側と完全な合意に達することはできません。それは中国社会の根本を揺るがすことになるからです」。

最恵国待遇(MFN)付与の条件として人権状況の改善を掲げたクリントン政権一期目の特徴的な中国戦略は、事態を危機に至らしめた。「最恵国待遇」というのは誤解を受けやすい言葉である。ほとんどの国がその待遇を享受しているのであり、通常の貿易面での権利を享受していることを確認する以上に、特別な恩恵の意味などない(8)。最恵国待遇に条件を付ける発想は、報奨と懲罰(アメとムチ)という米国の典型的なプラグマティックな思想に由来している。クリントン政権の国家安全保障担当補佐官のアンソニー・レークはこう説明した。米国は結果を生み出すまで恩恵を停止する。「抑圧や攻撃的な行動が高くつくように懲罰を加える」(9)のであり、それは中国指導部が損得を合理的に計算して、国内の自由化に踏み出すまで続く。

一九九三年五月、当時東アジア・太平洋担当の国務次官補だったウィンストン・ロードは、米国の新政権の考え方を中国の高官に説明するために北京を訪問した。彼は一九七〇年代の米中国交回復交渉の時、私の欠かすことのできない同僚だった。訪中の最後にロードは、もし中国が最恵国待遇を享受したいのなら、人権問題と武器拡散防止問題などで「劇的な進展」が必要だと中国側に警告した。[10] 最恵国待遇付与への条件付けを違法として拒否する中国と、より厳しい条件付けを求める米政治家との板挟みになって、彼は事態に何の進展ももたらすことができなかった。

ロード訪中からまもなくして私も中国を訪ねた。中国指導部は最恵国待遇問題の袋小路から抜け出す道を探っていた。江沢民は「友好的な忠告」をした。

中国と米国は二大国として長期的な観点で問題を考えるべきだ。中国の経済発展と社会の安定は、中国の利益となるだけでなく、中国が大きな力を発揮できるようになるという意味で、アジアや他の地域の平和と安定にとっても大事だ。他国を見る時に、米国は相手の自尊心と主権に注意を払うべきである。これは友好的な忠告だ。

江沢民は再び、中国を潜在的な脅威であり競争相手だと考えることのないよう、米国を説得し、中国の足を引っ張ろうとする米国人の意欲をそごうとしたのである。

昨日、あるシンポジウムで私はこの問題について話しました。その場で、私は、中国がいつか超大国になるという英紙タイムズの記事にも言及しました。私は何度も何度も言いました。中国は決して他国の脅威にはならないと。

クリントン大統領の表面的には厳しい言い方や、議会の好戦的なムードにあらがって、ロードは民主党の上院院内総務ジョージ・ミッチェルと下院議員ナンシー・ペロシの二人から、最恵国待遇の一年延長に関する譲歩を引き出した。この譲歩は、拘束力のある法律としてではなく、より柔軟な大統領の行政命令という形で実現した。そこでは、最恵国待遇延長の条件は、多くの議員が主張していた民主化問題には触れず、人権問題だけに絞られた。しかし中国にとっては条件付け自体が、原則に抵触する問題であった。ちょうどソ連がジャクソン＝バニク修正条項を拒否したのと同じように、中国は条件の内容ではなく、条件付けそのものに異議を唱えた。

一九九三年五月二八日、クリントン大統領は中国への最恵国待遇を一年間延長する行政命令に署名し、それ以降の延長の可否は、その間の中国の行動次第ということになった。クリントン大統領は、政権の対中政策の「核心」は「中国の人権問題が大幅に改善されるよう強く主張すること」[11]にあると強調した。彼は、最恵国待遇付与にあたって条件を付けたのは、基本的に、天安門事件に対する米国の憤りと、中国の統治のあり方に対する、やむことのない「深い懸念」を示すためだ、と説明した。[12]

大統領行政命令に伴い、米政府高官からは一九六〇年代以降のどの政権よりも厳しく中国を非難する言葉が発せられた。一九九三年九月のスピーチでレーク補佐官は、もし米国の要求に応じなければ、中国は「軍事力と政治的投獄と拷問」および「狭量な人種差別のエネルギー、他民族への偏見、宗教的抑圧、外国人排斥、領土拡張主義」を手段として、時代遅れの統治形態にしがみつく「「反動」国家」の一つと見なされると述べた[13]。

この他にも中国の疑念を深める出来事が相次いだ。世界貿易機関(WTO)の前身である「関税および貿易に関する一般協定(GATT)」への中国の加盟に関する交渉も、重要な問題で行き詰まった。中国の二〇〇〇年五輪開催立候補も攻撃にさらされた。米上下両院の多数派は中国での五輪開催に異を唱え、米政府は慎重に沈黙を守った[14]。中国の五輪誘致は僅差で敗れた。米中間の緊張は、イランへの化学兵器の部品を運搬している疑いで、米国が中国船舶を強引に臨検(結果的には不成功に終わった)しようとしたことで、さらに緊迫した。これらのすべての出来事は、それぞれにもっともな理由はあったが、中国では、一つ一つの出来事ではなく、出来事のパターンが全体の意図を表す、という「孫子の兵法」に則って、事態は分析された。

一九九四年三月のクリストファー国務長官の訪中で事態はさらに悪化した。クリストファーが後に語ったことによれば、彼の訪中の目的は、六月に一年間の期限が切れる最恵国待遇の付与問題を期限前に解決に持ち込むことと、「大統領の政策の下では、中国に与えられた人権問題改善のための時間は限られており、もし低関税の特権を享受し続けたいのなら、目に見える改善が早急に必要だということを中国側に強調すること[15]」だった。

中国の高官は、訪中のタイミングが不適当だと示唆した。クリストファーは、年に一回の国会に当たる全国人民代表大会(全人代)の開幕日に中国に到着する予定だった。中国政府に人権問題で注文を付けている米国の国務長官がこの時期に中国に滞在していることは、全人代の審議に影を落とすか、あるいは中国政府高官が、外国の圧力には屈しないことを示すために攻撃的になるかのどちらかだった。クリストファーが後に認めたことだが、「彼らにとって全人代は、米国に立ち向かうことを誇示する格好の場となってしまった」[16]。

その結果、クリストファー訪中は、米中国交回復以来、最も敵対的な両国の外交的接触となってしまった。クリストファーに同行したロードは、クリストファーと李鵬との会談を「これまで同席した中で最も荒々しい外交会談」[17]と表現した。ロードは北ベトナムとのすべての交渉に、私の傍らで出席した経験を持つ。クリストファーは回想録の中で李鵬の反応を次のように記している。

　中国の人権政策という問題は、米国とは関係ないことであり、米国こそ注目されるべき多くの人権問題を抱えている、と李鵬は指摘した。中国が米国に対して抱いている不快感の深さをわれわれ米国人に思い知らせるため、中国はその日に予定されていた江沢民と私の会談をキャンセルした[18]。

二〇年間に及ぶ建設的な対中政策を振り出しに戻してしまうかに見えたこうした緊張関係は、一方で、米政権内の経済部局と、人権問題で圧力をかける役目を担っていた政治部局との間に溝をつくった。中国の反発と、中国ビジネスを手掛ける米企業からの圧力に直面して、米政権は、期限まで数週間という最終段階で、最恵国待遇の付与延長を正当化するため、中国政府に最小限必要な譲歩を懇願するという、屈辱的な立場に追い込まれた。

クリストファーが帰国してまもなく、自ら設定した最恵国待遇更新の期限を目前にして、米政権はこっそりと条件付けの政策を撤回した。一九九四年五月二六日、クリントンは、政策の実効性がなくなったため、中国への最恵国待遇をさらに一年間、基本的に無条件で延長すると発表した。クリントンは、人権問題の改善は、中国のNGOへの支援や、適切な経済行為の奨励など、他の手段を通じて追求すると約束した。

これは繰り返して言う必要があるが、クリントンは終始、中国との関係を維持してきた民主、共和両党の五代にわたる政権の政策を支持しようとした。しかし、選ばれたばかりの大統領としては、外交政策への中国のなにやら不可解な姿勢に対してよりも、米国内の世論に対して敏感にならざるを得なかった。彼が最恵国待遇付与への条件付けを提案したのも、何はさておき、付与を全面的に拒否しようとして盛り上がった議会の怒りから、対中政策を守ろうとしたためだ。クリントンは、高官交流の復活と最恵国待遇付与の見返りに、中国は米政権に人権問題で譲歩する義務があると信じていた。だが中国は、他の国々が中国に認めているのと同様の、無条件の高官交流と最恵国待遇を、中国は米国から認められる「権利がある」と考えていた。彼らは、米国が一方的な脅しを中止することを米国の譲歩だとは見なさず、内政干渉の影がちらつくことには特に神経質だった。人権問題が米中対話の主要議題となる限り、行き詰まりは避けられなかった。この経験は現代においても、対立的な外交政策に走る人たちが注意深く学ばねばならない点である。

政権第一期の残りの時間、クリントンは対立的姿勢を控え、「建設的関与」を強調した。ロードはアジアに駐在する米国の大使をハワイに集め、人権問題に関する政策目標と地政学的な課題とのバランスをとる、包括的なアジア政策を議論した。一方で中国政府は、主として改革政策の成功とWTO加盟実現を目指した新たな対話に乗り出すことを約束した。

前任者のジョージ・H・W・ブッシュと同じく、クリントンも民主改革と人権問題を訴える人たちに共感したが、彼の前後のすべての大統領と同じように彼もまた、民衆からの挑戦に直面した中国指導者たちの信念と執念の強さを十分に理解するようになった。

米中関係は急速に修復された。一九九七年に江沢民のワシントン訪問がようやく実現し、その返礼としてクリントンも、一九九八年に八日間、中国を訪問した。両首脳ともに相手国で意気盛んなところを示し、長文のコミュニケが発表された。多くの技術的問題を扱う対話ルートもつくられ、一〇年近くの対立ムードに終止符が打たれた。

当時の米中関係に欠けていたものは、かつてソ連の「覇権主義」に対抗して米中両国政府が共有していたような、確固とした目的だった。米国の指導者たちは、自分たちの国内政治と信条がつくり出した、人権問題に関するさまざまな圧力を無視することはできなかった。中国の指導者たちは、米国の政策が、少なくとも部分的には中国を超大国にさせないために立案されていると見ていた。一九九五年の私との対話で李鵬は、米国を安心させることを主眼に話し、興隆する中国が何を目指しているかということに神経を尖らす米国の不安を鎮めようとした。「速い発展を心配する必要はない。中国が中レベルの国に追い付くには三〇年はかかるだろう。われわれの人口は多すぎる」。それに対して米国は、封じ込めに政策転換したわけではないと、いつも通りに約束した。双方の言質が意味するところは、どちらも互いに約束したことを実行する能力があると同時に、部分的にはそれをしないこともあり得るということである。かくして、約束は脅しと表裏一体のものとなる。

三回目の台湾海峡危機

台湾問題が再び持ち上がったのは、最恵国待遇の付与をめぐる緊張がようやく緩和されようとしていた時だった。米中国交正常化の基礎となった三つのコミュニケを補強し、米中双方が暗黙の取引によってつくり上げた枠組みの下で、台湾は力強い経済発展と民主体制を実現させた。アジア開発銀行とアジア太平洋経済協力会議(APEC)に加盟し、北京の黙認の下で五輪にも参加した。中国政府は一九八〇年代から、台湾を国内の完全な自治州として扱う方法での統一を提案してきた。台湾が中華人民共和国の「特別行政区」(香港やマカオに与えられることになっていたものと同じ法的位置付け)というステータスを受け入れるなら、台湾が独自の政治体制と軍隊すらも保有していいと中国政府は約束した。[19]

台湾の反応は慎重だった。だが台湾自身、中華人民共和国の経済改革から恩恵を受け、経済的には中台間の相互依存が深まっていた。一九八〇年代末の中台貿易と投資の規制緩和で、多くの台湾企業が生産を大陸にシフトした。一九九三年末までに台湾の対中投資額は日本を抜いて世界で第二位となった。[20]

経済的な相互依存が深まる一方で、中台は政治的に大きく異なる道を歩み始めた。一九八七年に台湾の年老いた指導者、蔣経国が戒厳令を解除した。台湾の国内体制の劇的な自由化が始まった。報道規制が解除され、議会選挙で国民党以外の政党からの立候補が認められた。一九九四年の憲法改正により台湾総統を直接普通選挙で決める基礎がつくられた。戒厳令時代の規制によって活動を制限されていた台湾の政治舞台で、台湾の明確な国家アイデンティティや将来の独立を訴える主張が現れた。その中心的な存在は、機知に富んだ農業経済学者であり、国民党で一九八八年に主席に登りつめた李登輝だった。

李登輝は台湾の当局者の中で、中国政府が忌み嫌うすべてのものを持ち合わせる人物だった。彼は日本の台湾植民地統治下で育ち、日本名を持ち、日本で学び、第二次世界大戦では日本帝国陸軍に加わった。その後は米国のコーネル大学で高等教育を受けた。他の多くの国民党の政治家と違って、彼は台湾の本省人だった。自分のことを「第一に台湾人、第二に中国人」と率直に語り、台湾の独自の体制と歴史的な経験を誇り、それらを断固として支持した[21]。

一九九六年の選挙が近づき、李登輝と内閣は台湾の「国際生存空間」を徐々に拡大しようとする一連の行動に出た。中国政府に(そして米国政府の多くの人々に)不快感を与えながら、李と他の主要閣僚たちは「休暇外交」を始めた。世界各国の首都に国際機関の会合などを利用して多くの台湾高官を「非公式に」送り込み、可能な限り公式な国家代表としての扱いを受けようと画策した。

クリントン政権はこうした動きには距離を置こうとした。一九九三年一一月にシアトルで行われたAPEC首脳会議の際の江沢民との会談と記者会見で、クリントンはこう語った。

われわれの会談では、米国は三つのコミュニケを、米国の「一つの中国」政策の基礎にすることを再確認しました……。

「一つの中国」に関する米国の政策は、米国にとって正しい政策です。それはわれわれが台湾関係法を履行することを妨げないし、またわれわれが台湾との間で培った緊密な経済関係も損ないません。この会議には、皆さんもご承知のように、(台湾の)代表もいます。私はこの現状に満足しているし、これが米中関係の主要な障碍になるとは考えていません。(22)

クリントンのアプローチをうまく機能させるためには、台湾の指導者たちの自制が必要だった。だが、李登輝は台湾の国家アイデンティティを断固として主張する考えだった。一九九四年、彼は中央アメリカ訪問の途中に給油の目的でハワイに立ち寄る許可を求め、台湾総統として初めて米国の土を踏んだ。彼の次のターゲットは一九九五年のコーネル大学での同窓会だった。彼は一九五八年に同大で経済学博士号を取得していた。下院議長に選出されたばかりのニュート・ギングリッチの強い支持で、下院は全会一致で、上院も一人を除く全員の賛成で、李の訪米を支持した。ウォーレン・クリストファーは四月に中国外相に対して、李の訪問を認めることは「米国の政策と矛盾する」と言明していたが、こうした激しい国内の圧力に直面して米政権は方針を転換し、個人的かつ非公式の訪問として李の訪米を認めた。

李登輝はコーネル大でのスピーチで「非公式」の約束を破り、大学時代の良き思い出に短く触れた後で、国家としての公式承認を求める台湾人の願いについて雄弁に語り始めた。何度もわが「国」やわが「国家」という言葉を使ったあからさまな言い回しや、すぐにでも共産主義は消滅するという無遠慮な議論は、いずれも中国政府の受忍限度を超えた。

中国政府は駐米大使を召還し、ジェームズ・サッサー駐中国大使の信任を遅らせ、それ以外の米政府との公式な接触もキャンセルした。一九五〇年代の台湾海峡危機に続いて、中国政府は軍事的抑止力と政治的な意志を示すために、中国南東部の沿岸で軍事演習とミサイル実験を始めた。中国が台湾海峡にミサイルを発射したのは、自分たちの軍事的力量を誇示して、台湾の指導者に警告を発するためだった。しかし、ミサイル発射が一義的には象徴的な性質のものであることを示すため、ダミーの弾頭が使われた。

台湾問題の安定は、誰もが三つのコミュニケに違反しないという前提でのみ保たれていた。だがコミュニケには多くの曖昧さがあったため、誰かがその構造を変えようとしたり、条項の勝手な解釈を押し付けようとしたりすれば、全体の枠組みがひっくり返りかねなかった。中国政府は李登輝訪米問題について米国に釈明を要求しはしなかったが、挑発行為に対しては、中国がいかにそれを深刻な問題として扱っているかを最低限示す必要があると考えた。

一九九五年七月初め、危機がまだ進行中に、私は対中交渉に携わった元米政府高官たちが超党派でつくる米中学会の代表団とともに北京を訪問した。七月四日、われわれは銭其琛副首相および李道豫駐米大使と会った。銭は主権問題に交渉の余地がないという中国の立場を明確に説明した。

キッシンジャー博士、中国と米国の間で時に紛争が起きるにもかかわらず、中国が中米関係を極めて重要視していることをあなたはご存知のはずです。われわれは中米関係が平常の状態に回復し、改善することを望んでいます。しかし、米政府は次の点を明確に認識すべきです。台湾問題をもてあそぶことはできません。われわれが台湾に関する原則的立場を崩すことはあり得ません。

米中関係は、双方が高官級の接触を停止するまでに悪化し、最も必要とされる時に危機対応メカニズムが失われるという皮肉な結果になった。ソ連崩壊後、米中双方は友好を喧伝したが、それは共通の戦略的目標を追求するというより、現実を無視し、その場しのぎの協力の道を探すだけのものだった。

私の到着直後に中国の指導者たちは、平和的解決への願いを熟練した仕草で示してみせた。米中学会の公式行事が始まる前に、私は講演のために周恩来がかつて学んだ天津の中等学校に招かれた。中国外務省の高官が同行し、私は周恩来の銅像の近くで記念写真を撮られた。高官は私を聴衆に紹介する際、米中協力の全盛期のことを回想してみせた。

事態の収拾が無理ではないというサインは江沢民からも示された。全当事者の口調が激しさを増す中で、私は江に、毛沢東が台湾問題の解決を一〇〇年待てると言ったことは今でも有効かと尋ねた。いいえ、と江は答えた。どういう意味かと尋ねると、江はこう答えた。

「あの約束は二三年前のものだ。今はあと七七年しか残っていない」。

天安門事件の余波に対抗して、緊張を緩和しようとする双方の願いは高まっていた。一九八九年以降、高官級の対話や閣僚級の訪問は途絶えていた。この六年間に行われた高官級対話は国際会議のついでか、あるいは国連の場でだけだった。皮肉なことだが、台湾海峡での軍事演習を受けて、どのようにして首脳会談を設定するかという、ある意味では手続き的な問題が、当面の緊急課題となった。

天安門事件以後、中国は国家主席のワシントン訪問を模索した。ブッシュ、クリントン両大統領とも訪問受け入れの判断を避け、中国をイライラさせた。中国側も台湾総統の再訪米を食い止めるための言質を得るまでは高官級の接触を拒否した。

私が国交回復に向けて二五年前に秘密訪問した時の最後の議論と同じ問題が戻ってきた。当時の議論は、誰が誰を招待するかで一時的に膠着状態に陥ったが、最終的には双方が相手を招待するという毛沢東の解決案で状況が打開された。

事態のまがりなりの解決は、ブルネイでの東南アジア諸国連合(ASEAN)の会合の場でクリストファー国務長官と中国外相が会談して図られた。どちらが最初の一歩を踏み出すかという問題は棚上げにされた。クリストファーは、今なお機密扱いとなっている大統領親書を中国外相に手渡し、台湾高官の訪米問題と、江沢民と米大統領の会談実現に関する米国の意向を明確に伝えた。

中国の自尊心を十分に満足させる形ではなかったが、江沢民とクリントンとの首脳会談は一〇月に実現した。訪米は公式訪問でなく、場所もワシントンではなかった。ニューヨークで、国連の創立五〇周年記念行事を利用して会談が設定された。クリントンは行事に出席する主要各国首脳との会談の一つとして、リンカーン・センターで江と会った。台湾海峡における中国の軍事演習直後の中国国家主席のワシントン訪問は、激しい反発を招く恐れがあったからだ。

舞台裏の駆け引きが続く依然として曖昧な雰囲気の中で、一九九五年一二月二日に予定されていた台湾の議会選挙が、再び緊張をもたらした。中国政府は福建省の沿岸で陸海空合同による敵地上陸を想定した新たな軍事演習を実施した。これと同時に、激しい心理戦も展開された。中国人民解放軍は一二月の議会選挙を目前にして、台湾総統選挙の直前に当たる一九九六年三月にもさらなる演習を行うと発表した(23)。総統選挙が近づき、まるで着弾点を調整する「ブラケット」という手法のように、ミサイルが台湾島の北東と南西の主要港湾都市の沖合に着弾した。米国は一九七一年の米中接近以来、中国に対して最も大がかりな軍事的対抗措置で応じた。「悪天候」を避けるという名目で、空母ニミッツを含む二つの空母戦闘群を台湾海峡に派遣したのだ。同時に米政府は、中国には「一つの中国」政策を変えないと約束する一方で、台湾には挑発的な行動に出ないよう警告するという綱渡りを演じた。

決定的な危機が近づいたことで、米中両国政府は後ずさりした。戦いとるべき軍事的な目標はなく、圧倒的な現実を変えるために相手に突き付けるべき条件も持ち合わせていないことを、双方は理解した。米国にとって、その現実とは(マデレーン・オルブライトの言葉を借りれば)中国は「無視するには大きすぎ、抱き締めるにはあまりに抑圧的であり、影響を及ぼすのは難しく、この上なくプライドが高い、という特別なカテゴリーに属する」[24]ということだった。一方で米国は、力づくで扱うにはあまりにもパワフルで、中国とはすでに建設的な関係にあまりにも深入りし過ぎていた。超大国の米国、ダイナミックな中国、グローバル化された世界、そして世界の出来事の重心が大西洋から太平洋へと徐々に移っていることが、平和的かつ建設的な米中関係の必要性を高めていた。危機が起きるたびに、中国と米国の関係は著しく改善された。

両国関係がかつての緊密さを取り戻すかに見えた矢先、夏の終わりを告げる突然の雷鳴のように、新たな危機が両国関係を揺さぶった。米中関係の見せ場をつくれたはずのコソボ紛争で、一九九九年五月、米ミズーリ州を発進したB－2爆撃機がベオグラードの中国大使館を破壊した。抗議の狼煙が中国全土を覆った。学生と政府は、再び米国が中国の主権を軽視する暴挙に出たとの怒りで一体になったかのようだった。江沢民は米国の行動について「熟考した上での挑発」だと指摘した。彼は動揺を隠しきれないまま、激しい口調でこう述べた。「偉大な中華人民共和国は決して脅しを受けない。偉大な中国は決して屈辱を受けない。そして偉大な中国人民は決して征服されない」[25]。

マデレーン・オルブライト国務長官は一報を受けてすぐに、深夜にもかかわらず統合参謀本部副議長に対して、米政府の遺憾の意を示すためにワシントンの中国大使館に一緒に行くよう要請した。[26]江沢民は国内の反米感情に促されるようにして怒りを表明せざるを得なかったが、その怒りの表現をもって、大衆に自制を求める手段とした(それは人権問題での米大統領の手法と似たものだった）。

中国の憤りは米国内に、中国は脅しつけることが必要だという主張を生み出した。双方の観点は、強い信念を反映したものであり、二カ国の関係は世界のどこにおいても緊張状態に引き込まれ得るもので、そこには対立の可能性が存在するという、現代の外交政策が本来持つ性質を浮き彫りにした。両国政府は協力の必要性を認識していたが、両国が互いに衝突するすべての可能性を制御できているわけではなかった。それは米中関係において、いまだ未解決の課題なのである。

中国の興隆と江沢民の考え

上述したように危機は周期的に起きたものの、一九九〇年代は中国の経済が驚異的に発展し、世界における中国の役割が転換した時代であった。一九八〇年代の中国では「改革開放」がまだ部分的には構想にとどまり、その効果は目覚ましいものだったが、その政策の深さと持続可能性については議論が分かれていた。中国国内でも改革の方向性について異論があった。天安門事件を経て、内向きになった国内の学者や政府高官の中に、西側との経済的なつながりを弱めるべきだと主張する人もいた（その雰囲気を打破するために鄧小平は中国南部に行った）。江沢民が国家主席に就任した当時、ほとんど改革の手が入っていないソ連モデルの国有企業部門が中国経済の五〇％以上を握っていた。[27]中国の国際貿易システムへの参入は試験的かつ部分的だった。外国企業は対中投資に懐疑的であり、対外投資を行う中国企業もほとんどなかった。

一九九〇年代の末までに、それまでは実現しそうもないと思われていたことが現実となった。一〇年間を通じて中国は年七%以上、時には二桁の経済成長を達成し、一人当たりのGDPも歴史上最も持続的かつパワフルな成長を遂げた。[28] 一九九〇年代末に国民の平均収入は一九七八年の約三倍となり、都市部の収入レベルはさらに劇的に上昇し、一九七八年の約五倍となった。[29]

周辺諸国との貿易額も急速に増え、中国は地域経済において中心的な役割を果たすようになっていった。一九九〇年代初めに危険水域にまで達したインフレも、資本規制と緊縮財政で乗り切り、後にこの政策が、一九九七年のアジア金融危機に際して最悪の事態を回避することにも役立った。経済危機に直面して中国は初めて経済成長と安定の砦となり、慣れない役割を果たすことになった。かつては外国、しばしば西側から、経済政策を処方される側だった中国が、今や独自の解決策を提示するようになり、危機的状況においては他国の経済に緊急支援を施すまでになった。二〇〇一年までに中国の国際的なステータスは、二〇〇八年北京五輪の誘致を勝ち取り、WTO加盟交渉を成功裏に終結させるまでに向上した。

こうした転換を促進したのが中国国内の政治思想の再調整だった。鄧小平が道筋を付けた改革路線に沿って、江沢民は共産党を一部の階級エリートから社会のより広い階層へと開放することで共産主義の概念を広げた。彼は二〇〇二年の中国共産党第一六回党大会で、「三つの代表」として知られることになる彼自身の思想を発表した。その党大会が総書記として出席する最後の会議となり、彼は中国現代史で初めて平和的に政権を後継者に譲った。彼は「三つの代表」の思想で、革命を通じて支持を集めた党が、企業家も含めたかつてのイデオロギー上の敵の利益をも、なぜ代表する必要があるのかということを説明した。江は一党支配を維持しながら、共産党の統治システムを民主化し、党をビジネスリーダーたちにまで開放した。

このプロセスを経て、中国と米国は経済的にますます結び付きを強めた。一九九〇年代の初め、米国の対中貿易額は、台湾に対する貿易額の半分しかなかった。それが一〇年後には四倍となり、中国の対米輸出額は七倍にまで膨れ上がった[30]。米国の多国籍企業は中国を生産基地として、さらに金融市場として、ビジネス戦略上欠くことのできない拠点と見るようになった。中国は増え続ける外貨貯蓄を使って米国債の購入を進めた(二〇〇八年には米国に対する最大の債権国となる見通しだ)。

これらの動きを通じて中国は、国際社会で新たな役割を発揮するようになり、地球のあらゆる場所での事象に関心を持ち、政治的、経済的な世界の潮流にかつてない程度まで統合されていった。英国使節マカートニーと清王朝が、貿易と外交をめぐる最初の誤解だらけの交渉を始めてから二世紀を経て、中国と西側の双方において、そのことがもたらす難問への準備ができているかどうかはともかく、交流の新たなステージに到達したという共通認識が生まれた。一九九七年に当時の朱鎔基副首相はこう語った。「歴史上、中国はこんなに頻繁に他国と交流したり、コミュニケーションをとったりしたことはなかった」。

これまで、例えばマカートニーの時代や冷戦時代には、「中国世界」と「西側世界」は限られた機会に厳粛な交流をしてきた。今は先進技術と経済的な相互依存が、善きにつけ悪しきにつけ、そうした慎重な交流を不可能にしている。その結果として、双方は相互理解の機会が格段に増えると同時に、互いに敏感な問題でぶつかる機会も増えるという、ある意味で逆説的な状況に置かれるようになった。グローバル化された世界は両者を結び付けるとともに、危機が訪れると、より頻繁に、そしてあっという間に緊張が激化することになった。

総書記の任期が終わりに近づいた江沢民は、そうした危険性について認識しているということを、中国の指導者にありがちな格好付けや、概念的、自己満足的な調子ではなく、個人的かつ感傷にふけるような調子で話した。二〇〇一年に米中学会の会員と会談した時だった。江は一二年の在職期間の最後の年となり、一挙手一投足が世界に影響を与えたポストをまもなく離れ、傍観者になる人たちによく見られるように感傷の世界にすでにふけっていた。中国が少なくとも先進民主主義国家から、すなわち改革計画の履行のために最も必要としている国々から実質的に孤立した状態で始まった激動の時代に、彼は中国の舵取りをした。

江沢民は試練を乗り切った。米国との政治面での協力関係は再構築された。改革政策は加速され、その後の一〇年で中国を世界的な金融、経済大国へと導くことになるような、並外れた成長率が達成された。混乱と疑念で始まった一〇年は、並外れた達成の期間となった。

他の超大国と協力してであれ、対立しながらであれ、国際秩序にどのように参画すればよいのかを示す前例は、悠久の中国史のどこにも見当たらない。超大国の米国は、中国の参画をいかにして実現するかについて青写真を描きたかったのだが、そうするための経験に欠けていることが明らかになった。意図的につくろうとしたものであるのか、あるいは最初から定められていたものなのかはともかくとして、新たな国際秩序が生まれようとしていた。どのような国際秩序をどのようにして形作るかは、両国にとってまだ未解決の試練だった。パートナーとして、あるいは敵対者として、両国は互いに影響を与え合うことになるだろう。両国の当代の指導者たちはパートナーシップを宣言したが、双方とも、それを明確に定義付けることはできず、また、将来起こり得る嵐を避けるためのシェルターをつくることもまだできていない。

新しい世紀に入り、江沢民は世代の異なる米国の指導者と向き合うことになった。誰も予想できなかった一連の出来事によって、江が昇進した時に米国の大統領だったジョージ・H・W・ブッシュの息子が、米国の新しい大統領になった。新大統領との関係は、誰も望まないもう一つの軍事衝突で始まった。二〇〇一年四月一日、中国の領海のすぐ外の海域を飛行していた米国の偵察機が、中国の軍用機に追尾された。中国軍用機は米偵察機に接触して、中国南岸沖の海南島近くに墜落した。江もブッシュも事件が両国関係を破壊することを許さなかった。二日後、江はかねてから予定されていた南米への外遊に出発し、中央軍事委員会主席として重大な行動に出るつもりはないことを示唆した。ブッシュも、偵察飛行に対してではなく、中国人パイロットが死亡したことについて遺憾の意を表明した。

米中学会メンバーとの会談の時、江沢民の胸中には、米中間に起きる突発事件がはらむ危険性への予感といったものが去来しているように見えた。彼は古い漢詩を引用し、時に英語のフレーズを挿入し、取りとめのない冗漫なスピーチで、米中協力の重要性を強調した。話しぶりはくどかったが、それは希望とジレンマを反映したものだった。希望とは、双方の社会が持つダイナミズムゆえに起きるであろう嵐を避けるために、ともに協力する道が見つかるだろうという希望であり、恐れとは、両国がそのチャンスを逸するかもしれないという恐れだった。

この時の江沢民の冒頭発言のテーマは、米中関係の重要性についてだった。「私は自分たちのことについて、うぬぼれるつもりはないが、米中間の良好な協力は世界にとって重要だ。われわれはそのためにベストを尽くす(この部分は英語で語った)。このことは全世界にとって重要だ」。しかし、全世界が対象になるとしたら、それを扱う資格を持つ指導者は世界のどこにいるのだろうか。自分は、最初に中国伝統の儒教教育を受け、さらに西側の教育も受け、その後旧ソ連の学校にも通った、と江は述べた。そして今、彼はそれらのすべての文化を相手にしながら、国の転換をけん引しているのである。

中国と米国はこの時、台湾の将来という喫緊の問題で対立していた。江沢民はわれわれが慣れ親しんだおなじみのレトリックを使わなかった。彼の発言はむしろ、対話の内的な力学が生み出したものであり、指導者の意図がどうであれ、避けたいと考えている行動を大衆から迫られた時に、いかに発言が制御不能なものになるかを示すものだった。「米中間の最大の問題は台湾問題だ。例えば、われわれはよく「平和的解決」「一つの国家、二つのシステム」と言う。一般的には、私はこの二つのことを言うだけにとどめている。しかし、時にはこうも付け加える。われわれは武力を使わないということを約束はできない、と」。

江沢民は、米中双方の外交官が国交回復前に一三〇回以上も重ねた交渉の中で行き詰まり、それ以降は故意に曖昧にしてきた問題について、触れないわけにはいかなかったのだ。主権を制限することになるため、中国は武力使用の放棄を拒否してきたが、江のこの時の発言まで三〇年間、慣習としてそのことを言わずに自制してきた。江はこの上もなく紳士的な態度で、この聖なる言葉を口にした。

江沢民はすぐに何かを変えようとしたわけではなかった。むしろ彼は、米国の立場にはおかしな点があることを指摘した。米国は台湾の独立を支持しないと言うが、一方で中台統一を促進することも支持しないと言う。そのことが現実的には、台湾を米国の「不沈空母」にしてしまっている。そうした情勢においては、中国政府がどう考えようとも、中国人民の確信が自然と対決へと向かってしまうのかもしれない。

一二年間近く、私は中央政府にいて、中国の一二億人の感情を強く感じてきた。われわれはもちろん、あなた方に対して強い憧憬を抱いているが、ひとたび炎が上がると、一二億人の感情を統制することは難しくなる。

私はこの武力威嚇について、それがいかに遺憾の意を含み間接的に表現されたものであっても、答えなくてはならないと感じた。

もし武力使用に関する議論をすれば、台湾問題を使ってわれわれの関係を傷付けようとするすべての勢力を利することになります。米中間で軍事的対立が起きれば、われわれはそれに心を痛めたとしても、自国を支持しなければならなくなります。

江沢民の返答は、戦争の危険などものともしないという、今や中国の伝統のものとなった態度とは異なっていた。彼は世界の将来が米中協力にかかっているとの世界観を持ち出し、台湾問題について、中国の指導者が、たとえ実行していたとしても、ほとんど口に出したことのなかった言葉、すなわち妥協について語った。彼は提案も威嚇もしなかった。彼はもはや結末を決められるような立場にいるわけではなかった。彼は地球的な大局観を説いた。この地球的な大局観こそが、最も必要とされ、そして各国の歴史ゆえに、持つことが最も困難なものだった。

中国と米国が共通の言葉を見つけて、台湾問題を解決できるかどうかは分からない。もし台湾が米国の保護下になければ、われわれは台湾を解放することができていたと私は言った。それゆえ、問題はわれわれがどのようにして妥協できるのか、そして満足できる解決を手にすることができるのかという点にある。これがわれわれの関係の最もセンシティブな部分だ。私は何かを示唆しているわけではない。われわれは古い友人だ。私には外交で使う言葉など必要ない。突き詰めて言えば、私はブッシュ氏が大統領職にあるうちに、両国が戦略的かつ地球的な大局観から米中関係を考えていければ、と思っている。

私がこれまで会った中国の指導者たちは、長期的な観点を持っていたが、それは大いに過去の教訓に基づいたものだった。彼らはまた、遠い未来に意味を持つことになる大プロジェクトに取りかかっていた。しかし彼らは、中期的な将来の青写真を語ることはほとんどなく、その青写真は、彼らの懸命な努力を通じて形作られると考えていた。江沢民は、あまり劇的ではないが、おそらくより深みのある何かを求めていた。任期を終えるにあたって彼は、米中双方の思想的な枠組みの再定義という課題に取り組んだ。毛沢東は戦術的な作戦計画をつくる時でさえ、イデオロギー的な厳密さを求めた。しかし江はこう言っているように見えた。もし誠実に協力しようとするのなら、伝統的な姿勢を修正しなければならない、ということを双方が自覚すべきである。彼は、米中双方がそれぞれの国内的な信条を再点検し、社会主義そのものを含め、それを解釈し直すことにオープンであるべきだ、と主張した。

世界は豊かで生き生きとし、多様性のある場であるべきだ。例えば中国は一九七八年に改革開放政策を決定し……、一九九二年の第一四回党大会で、中国の発展モデルは社会主義市場経済の道であるべきだと宣言した。西側世界に慣れ親しんだ人々にとっては、市場は聞きなれた言葉だろうが、一九九二年に中国で「市場」という言葉を使うのは大変なリスクを伴うことだった。

つまり江沢民は、米中双方が相互依存の関係をつくるために、それぞれのイデオロギーを調整すべきだと訴えたわけだ。

簡単に言えば、西側は過去の共産主義国家に対する姿勢を捨て、われわれも素朴で単純なやり方で共産主義に固執すべきではないということだ。鄧小平は一九九二年の有名な南方視察で、社会主義の実現には何世代もかかる、と言った。私は技術者だ。計算したのだが、孔子の時代からこれまでに七八世代を数えている。鄧小平は、社会主義には時間がかかると言った。今になって思うのだが、鄧小平は私に大変いい環境をつくってくれた。あなたが指摘した価値体系について言えば、東側と西側は相互理解をもっと深めなくてはならないということだ。私は少し考えが甘いかもしれないが。

七八世代への言及は、強い中国の台頭を米国は恐れるべきではないということを言いたかったのだろう。中国が真価を発揮するには、何世代もの時間がかかる。それにしても、共産主義者は自分たちのイデオロギーについて素朴で単純なやり方でいつまでも語っているべきではないと、毛沢東の後継者が言えるようになったのだから、中国の政治環境も確実に変わった。西側世界と中国が互いの思想的枠組みを調整することについて、対話する必要があると言うのだ。

米国について言えば、さまざまに異なる考え方がある中で、道を切り開くことができるかどうかが問われている。中国はパートナーか、それとも敵対者か。将来に待ち受けているのは協力関係か、それとも対立関係か。米国の使命は中国の民主化実現か、それとも世界平和をもたらすための中国との協力か。あるいはその両方を実現することが可能なのだろうか。

米中両国ともに、自国内の対立感情を乗り越え、両国関係の究極的な性格を定めることが求められている。

1997年6月30日，香港返還式典で降納された英国国旗を受け取るクリス・パッテン総督(ゲッティ・イメージズ)

江沢民国家主席と著者．1990年代に撮影(著者の個人コレクション)

2000 年，中国への最恵国待遇付与の法案に署名するクリントン大統領
(ゲッティ・イメージズ)

1997 年，ワシントン D.C. で談笑に興じる江沢民国家主席と著者
(ゲッティ・イメージズ)

第18章　新世紀

江沢民政権の終わりが米中関係の転期となった。江総書記を最後に、米中対話の主要議題が両国関係そのものだったという時代は終わりを告げた。それ以後双方は、主義主張というよりも自らの実践を、協調的な共存関係へと融合させていった。中国と米国にはもはや共通の敵はいなくなったが、それでも両国はまだ、共通した世界秩序の概念をつくり出してはいなかった。前章で紹介したように、江は、私との長い会話の中で、新しい現実について円熟した見解を示した。それは、米中が互いを必要とするのは、両国が支配されるには国が大きすぎ、体制を転換するには特殊すぎ、孤立を許容するには互いをあまりにも必要としすぎているることを、両国が理解しているからである、ということだった。その上で、米中が共通の目標を持つことは可能だろうか。そして、その共通の目標はどんなものであるべきなのか。

新世紀は、新たな米中関係を象徴するかのように始まった。新しい世代の指導者が中国と米国で就任した。中国側は胡錦濤主席と温家宝首相が率いる「第四世代」であり、米国側はジョージ・W・ブッシュ大統領率いる政権と、二〇〇九年に始まったバラク・オバマ政権である。両国の新指導者たちはいずれも、自らが就任する前の数十年間に起きた混乱について、曖昧な姿勢で臨んだ。

胡錦濤と温家宝は、中国の発展をどう管理し、国際的役割をどう定めるかという課題に、過去の政権にはなかったような新しい考え方を持ちこんだ。彼らは革命経験のない最初の世代の指導者であり、共産党政権で初めて憲法に則りポストに就いた指導者である。そして何よりも、疑う余地のない大国として存在感を現してきた中国を切り盛りする初めての指導者だった。

胡錦濤も温家宝も、中国の脆弱な部分と複雑な国内情勢とを身をもって体験してきた。二人とも文化大革命の混乱で大学が閉鎖される前の一九六〇年代に高等教育を受けた最後の学生である。紅衛兵の活動拠点であった北京の清華大学で学んだ胡は、大学卒業後も政治指導員、研究助手として大学に残った。そこで［紅衛兵らの］派閥争いの混乱を観察し、時には「個人主義的すぎる」[1]として批判されたりもした。毛沢東が紅衛兵の破壊活動をやめさせ、若い世代を地方に下放することを決めた際、胡も紅衛兵と運命を共にした。彼は不毛地帯で反中央感情が強い甘粛省に送られて水力発電所に勤務した。温も北京地質学院を卒業した直後、同様の指示を受けて鉱山関係のプロジェクトで働くために甘粛省に送られ、そこで一〇年以上働いた。混乱で打ちひしがれたその北西の地で二人は、共産党のヒエラルキーの階段をゆっくりと上り始めた。胡は中国共産主義青年団の甘粛省委員会書記になった。温は甘粛省地質局の副局長になった。激動と革命の熱気に包まれた時代、二人ともその堅実さと優れた能力によって頭角を現していった。

胡錦濤にとって、次の昇進は、一九八二年、北京の中国共産党中央党校で、後に総書記となった胡耀邦に認められた時だった。それがきっかけで南西部の辺境地域である貴州省の党委員会書記に一挙に上りつめた。胡錦濤は四三歳、中国共産党史上、最年少の地方の書記だった[2]。貧しく少数民族の多い貴州省での体験を経て、胡は一九八八年、次の職務として、チベット自治区の党委員会書記に任命された。その間に温家宝は北京に転任し、党中央委員会のポストを歴任、次第に重い責任を担っていった。その後、中国の指導者となる胡耀邦、趙紫陽、江沢民という三人の、信頼できる側近としての地位を確立した。

胡錦濤も温家宝も一九八九年の混乱を直接経験した。胡はチベット人の大規模な反乱が広がるさなかの一九八八年一二月、チベットに着任した。温は趙紫陽総書記の部下として北京にいた。趙紫陽が天安門広場の学生を訪問し、それが趙の最後の視察となった際にも、温は総書記のそばにいた。

こうして二〇〇二―〇三年に中国の最高指導ポストに就くまでに、胡錦濤と温家宝は中国の再興についての明確なビジョンを固めていた。彼らは不安定な荒廃した辺境地域で訓練を積み、天安門事件では中堅幹部として経験を重ね、中国の内政問題の複雑さを理解していた。彼らは、長期にわたる持続的な経済発展と国際的な経済秩序への参入が始まった時期に最高指導者となり、地球の隅々に利害関係を持つ世界の大国の仲間に紛れもなく「入った」中国の舵取りを担うことになった。

鄧小平は中国の伝統をめぐる戦いで、毛沢東主義者に対して停戦を呼び掛け、国民に自分たちが持つ歴史的な強みをあらためて活用するよう促した。しかし、他の中国指導者が時々もらすことなのだが、鄧の時代というのは、失われた時代を取り戻す時代だった。この時代は粉骨砕身の精神と、中国のつまずきに対する率直とも言える気恥ずかしさとに包まれていた。それに対して江沢民は揺るぎのない自信と明るい雰囲気を打ち出し、国内の危機からの回復と、国際的な立場の回復に向けて中国の舵取りを担った。

世紀が変わって鄧小平と江沢民の努力が実を結ぶ時代が来た。胡錦濤と温家宝が統治したのは、西側の技術や仕組みを見習うという意識を感じる必要がなくなった国家だった。彼らが治める中国は、自信にあふれ、改革を促す米国の説教を拒否でき、時にはそうした説教をあざ笑うかのような姿勢をとることもあった。中国は外交政策についても、長期的な中国の潜在能力や将来の戦略的役割によってではなく、自らの実力に基づいてそれを推進できる立場になっていた。

その大国が目指すものは何か。新しい時代に向けて中国のとった方針は概して、漸進的かつ控えめなものだった。江沢民と朱鎔基は、世界貿易機関（WTO）への加盟をはじめとする国際的な経済秩序への中国の全面的な参画を目指した。胡錦濤と温家宝は、最初に正常化と安定化を目指した。目標は、公式には「調和のとれた社会」と「調和のとれた世界」であった。国内政策では、かつてない繁栄と異常な水準での格差拡大が同時に進行している巨大な人口を抱える中国で、経済発展を継続するとともに社会の調和を維持していくことを主要課題に掲げた。外交政策では目立ったことはせず、中国がもっと目に見える形で国際的に指導的役割を果たすべきだという海外からの声に対して、政策立案の責任者たちは慎重な対応をした。中国の外交政策がまず第一に目指すのは、経済発展の継続を確かなものにするため、平和的な国際環境(米国との良好な関係を含む)の維持と、資源と原材料の確保であった。世界的な経済超大国になってもなお中国は、毛沢東の三つの世界論の遺産を引き継いで、発展途上国にある特別な権益を維持し続けた。

毛沢東がかつて恐れたことなのだが、中国のＤＮＡが再び顔を現した。二一世紀の新たな難題に直面し、レーニン主義が崩壊した世界にあっても、胡錦濤と温家宝は中国伝統の知恵に頼った。彼らは改革の大義について、毛の継続革命論におけるユートピア構想を引き合いには出さず、「小康」(「いくらかゆとりのある」)社会を建設するのが目標であると述べた。「小康」という言葉は明らかに孔子の思想からの引用である。[3] 彼らの監督の下で、中国の学校教育で孔子の学習が復活し、大衆文化の中で孔子の遺産が称賛された。さらに、国際舞台でも中国のソフトパワーの源として孔子思想を挙げ、世界中の都市に「孔子学院」を設立、二〇〇八年の北京五輪開会式でも孔子の弟子に扮した人たちを舞台に登場させた。象徴的で劇的だったのは、二〇一一年一月、首都北京の中心部にある天安門広場の毛沢東記念堂を望める場所に孔子像を建立し、この古代の儒家哲学者を復権させたことであった「数カ月後に、広場からは見えない場所に移された」。それまで広場で崇める対象は唯一、毛沢東だけだった。[4]

米国の新政権でも同様の世代交代があった。胡錦濤もブッシュも、一九六〇年代に両国にとってトラウマ的な体験があった時には脇役の立場にあり、こうした人物が両国の首脳になったのは初めてだった。トラウマ的な体験とは、中国にとっては文化大革命であり、米国にとってはベトナム戦争だった。胡錦濤は、社会的な調和が自分の政策方針であるべきだと結論づけた。ブッシュが大統領に就任した時は、ソ連崩壊の余波を受け、米国が思うがままに世界を再構築できると信じる勝利の雰囲気に国中が包まれていた。若かりしブッシュは、米国の根底にある価値観を旗印に掲げた外交政策に直ちに取り掛かった。彼は個人の自由と宗教の自由について熱弁を振るった。彼は訪中した時もそうした。

ブッシュの提唱する自由化は、非西側社会にとっては、あまりにも早急な展開を求めるものだった。とはいうものの、ブッシュは自らの外交政策を進めるにあたって、米国としての使命を重視するアプローチをとるのか、それとも現実主義的アプローチにするのかという、米国が長年抱えてきた両面性の問題を克服した。彼は理論的な枠組みを通してではなく、戦略的な優先事項のバランスを微妙にとることで、それを実現した。彼は民主制度と人権という米国としての公約実現に尽くす一方で、国家安全保障にも気を配った。安全保障がなければ、道徳的な目的の活動も無駄になってしまうからだった。一国主義を主張したとして米国内で批判を受けたが、ブッシュは、国益に基づいて政策立案する中国、日本、インドなどの国々と同時並行に交渉し、それぞれの国と関係改善を図った。これが米国の建設的なアジア政策のモデルとなった。ブッシュ政権下において米中関係は二大国間で率直な意見を交換する関係となった。どちらも、あらゆる目標を共有できるとは思っていなかった。国内の統治問題などいくつかの問題では、双方の目標は共通ではなかった。それでも両国は、多くの分野で双方の利益が絡み合っていることを知り、協調関係が現れつつあることを確認した。

米中両国は台湾問題をめぐって二〇〇三年に徐々に歩み寄った。それは、台湾の陳水扁総統が「台湾」名称での国連加盟申請の是非を問う国民投票を提案した後だった。「台湾」名称での国連加盟申請は、三つのコミュニケにおける米国の公約に反しているので、ブッシュ政権の高官は台湾に反対する意向を伝えた。温家宝が二〇〇三年一二月にワシントンを訪問した際、ブッシュは三つのコミュニケを再確認し、米国は「現状を変えようとする中国あるいは台湾の一方的な決定に反対する」と付け加えた。つまり彼は、台湾の政治的な地位を向上させるような国民投票は米国の支持を得ることはできないということを示唆したわけだ。温家宝は平和的統一の願いについて、明らかに積極的な公式見解で応じた。「台湾問題の解決におけるわれわれの基本政策は、平和的統一と一国二制度である。われわれは平和的手段を通じて国家統一と平和的統一とを実現させるために、最大限の誠意をもって最大限の努力をする(5)」。

9・11米中枢同時テロも新たな米中協力を促す一因となった。同時テロによって、米国の基本戦略の対象は東アジアから中東、南アジアへと移り、イラクとアフガニスタンでの戦争とテロリスト・ネットワークとの戦いとなった。もはや国際秩序への革命的挑戦者ではなくなり、国際的テロリズムが自国の少数民族地区、とりわけ新疆ウイグル自治区に影響を及ぼすことを懸念した中国は、直ちに9・11テロを非難するとともに、情報交換や外交の現場での対米支援を申し出た。イラク戦争への準備段階でも、中国は国連で、米国と同盟関係にある一部の欧州諸国よりも米国に対して明らかに柔軟に対応した。

だが、おそらくはより根本的なところで、テロリズムにどう対処するかという問題について、中国と米国の見方が分かれていく時代が始まっていた。イスラム世界への米国の軍事力の行使と、とりわけブッシュ政権が公言する民主制度への変革という野心的な目標に対して、中国は懐疑的な第三者の姿勢を貫いた。中国は、道徳的な判断は差し挟まないで、軍事力の配置や国際協力の枠組みといった変化には適応するという、中国独特の積極的姿勢を変えなかった。中国の主要な関心は、引き続き中東の石油にアクセスすることと、(タリバン政権崩壊後の)アフガニスタンの鉱物資源への中国投資を守ることだった。これらの権益がおおかた守られたため、イラクとアフガニスタンでの米国の行動に中国は異を唱えなかった(中国が米国の行動を歓迎していた理由には、それによって米国の軍事力が東アジアから移転することもあっただろう)。

中国と米国の相互交流の範囲が拡大したことは、中国が地域問題や国際問題で再び中心的な役割を果たすようになったことを示すものだった。中国が対等なパートナーシップを求めることは、もはや弱小国の大げさな主張ではなく、金融および経済的な国力に裏打ちされた現実味のある主張となった。同時に両国は、新たな安全保障上の課題や、移り変わる経済情勢、とりわけ両国の相対的な政治・経済面の影響力の変化に後押しされて、互いの国内目標や国際的な役割、そして最終的にはそれぞれにとっての両国関係について議論するようになった。

見方の相違

新しい世紀に入り、米中間にとってある意味で支障となる二つの流れが浮上した。多くの問題で米中関係はおおむね協力的な基調で推移した。同時に、歴史的あるいは地政学上の方針に由来する相違も明確になってきた。その典型的な例が、経済問題と大量破壊兵器の拡散である。

経済問題　中国が世界経済の舞台で脇役であった時代には、中国の通貨レートは問題にならなかった。一九八〇年代から一九九〇年代においてでさえ、人民元の価値が米国の政治討論やメディア解説において日常的な争点となることはありそうにもなかった。しかし、中国経済が台頭し、米中間の経済上の相互依存が高まるにつれ、それまで隠れていた通貨問題が日常的に物議を醸し出すようになった。米国は不満を募らせ、ますます強要するような表現を使う一方、中国は米側の意図について懐疑的になった。

米中双方の通貨政策の根底にある考え方には基本的な違いがあった。米国は、人民元の価値が低いのは、中国企業を優遇する通貨操作であり、ひいては同じ一般産業で操業する米国企業に損失をもたらすと考えていた。人民元が過小評価されることによって、米国の雇用損失につながるとも言われた。米国の緊縮経済が始まった時代にあっては、これは政治的かつ感情的に深刻な問題だった。中国側の見方では、国内製造業を優遇する通貨政策を追求するのは、経済政策というより、政治的安定の必要性からだった。二〇一〇年九月、中国が大幅な通貨切り上げを行わない理由を米聴衆の前で説明した際、温家宝は、金融ではなく社会的論拠を挙げた。「どれだけ多くの中国企業が倒産しているか、あなた方は知らない。大きな混乱が起きるかもしれない。中国の首相は両肩にその重い圧力を受けている。それが現実だ(6)」。

米国は、経済問題を世界的な成長の必要性という観点から見る。中国は、国内および国際的な政治問題と見なす。米国が中国に対して消費拡大と輸出減少を求める時、米国は一つの経済原理を提起しているのである。しかし中国にとっては、輸出部門が縮小すれば、おそらく政治問題を伴う深刻な失業の増大を招くことになる。皮肉なことに、長期的観点から見れば、もし中国が米国の社会通念を受け入れれば、周辺諸国との経済関係を強化することになり、輸出依存は弱まるものの、アジア・ブロックを育成することにつながり、このために中国が米国との関係を保つ誘因は減少することになる。

根底にある問題はやはり経済ではなく政治である。誤まった行いをなじり合うのではなく、相互利益を考えるべきである。だからこそ、終章で詳述する相互進化と太平洋共同体の概念を進化させることが重要になる。

核不拡散と北朝鮮　冷戦時代には、主に米国とソ連が核兵器を保有していた。思想的にも地政学的にも対立していたにもかかわらず、米ソのリスク計算は本質的には似ており、［核兵器の］事故や無許可の発射、さらには、かなりの程度で奇襲攻撃から守るための技術的な手段を保有していた。しかし核兵器が拡散すると、このバランスが危うくなる。リスク計算はもはや釣り合いのとれたものではなくなり、偶発的発射ないしは盗難に対する技術的な安全策を講じることが、不可能ではないにしても、さらにいっそう困難となる。特に超大国が保有する専門的な知識・技術がない国家にとっては、そうである。

拡散に拍車がかかると、［核の］抑止予測がますます抽象化する。誰が誰に対して、どのような計算に基づいて抑止するのかを見極めることが難しくなる。もし新たな核兵器保有国が、既存の保有国と同じように、互いに核戦争行為を仕掛けることに慎重であると想定しても、極端なことを言えば、彼らがテロリストや無法国家による国際秩序への攻撃から防衛するために、自国保有の核兵器を使う可能性はある。［中国に］友好的なパキスタンと北朝鮮、リビア、イランを結ぶ「秘密の」核拡散ネットワークが存在した問題は、拡散に加担している国が形式上、無法国家の基準にあてはまらないにしても、核兵器拡散防止の国際秩序に重大な影響を与えることを示している。

主要国による歴史的かつ政治的な検討という制約を受けないまま核兵器が拡散すれば、大量虐殺の時代でさえ経験しなかった世界の徹底的な破壊と人命損失をもたらす危険すらある。

北朝鮮の核拡散問題が米中協議の議題に上るようになったのは皮肉なことである。なぜなら、米中両国が六〇年前に戦場で初めて遭遇したのは朝鮮半島だったからだ。一九五〇年、建国まもない中華人民共和国が米国との戦争に立ち上がったのは、朝鮮国境に米国が永続的な軍事プレゼンスを確立することが自国の長期的な安全保障上の脅威になると判断したからだった。その六〇年後、北朝鮮が軍事的な核開発計画を実行することによって、同じ地政学上の問題のいくつかが再現されるという、新たな事態が生まれた。

中国は、北朝鮮の核開発計画の最初の一〇年間、米国と北朝鮮が双方で解決すべき二国間問題だという姿勢をとっていた。北朝鮮は主に米国から脅威を受けていると感じていたので、核兵器の代わりとなる、必要な安心感を北朝鮮に与えるのは、第一に米国の責任であるというのが中国の考えだった。だが、時間が経つにつれ、北朝鮮への核拡散は遅かれ早かれ中国の安全保障にも影響を与えることが明白になってきた。もし北朝鮮が核保有国として受け入れられれば、日本や韓国だけでなく、ベトナムやインドネシアなどのアジア諸国までもが最終的に核クラブ入りし、アジアの戦略的展望が様変わりすることになる。

中国の指導者は、そのような結末に反対している。同様に、中国は北朝鮮の壊滅的な崩壊も危惧している。なぜなら、そうなれば六〇年前に中国が阻止しようとして戦ったのとまったく同じ状況が、国境地帯に再現される可能性があるからだ。

北朝鮮政権の内部構造自体が問題を悪化させている。北朝鮮は自ら共産主義国家と称しているが、その実権は単一の家族が掌握している。二〇一一年、この本を執筆している最中に、この支配一族のトップが共産主義統治の経験すらなく、ましてや国際関係の経験もない二七歳の息子への権力移譲に着手し始めた。この国は、予測不能ないしは不可知な理由で内部崩壊する可能性が絶えずある。そうなれば、その影響を受けた国々は独自の手段によって自国の重大利益を守らなくてはならないと感じるであろう。協調行動をとるには遅すぎるか、事態は複雑になりすぎるであろう。そうした事態を防ぐことこそ、米中協議や、米国、中国、ロシア、日本、南北朝鮮による六カ国協議の最も大事な役割であるべきだ。

戦略的なチャンスをどう定めるか

次から次へと現れる案件を処理する中で、米国と中国は二〇〇〇年代になって、両国関係の全体的枠組みをどう形作るかを模索した。その努力を象徴するものとして、ジョージ・W・ブッシュ政権二期目に始まった高官協議（次官級）と戦略経済対話（閣僚級）がある（現在は米中戦略・経済対話に統合）。この対話は一つには、これまでの章で紹介したように、一九七〇年代に米中間で活発に行われた概念的問題についての率直な意見交換を復活させる試みでもあった。

中国では、時代に見合った中国の大原則を模索する試みが、政府公認の分析の形で行われ、二一世紀の最初の二〇年間が中国にとって明確な「戦略的チャンスの時期」と位置付けられた。この分析は、中国は発展を持続でき、戦略的な利益も獲得できるという認識と、それとは逆に引き続き中国が脆弱性を抱えるという懸念の両方を明らかにした。この大原則について胡錦濤は二〇〇三年一一月の中国共産党中央委員会政治局の会合で触れ、国内と世界の動向を独自の形で総括することで、中国が「飛び級で」発展できる条件が整うと表明した。さらに胡錦濤は、チャンスは常に危険と隣り合わせであり、中国の前に台頭した大国と同じように、もし中国が目の前にある「チャンスを逸すれば」「落伍者になるだろう」とも指摘した[7]。

温家宝も同様の見方を二〇〇七年の論文で示し、「チャンスはめったになく、あっという間に過ぎていく」と警告し、中国が「過去の失政、とりわけ一〇年に及ぶ大災禍となった「文化大革命」」のために、チャンス到来期を見逃してしまったことを振り返った。新世紀の最初の二〇年はチャンスの時代であり「われわれはしっかりとチャンスをつかまなければならず、その時期にわれわれは多くの成果をもたらすことができる」とも指摘した。さらに温は、この時期をうまく利用することが、中国の発展目標のために「極めて大切で重要だ」とも訴えた[8]。

中国には何を達成するための戦略的なチャンスがあるのだろうか。この問題についての中国の議論は本格的に始まったばかりではあるが、その議論は二〇〇三―〇六年の間、学者や最高指導層が開いた一連の特別講義や学習会に見ることができる。講義の中身は歴史上の大国の盛衰から始まり、大国の発展手段、頻繁に起きた戦争の原因、現代の大国が国際社会で強大な国家に対し軍事衝突によらなくても勃興できるのか、できるならばその方法は――といったテーマにまで及んだ。これらの講義は後に一二回続きのテレビドキュメンタリー「大国崛起」にまとめられ、二〇〇六年に国営テレビで放映されて数億人の視聴者がそれを見た。学者のデビッド・シャンボウが指摘したように、この試みは、大国政治の歴史で例がない理性的な取り組みであった。「他の大国や大国になりたがっている国が、こうした内省的な講義を行ったことは、たとえあったとしてもごく少ない[9]」。

歴史的な先例から中国はどのような教訓をくみ取ることができるのだろうか。その答えとして最初に、そして最も包括的な試みとして中国が行ったのは、中国の「平和的台頭」という概念を明確に説明することによって、中国の勢力拡大に対する海外の懸念を鎮めようとしたことだ。中国の政策立案に大きな影響力を持つ鄭必堅［一九三二年生まれ。社会科学院副院長、党中央宣伝部副部長、中央党学校副校長、党中央委員など歴任］が二〇〇五年、フォーリン・アフェアーズ誌に準公式とも言える政策論文を寄稿した。鄭はこう断言した。中国は「大国が台頭する伝統的な方法を脱却する……戦略」を採用した。中国は「新たな政治的、経済的な国際秩序」を模索するが、それは「漸進的な改革と国際関係の民主化を通じて達成されるものである」。鄭はさらにこう書いた。中国は「第一次世界大戦に至るまでのドイツや、第二次世界大戦に至るまでのドイツや日本と同じ道を歩まない。世界大戦ではそれらの国々は他国の資源を略奪し、覇権を追い求めた。中国はまた、冷戦時代に世界的優位を争った大国の道も歩まない[10]」。

ワシントンは、中国が国際体制における「責任ある利害関係者」として、自らの規範と境界とを順守し、国力増強に伴って付加された責任を負うという考えを、明確に説明したものと受け止めた。当時、国務副長官だったロバート・ゼーリックは二〇〇五年の米中関係全国委員会でのスピーチで、鄭の論文に対するこうした米国の反応を示した。中国の指導者は、中国がこれまで「無責任な」利害関係者だったかのようにもとれる論述の受け入れに抵抗を示したかもしれないが、ゼーリックの言いたかったのは、よりはっきりとした形で国際体制において中国を特別メンバーとして認めるということだった。

ほぼ同時に胡錦濤は、国連総会で鄭必堅の論文と同じテーマで、「平和が持続し、共に繁栄する調和のとれた世界に向けて」と題した演説を行った。胡は世界の安全保障と発展のための枠組みとして国連の重要性を再確認したうえで、「中国は何を支持するか」について説明した。国際情勢の民主化を中国が望んでいることを繰り返し——実際には、世界の多極化の方向の中で、当然ながら米国の力が相対的に縮小することを意味するのだが——、胡はその目標に向けて中国が平和的に、かつ国連の枠組みの中で努力することを強調した。

中国は常に国連憲章の目的と原則を守り、国際社会の問題に積極的に関与し、その国際的責任を果たし、公平で合理的な新たな国際的政治・経済秩序の構築に向けて他国と協力する。中国国民は平和を愛する。中国の発展は、誰も傷つけたり、脅かしたりはせず、世界の平和と安定と共通の繁栄に寄与するだけである(11)。

「平和的台頭」と「調和のとれた世界」の理論は、中国の偉大さを確固たるものにした古典時代の原則を思い起こさせる。その理論は、漸進主義であり、時代の潮流と調和し、公然たる紛争を回避するものであり、さらには実際に物理的に領土を支配していることと、調和のとれた世界秩序を実現するという道徳的な主張とを取り入れた形でつくられているものだった。文化大革命による社会崩壊の時期に成人となった中国の指導部世代にとって、この理論が描いているのは、魅力的に見える大国への道筋だった。彼らは政権の正当性が、国民に一定の富と幸福を提供し、前世紀から続いた大混乱と困窮に休息を与えることができるかどうかにかかっていることを理解していた。「平和的台頭」という語句が中国での公式発表では「平和的発展」に置き換えられたのは、中国の慎重さを反映したものだった。伝えられたところによると、「台頭」という概念があまりにも威嚇的であり、勝利至上主義者の印象を与えるから、というのが理由だった。

その後の三年間に、歴史の潮流を変えるような偶発的な出来事が、周期的に同時発生した。世界大恐慌以来の最悪の金融危機は、イラクとアフガニスタンでの戦争が不鮮明な状態のまま長期化し、行き詰まった時期と重なって起き、驚嘆させるような二〇〇八年北京五輪と、継続する力強い中国経済の成長時期とも重なって起きた。これらの出来事が同時発生したことで、政府高官を含めた中国のエリートの一部は、二〇〇五年と二〇〇六年に明確にされた漸進主義的な立場に基づく想定を再検討した。

金融危機の原因をつくり、その最悪の結果を被ったのは、主として米国と欧州だった。危機によって、中国資本が西側諸国や企業に史上初めて緊急注入され、西側諸国の政策立案者から中国に対して世界経済の健全性を促進するために、人民元の価値の変更と中国の内需拡大の要請が相次いだ。

鄧小平が「改革開放」を呼び掛けて以来、中国は西側諸国を経済的に優れた能力と金融面の専門知識を持つ模範と考えてきた。西側諸国にどのような思想的あるいは政治的な短所があるにせよ、それらの国々は自国の経済と世界の金融システムを独自の効率的な方法で運営する術を知っていると見なされていた。中国は、西側の政治的指導を受けてまで、そうした知識を得ることは拒否していたが、中国の多くのエリートは公言しなかったものの、西側には熱心に学び、取り入れるに価する知識が一定程度あると思っていた。

二〇〇七年から二〇〇八年にかけて起きた米国と欧州の金融市場の崩壊、そして中国の成功に対比される西側の混乱と誤算の光景は、西側の経済上の優れた能力に対する神話を著しく傷つけた。これによって積極的に発言する中国の学生、インターネットユーザー、それにおそらく政治・軍事指導層の一部の間に、国際体制の構造に根本的な変化が起き始めているとの新しい見方が芽生えた。

この時期を最も象徴したのが、ちょうど西側が経済危機によって苦しみ始めた時に開かれた北京五輪のドラマだった。単なるスポーツイベントとしてではなく、五輪開催は中国の復興を表現していると考えられた。開会式は象徴的だった。広いスタジアムの照明が消えた。八月八日の午後八時八分(中国時間)、縁起のいい八の数字が並ぶようこの日時が選ばれ[12]、二〇〇〇の太鼓が一つの巨大な音となって静寂を打ち破り、演奏は一〇分間も続いた。あたかも「われわれはたどり着いた。われわれはまぎれもなく存在しており、もはや無視されることも、侮られることもなく、代わりにわれわれの文明で世界に貢献するつもりだ」と言っているかのようだった。その後、世界の観衆は、中国の文明をテーマにした一時間に及ぶ劇的な絵巻を目撃した。中国が弱く劣等生だった時代、中国の「長い一九世紀」とも呼ばれた時代は、正式に幕を閉じた。北京は再び世界の中心となり、その文明が畏敬と称賛の的となった。

五輪の余波が残る上海で開かれた中国研究に関する国際フォーラムで、「平和的台頭」理論の筆者である鄭必堅は西側の記者に対して、中国はついに、アヘン戦争と外国の侵略に立ち向かった世紀を乗り越え、今や国家再生の歴史プロセスに踏み出したと語った。鄭はさらに、鄧小平がけん引した改革によって、中国は「世紀の難題」を解決し、急速に発展し、多数の人々を貧困から抜け出させることができたと述べた。大国として浮上した中国は、今後も自国の発展モデルに依拠し、他国との関係は「世界発展への道を互いに切り開く」ことを目指した「開かれた、排他的でない、調和のとれた」ものとする。[13]

調和を育むと同時に、戦略的優位を追い求めることも可能である。中国の外交官を集めた二〇〇九年七月の会議で胡錦濤は、新たな潮流を見定めた重要な演説をした。彼は、二一世紀の最初の二〇年間は、中国にとって依然として「戦略的なチャンスの時期」であり、これは大きく変わってはいないと述べた。しかし、金融危機や大きな情勢の変化を受けて、胡は「勢」が今、流動的な状態となっていることを示唆した。現在進行している「複雑かつ激しい変化」を考えると、「われわれが直面するチャンスと課題にも、若干の新しい変化が生じてくる」。前途にあるチャンスは「重要」であるが、課題も「危険含み」だろう。もし中国が潜在的な落とし穴に備え、自国の問題に入念に取り組めば、混乱時期は中国にとって有利なものになるだろう。

新世紀を迎え新しい段階に入って以来、国際的には大局的かつ戦略的な性格を帯びた重大事件が続いた。それらは世界の政治・経済情勢のすべての局面に重大で深遠な影響を与えた。世界を見れば、平和と発展が依然として今日の主要テーマとなっているが、総合国力の建設を目指す競争は日増しに激しさを増している。国際情勢への平等な参画を求める多数の途上国の要望も日増しに強まっている。国際関係の民主化を求める声も大きくなっている。国際金融危機は、現在の世界経済金融システム、世界経済の統治システムに衝撃をもたらした。世界の多極化への流れは明確になった。国際情勢に、大いに重視すべきいくつかの新たな特徴と潮流が出現した(14)。

世界情勢が流動的になる中で、中国の役割は、それを冷静に分析し、新たな枠組みを舵取りすることである。危機を抜け出せばチャンスが訪れる可能性がある。だが、そのチャンスとは一体どのようなものであろうか。

国家の前途に関する議論——勝利至上主義者の視点

西側世界が設計した現代の国際システムに中国が遭遇したことによって、中国のエリートの間では、中国という国家の前途、およびそれを実現するための包括的な戦略を——卓越した徹底さと分析能力を動員して——議論する特別な風潮が生まれた。西側が中国の扉をこじ開けて以来、断続的に行われてきた中国の能力、影響力、願望に関する国民的な議論が新たな段階に入り、それを世界が注視しているのである。中国で以前交わされた国家の将来をめぐる議論は、中国が並外れて脆弱だった時期に行われた。現在の議論は、中国の危機ではなく、その強さが引き金になって行われている。不確実で、時には悲惨な歴史を経て、中国はようやく、過去二世紀にわたって改革者や革命家たちが心に抱いていた国家ビジョンに到達しつつある。それは、独自の価値観を保つ一方で、近代的な軍事能力を駆使する豊かな中国である。

国家の前途をめぐる従来の議論では、中国は弱点を補強するために知識を求めて外に向かうべきか、あるいは内向きになり、たとえ技術的に強力だとしても不純である世界から距離をおくべきか、といった問いが飛び交った。現在の議論は、自国強化の大プロジェクトが成功し、中国が西側に追い付きつつあるという認識に基づいている。中国は、過去に中国をひどく虐待し、中国が現在癒しつつある被害を与えた世界——これは中国のリベラルな国際派の人たちもそう見ているのだが——と付き合っていくうえでの条件を決めようとしている。

北京五輪の後、西側世界に経済危機が広がる中で、公式あるいは準公式なレベルで「平和的台頭」という主張に挑戦する新たな見解が出てきた。新たな見解によると、世界の潮流に関する胡錦濤の戦略的分析は正しいのだが、西側は決して中国の協調的な台頭を許さない危険な勢力のままであった。このため、中国は成果を確固たるものにし、大国あるいは超大国の地位を強く主張すべきだという議論である。

こうした議論を象徴し、よく読まれている二冊の本がある。エッセイ集の『不機嫌な中国——偉大な時代、壮大な目標、内部の苦悩と外部の挑戦』(二〇〇九年)〔邱海濤・岡本悠馬訳『中国が世界を思いどおりに動かす日――不機嫌な中国』徳間書店、二〇〇九年）と、『中国の夢――ポスト米国時代の大国思考と戦略的位置付け』（二〇一〇年）という著作である。二冊とも、極めてナショナリスティックである。二冊とも、西側が従来考えられていた以上に弱っているのに「一部の外国人たちはそのことに気付いておらず、中国と西側との関係においてパワーシフト（権力移行）が起きていることを彼らは理解していない」という前提の下に書かれている。[15]この見解によると、自らの自信喪失や受動性を振り払い、漸進主義を捨て、「壮大な目標」によって歴史的使命を取り戻すことが中国の責任とされている。

二冊とも中国メディアや中国のウェブサイトの匿名の書き込み欄の中で、無責任であり、中国人の大多数の見方を反映していないと批判された。それでも二冊とも政府の検閲を通過し、中国でベストセラーとなった。二冊の本は少なくとも中国内の一部の見方を反映したものなのであろう。とりわけ中国人民解放軍大佐で国防大学教授の劉明福〔一九六九年入隊、国防大学軍隊建設研究所長など歴任〕が書いた『中国の夢』はそうであろう。この二冊を紹介したのは、中国政府の政策を代弁しているからではなく――もちろん胡錦濤主席が国連演説、あるいは二〇一一年一月の訪米で強調した内容とも異なっている――それよりも中国政府が対応しなければならないと思っているある種の衝動をうまく表現しているからである。

『不機嫌な中国』の中の典型的な小論が、その基本的な主張を提示している。そのタイトルは「米国は張り子の虎にあらず」――毛沢東があざけってよくそう呼んだが――むしろ「〝緑に塗った古いキュウリ〟なり」である。[16]筆者の宋暁軍〔一九七六年入隊。海軍駆逐艦部隊教官、「艦船知識」編集者などを経て中央テレビ特約軍事評論員」は、今も米国と西側諸国は危険であり、根本的に敵対的勢力であるという大前提から書き起こしている。

多くの事実が証明しているように、西側が「銃剣商法」というとっておきの手法を手放すことはない。それは数百年かけて磨いてきたものだからだ。あなたが「武器を倉庫に戻し、軍馬を牧場に戻す」[17]として、それによって武器を手放し、平和的に交易するように西側を説得できるだろうか[18]。

宋暁軍は、三〇年間にわたる急速な経済発展を経て、中国が強力な立場にあると呼び掛けている――「ますます多くの大衆と若者たち」は「今こそチャンスが到来した」ことを実感しつつある[19]、と。さらに彼は以下のように書いている。金融危機の後で、ロシアは中国との関係発展に、より関心を持つようになった。欧州も同様の動きを見せている。米国の輸出規制は現在、実質的に無意味である。なぜなら中国はすでに総合的な産業大国になるために必要な大半の技術を保有しており、まもなく農業、工業、そして「脱工業化」経済における独自の基盤も整える――言葉を変えれば、中国はもはや他国の生産物や善意に依存する必要はないからである。

筆者は民族主義者の若者や大衆に対して、中国の底力を発揮するよう呼び掛け、彼らに好意的でないエリート層と彼らを対比した。「総合的な産業国家になり、立ち上がり、世界の不公平で不合理な政治・経済体制を変革する国として知名度を上げるためには、なんと素晴らしいチャンスであろう。このことを考えるエリートがいないのはどうしたことか[20]」。

中国人民解放軍の劉明福大佐は二〇一〇年に書いた『中国の夢』の中で、「壮大な目標」を明確にしている。それは、中国の歴史的な栄光を現代に回復し、「世界でナンバー1になる」ことである。彼が言うには、そのためには米国に取って代わる必要がある[21]。

劉の予言では、中国の台頭はアジア繁栄の黄金時代の到来を告げることになり、中国の製品、文化、価値観が世界の標準となる。中国の指導力は米国より賢明で節度があり、また中国は覇権を求めず、自らの役割を世界各国の同輩のリーダーとして振る舞うことに限定するので、世界は調和のとれたものとなる[22](別の個所で劉は、中国のかつての皇帝の役割について、より弱小の地方の王に対して慈悲深い「兄」のように振る舞っていたとして、好意的に論評している[23])。

劉は「平和的台頭」という概念を拒否、中国は新しい国際秩序を守るために、伝統的な調和の美徳だけに頼ることはできないと主張する。彼によると、大国のパワーポリティクスは本来、激しい競争を伴い、善悪の判断を超越しているものだから、中国の台頭、さらには平和的な世界は、中国が「勇敢な精神力」を養い、敵対勢力を阻止し、必要ならば打ち負かすために十分な軍事力を蓄えた場合に限り守ることができる。したがって、中国は「経済的台頭」に加えて「軍事的台頭」が必要であると、彼は断じる[24]。戦略上の優位性を目指して戦い勝利するには、軍事面でも心理面でも準備を怠るべきではない。

これらの本の出版と同じ時期に、危機と緊張が東シナ海で、日本との間で、さらにはインドとの国境問題をめぐり連続して起きた。あまりに連続して起きたことや、極めて同質の出来事だったことから、こうした出来事は意図的な政策の所産ではないかとの推測を招いた。

個々の出来事には、それぞれ中国が不当な扱いを受けた側であるとの見方もあるが、危機そのものは中国の地域および世界での役割について進められている国内議論の中で、一つの局面を画すことになった。

ここで取り上げた本は、中国の消極的と言われる「エリートたち」への批判も含めて、一昔前なら出版は許されないか、エリートが出版を禁止して世間の注目を浴びる一大事になっていただろう。これはどこかの役所による、国民への感化政策の一環なのか。文化大革命を未成年期に乗り越えた世代の姿勢が反映されたものなのか。あるいは、中国国内の圧力を世界に知らしめ、それを考慮するように仕向ける一種の心理作戦として指導層が許した議論なのか。または、中国がより多元化し多様な意見を許容するようになった一例なのか、それとも検閲官が徐々に民族主義者の見解に寛容になっていることを示すほんの一例なのだろうか。[25]

戴秉国――平和的発展の再確認

中国の指導者は、出版された勝利至上主義の主張が決して指導層の思いではないことを明確に示すために、この時点で議論に加わることを決めた。二〇一〇年一二月、戴秉国国務委員(中国の外交政策を管轄するトップ官僚)が包括的な外交政策説明でその議論に参加した。[26]「平和的発展の道を歩む」と題した戴の論文は、中国は攻撃的な意図があると懸念する外国人評論家や、中国はもっと断固たる姿勢をとるべきであると論じる中国国内の人々――その中には指導部内の一部も含まれると言う人もいるが——の、両方に対する回答と見なすことができる。

戴の主張によると、平和的発展は中国が「能力を隠して好機を待つ」(一部の外国人がそう疑っている)策略でもなく、中国の優位を奪うことになる(一部の中国人がそう見ている)単純な眩惑でもない。平和的発展は国際戦略上有効なうえ、中国の国益と安寧に資するもので、中国がとるべき誠実で永続的な政策である。

平和的発展の道を歩み続けることは、主観的な想像や、ある種の計算の産物ではない。というよりも、現在の世界と中国が非常に大きな変化を経験しているだけでなく、現在の中国と世界との関係にもまた大きな変化が起きているため、状況を最大限活用し変化に順応することが必要であると、われわれが強く認識した結果である。(27)

世界は狭くなっており、主要な問題の解決にはこれまでにないレベルでの地球規模の交流が必要であると戴秉国は見る。だから国際協力は中国自身にとっての利益であり、国家政策を推進させるための戦略とは違う。さらに戴は、世界の人々の平和と協力への欲求の、ごく当たり前の再認識と受け取れる記述を続ける。しかし文脈から見れば、それは中国が好戦的になった場合に直面するであろう妨害について、警告を発したものである(おそらくは国内と海外の双方の人々に対して)。

経済のグローバル化と徹底した情報化の進展により、そして科学技術の急速な進歩も手伝って、世界はますます「狭くなり」、「地球村」に変貌した。国家間の交流と利害の交わりは、過去にないほどのレベルまで深まっており、共通利害は広範囲に及び、手を取り合って解決すべき問題は多様化し、相互に有益な協力への願望はますます強くなってきた[28]。

戴秉国はこうも書いた。中国は広範囲な分野で世界に統合されており、その環境下で繁栄することができる。過去三〇年間、中国は、戦術の手段としてではなく同時代の必要を満たす手段として、人材と資金を国際システムに結び付けることによって成長してきた。

現代の中国は、広く、そして深く変革を遂げている。三〇年間に及ぶ改革開放を経て、われわれは「階級闘争を要とする」ことから、経済建設中心へと転換させ、社会主義現代化の事業を全面的に推進してきた。われわれは計画経済の実行から、各方面での改革促進へと転換させ、社会主義市場経済システムを構築した。われわれはまた、閉鎖状態で一方的に自力更生を強調していた状態から、対外開放を進め国際協力を進展させることへ転換した[29]。

こうした「大地を揺るがすような」変化によって、中国は孤立を招いた全面的な自力更生という毛沢東の教義を放棄したのである。もし中国が情勢を正確に分析できず、戴秉国が指摘したような「外部世界との関係をうまく運営」できなければ、現在の戦略的好機がもたらしたチャンスを「失うかもしれない」のである。戴秉国は中国が「大きな国際家族の一員」であると強調した。単に道徳的な願望を表明するばかりではなく、中国が調和的かつ協力的な政策を進めれば、それが「われわれの利益と他国の利益に最も合致するのである[30]」。この分析の水面下には――明確には述べられていないが――中国の近隣にはかなり大きな軍事力と経済力を備えた多数の国々があり、また大半の近隣国との関係は過去一、二年の間に悪化しているとの認識があり、中国指導部はこうした流れを逆転させようと模索しているのである。

どこの国の指導者も戦略を描く時には、戦術的な要素を排除できないものである。「平和的台頭」の語句をより穏やかな「平和的発展」へと修正したのもその例である。戴の論文においても、彼の論点が主として戦術的なものではないかとの外国の懐疑的な態度に、特に言及している。

中国には「能力を隠して時間を稼ぎ、努力して何かを達成する」という格言があると、世界の一部の人たちは言う。だから彼らは、中国が平和的発展の道を歩むと宣言しても、それは中国がまだ強大でない状況下での、一種の陰謀詭計ではないかと臆測する。それは「根拠のない臆測である」と戴秉国は説く。

この考え方は、一九八〇年代後半と一九九〇年代初めに鄧小平同志が最初に提起した。意味するところは、中国は謙虚さと慎重さを保ち、先頭に立たず、旗を振らず、拡張を求めず、覇権を主張しないということである。これはまさに平和的発展の道を歩むことと同じである。(31)

平和的発展は何世代にもわたる課題だと、戴秉国は強調する。過去何世代もが苦しんだことで、この課題の大切さは理解されている。中国は革命を求めない。中国は戦争や復讐を望まない。中国は、国民に「貧困に別れを告げ、生活の向上を享受」させたいし――毛沢東の強硬主義とは対照的に――中国が「最も責任感があり、最も文明的で、最も法と秩序を守る一員になる」ことを望んでいる[32]。

もちろん、いかに中国が壮大な目標を否定しようとも、周辺地域の国々――中華人民共和国の現在の政治的国境よりも奥深くまで伸びていたこともある、過去の中国における帝国の盛衰を目撃してきた国々――は、中国の増大する国力と歴史的事実を照らし合わせて、壮大な目標がないというのは不自然であると考えている。二〇〇〇年前に始まり、近現代史の大部分において文明の頂点に達したと自ら考え、西側諸国や日本の強欲な植民地主義によって略奪されながらも、約二世紀にわたって比類のない道義面での世界の指導的地位にあったと考えてきた中国。そんな国が、自国の戦略的目標を「すべての面で節度をもって繁栄した社会を建設する[33]」ことに限定して、満足していられるのだろうか。

そうあるべきだ、と戴秉国は答える。中国は「ごう慢にも尊大にもなれない」、なぜなら依然として国内で大きな課題に直面しているからである。中国の国内総生産は数値がいかに大きくとも、一三億人の人口に分配しなければならず、いまだに一億五〇〇〇万人が貧困ライン以下で生活している。「われわれが直面している経済的、社会的な問題は、世界において最大で最も解決が難しい問題であると言える。だからわれわれはごう慢にも尊大にもなれない[34]」。

戴秉国は、中国がアジアを支配し、超大国としての米国の座を奪おうとしているという見方を、中国の歴史事実や現在の政策と矛盾する「完全な神話」として退ける。彼は論文の中で、中国がよく言う自力更生とは矛盾するのだが、中国が決して覇権を求めないということを世界が「監視」してもいいという鄧小平からの感動的な誘いまで持ち出している。「鄧小平同志はかつてこう言った。もしいつの日か中国が覇権を主張するようなことがあれば、世界の人々はそれを暴き、反対し、戦うべきである。この点について、国際社会はわれわれを監視することができる」[35]。

戴秉国の論文は力強くて説得力がある。一〇年間にわたって、この思慮に富み責任感もある指導者と何時間も過ごしたが、私は彼の真意や意図について疑いは持たない。たとえ胡錦濤や戴秉国や彼らの仲間たちが中国の政策の将来像を真摯に語っても、それが世界における中国の役割を最終決定するものになるのか、あるいは反論が出てこないままになるのかは分からない。中国の若い世代の人々、台頭する党と中国人民解放軍のエリートが、二〇一二年に政権の座に就く。彼らの世代は、一九世紀初頭以来初めて、平和で政治的にも統一された中国で成長した。文化大革命の経験はなく、経済的な実績が世界の大半を凌駕した中国で大人になった。中華人民共和国建国以来の五世代目となる指導者たちは、前任者たちと同じように、自らの経験を世界観、国家観に注ぎ込んでいくであろう。米国の戦略思考が取り組む必要があるのは、この世代との対話なのである。

オバマ政権誕生までに、米中関係の構図は明確になった。両国首脳は、話し合いと、さらにはパートナーシップを約束した。しかし、双方のメディアやエリートの大半の意見は、ますます異なる見解を示すようになった。

二〇一一年一月の胡錦濤の訪米の際、協議の方式が拡充され強化された。これによって、朝鮮問題のようなことが発生すれば直ちに協議を行うことができるようになり、また為替相場や、南シナ海の航行の自由に関する見解の相違などの懸案についても、解決に向けた米中対話をより頻繁に行うことが可能となった。

対処すべきものとして残されたのは、危機管理ではなく共通の目標を明確にすることであり、戦略論争の解決ではなく論争を回避することである。協力に基づく真のパートナーシップと世界秩序とを進化させることは可能だろうか。中国と米国が真の戦略的な信頼を育むことは可能であろうか。

2006年11月にベトナムで開かれたアジア太平洋経済協力会議首脳会合に参加したジョージ・W・ブッシュ米大統領，ロシアのウラジーミル・プーチン大統領，胡錦濤中国国家主席(ゲッティ・イメージズ)

新たな時代の幕開け．2008年夏の北京五輪の開会式(ゲッティ・イメージズ)

北京で胡錦濤国家主席と会見する著者(著者の個人コレクション)

2009年11月の中国公式訪問で故宮(紫禁城)を訪れたオバマ米大統領(ゲッティ・イメージズ)

終章　歴史は繰り返すか——クロウの覚書

中国人も含めた多くの評論家が、二一世紀の米国と中国を待ち受ける事態を占うものとして、二〇世紀の英国とドイツの対立の実例をあらためて考察した。確かに戦略上、対比すべき点がある。ごくうわべだけを見れば、中国は帝政ドイツと同じように、復興を果たした大陸国であり、米国は英国と同様に、政治的にも経済的にも大陸と深い関係を持つ海軍国である。中国は歴史的にも周辺国の中で最も強大であったが、周辺国が力を束ねれば——実際にそうしたが——中国という帝国に対して十分な脅威となり得た。一九世紀のドイツ統一と同じように、中国の周辺国は将来を予測する際に、統一された強じんな国家として再興しつつある中国の影響を、考慮せざるを得なくなる。こうした体系は歴史的に見ても、脅威を拮抗させることで力の均衡状態をもたらしてきた。

戦略上の信頼は戦略的脅威という体系に取って代われるだろうか。戦略上の信頼というのは、言葉として矛盾していると多くの人が考える。戦略家たちは、仮想敵の言い分を限られた範囲内でしか信頼しない。なぜなら、言い分は変化するものだからである。そして主権国家の根本とは、他国の制約を受けずに自ら決断を下す権利を有していることである。主権国家同士の関係には、必ずと言っていいほど、互いの国力に基づく一定の脅威が存在する。

現実にはまれなことだが、関係が緊密になると戦略的な脅威は考慮されなくなることもある。北大西洋を取り巻く国家間の関係において、戦略的な対立はあり得ない。軍事的にもにらみ合いをしていない。戦略的な脅威は、大西洋の域外で生じると考えられ、その脅威には同盟の枠組みの中で対処しようとする。北大西洋の国家間では、国際問題についての評価をめぐる不一致や、それに対処する手段について、重点的に議論する傾向がある。たとえその議論が激しい論争になっても、内輪の議論という性格にとどまる。ソフトパワーと多国間外交が外交政策の主要なツールであり、西欧諸国の中には軍事行動を国家政策の合法的手段としてほとんど除外している国もある。

それとは対照的にアジア諸国は、周辺国と潜在的な対立関係にあると見なしている。周辺国との戦争を必ずしも意図しているわけではないが、戦争の可能性を排除はしていないのである。もし自衛力が不十分であれば、追加的な防衛力を提供してくれる同盟体制に加盟しようとする。例えば東南アジア諸国連合(ASEAN)がその例である。多くの国は植民地支配を受けており、比較的最近になって獲得した主権を何よりも大切と考えている。ウエストファリア体制[主権国家システム]の原則は、それが生まれた欧州よりも浸透している。主権という概念は最優先事項と見なされている。武力侵略は、組織された軍隊の越境行動と定義され、内政不干渉が国家間の関係の基本原則と受け止められている。このようにつくられた国家体制では、外交手段によって力の均衡を守ろうとする。

もし、ある国際システムの加盟国が必要とする安心のレベルが、外交によって達成可能であるならば、その国際システムは比較的安定する。外交が機能しなくなると、対外関係は次第に軍事戦略に焦点が移り、まず軍拡競争が始まり、やがて対立の危険を冒してまでも戦略的な優位に立とうと画策し、そして最後には戦争そのものに突入する。

国際的なメカニズムがうまく機能した典型例は、第一次世界大戦前の欧州である。当時は世界の大半が植民地状態であったため、世界政策とは欧州の政策そのものだった。一九世紀後半まで欧州は、一八一五年に終わったナポレオン時代以後、大きな戦争に見舞われなかった。欧州の戦略的な均衡状態がほぼ保たれ、各国間の対立は国家の存在を脅かすものではなかった。それぞれの国が他国を共存できない敵国とは見なさなかった。このため、同盟関係は流動的ながらも維持できた。他国に対し、覇権を確立できるような強力な国も存在しなかった。覇権を目指す国があれば、それに対抗する同盟結成のきっかけとなった。

一八七一年のドイツの統一が構造変化を引き起こした。それまで欧州中部は、今では想像もできないことなのだが、大小さまざまな三九の国家に分かれていた。わずかにプロイセンとオーストリアだけが、欧州の均衡状態の中で大国と見られていた。多くの小さな国々は、現在の国連のように運営される制度によって、ドイツの中に組織化されていた。それはドイツ連邦と呼ばれた。国連と同じようにドイツ連邦は指導力を発揮することは難しかったが、自分たちにとって差し迫った危険があると考えた時は、共同行動を起こすために折に触れて団結した。ドイツ連邦が武力侵攻するにはあまりにも分割されていたが、防衛する力は十分にあり、欧州の均衡状態に大きな貢献を果たした。

しかし一九世紀の欧州に変化をもたらしたのは均衡ではなかった。それはナショナリズムであった。ドイツ統一は一世紀にわたる願望を反映していた。統一はやがて危険な雰囲気を醸し出すようになっていった。ドイツの台頭は外交の弾力性を弱め、欧州の体制に対する脅威を増大させた。そして、以前は三七の小国と二つの相対的な大国でできていた地域に、三八の国々を呑み込んだ単一の政治的統一体が登場したのである。それ以前の欧州外交は、各国間の多様性をさまざまなやり方で調節しながら、一定の柔軟性を達成してきたが、ドイツの統一により、各国が手を組む可能性が縮小し、どの隣国よりも強力な単一国家が出現した。だからこそ英国のベンジャミン・ディズレーリ首相は、ドイツの統一をフランス革命より歴史的意味が大きいと指摘したのである。

ドイツは周辺の国々を単独でも打ち負かすことができるほど強力になったが、欧州の主要国がドイツに対抗するために団結すれば、ドイツは危機的な状態に陥る状況でもあった。その時、欧州には五つの主要国しかなく、その連合の組み合わせは限られていた。ドイツの周辺国は互いに同盟を組もうとした。とりわけ、フランスとロシアにはその意向が強く、一八九二年に同盟を組んだ。ドイツは当然ながらそうした同盟を分断しようとした。

体制の危機はその構造の中に内在した。どの国もその危機から逃れることはできず、とりわけ台頭するドイツはそうだった。各国は潜在的な緊張を増幅させる政策を回避できたのに、どの国もそうはしなかった。とりわけドイツ帝政はそうだった。敵対する同盟の分裂を狙ったドイツの戦術は思慮に欠けており、不運でもあった。ドイツは国際会議の場を利用し、参加国に自国の意志を公然と押し付けた。ドイツの論理は、狙いをつけた国に対して屈辱的とも言えるような圧力を掛ければ、その国は同盟国から見捨てられたと感じ、同盟から離脱してドイツ圏内での安全保障を求めてくるというものだった。だが、その結果は意図したものと逆になった。圧力を受けて屈辱を感じた国々(一九〇五年のモロッコ事件におけるフランス、一九〇八年のボスニア・ヘルツェゴビナ併合におけるロシア)は、征服されることを受け入れない決意を強めたため、ドイツが弱めようとしていた周辺国の同盟が強化される結果となった。フランスとロシアの同盟には、一九〇四年に英国も(非公式に)加わった。そのためにドイツはボーア戦争(一八九九—一九〇二年)で、英国の敵対者であるオランダ系移民を公然と支援し、英国の怒りを買った。さらにドイツは、欧州大陸ですでに最強を誇る陸軍に加え強力な海軍も整備することによって、英国の制海権に挑戦した。欧州は事実上、柔軟な外交がない二極化体制に陥った。外交政策はゼロサムゲームになった。

歴史は繰り返すのだろうか。米国と中国が戦略的な対立状態に陥れば、第一次世界大戦前の欧州に似た状況がアジアでも生じ、[米中が]互いに対抗するブロックを形成し、相手の影響力と領域を弱体化ないしは制限しようとする事態が、おそらく生じるだろう。しかし、想定される歴史のメカニズムを受け入れる前に、英国とドイツの対立関係が実際にどのように展開していったかを検証してみよう。

一九〇七年、英国外務省の高官だったエア・クロウが、欧州の政治構造とドイツの台頭について明晰な分析をしている。彼が提起した重要な設問は、現代にも大いに通じるものがある。第一次世界大戦を招いた危機的状況は、ドイツの台頭が、新たな強力な勢力の出現に対抗する一種の自然発生的な抵抗行動を誘発し、それによって引き起こされたのか。はたまた、明確に限定された、それゆえ、避けることもできたドイツの政策によって引き起こされたのだろうか。(1) 危機的状況は、ドイツの国力が原因だったのか、あるいはドイツの行動が原因だったのだろうか。

クロウは一九〇七年一月一日に提出した覚書で、外交関係そのものに内在する対立について書いた。彼はその問題を以下のように記した。

英国では特に、知的かつ道徳的なつながりから、ドイツ精神の最も優れた部分への共感と、好意的な評価が見られる。このため英国は、人類の普遍的な進歩に役立つとの観点から、ドイツの勢力と影響力とを強化することになるすべてのものを、歓迎する傾向にあった。ただそれには、一つの条件がある。すなわち、他国のそれぞれの特性が尊重されなければならず、人類の進歩に向けた営みの中で、それぞれ独自のやり方で、それぞれの国が同等に貴重な補佐役として遇され、そのうえで、より高度な文明の発展に、自由な状態で寄与するための十分な余地が同等に与えられるということである。(2)

では、ドイツの本当の目標はどこにあったのだろうか。その目標は、ドイツの外交がそれまで力添えしてきた、欧州および世界にまたがるドイツの文化的、経済的な利害関係が自然に発展したものなのだろうか。あるいはドイツは「その周辺国の独立や、最終的には英国の存在そのものを脅かす、政治的な主導権と海運の支配力[3]」を獲得しようとしたのだろうか。

クロウは、ドイツがどのような目標を宣言したとしても大差はないと結論付けた。ドイツがいかなる道を追求しようとも「明らかにドイツはできる限り強力な海軍を構築するつもりである」。そしてドイツがいったん海軍の優勢を確保すれば、ドイツの意向がどうであれ、それ自体が英国に対する実在の脅威となり、さらに「英帝国の存在と相容れなくなる」とクロウは判断した[4]。

そうした状況では、形式的な約束は無意味だった。ドイツ政府が何を宣言しようと、その結果は「「悪意の下心」を持って全世界を意図的に征服することがもたらすのと同様の、激しい脅威を全世界に与える[5]」ことになる。たとえ穏健派のドイツ政治家が自らの善意を示そうとも、穏健なドイツ外交政策は覇権への意図的な企みの中に「あらゆる段階で収斂していく可能性があった」。

クロウの分析によると、構造的要因によって協力や信頼さえも排除された。クロウは苦々しくこう観察した。「周辺国に対する野心的な意図は通常、公然と表明されるものではない。そのため、野心的な意図が表明されなかったにせよ、あるいは無条件で普遍的な政治的慈悲の表明があったにせよ、それ自体は、隠された意図が存在するとか、存在しないとかを証明する確証とはならないのである[6]」。リスクが極めて高いので、「もはや英国が安心してリスクをとれるような状況[7]」ではなかった。ロンドンは最悪のケースを想定し、少なくともドイツが強大で挑戦的な海軍を建設しているという想定の下で行動せざるを得なくなった。

言葉を変えれば、すでに一九〇七年に、もはや外交が入り込む領域はなかった。危機の際には誰が譲歩するのかが争点となり、条件が満たされなければ戦争がほとんど不可避な状況だった。七年後に世界大戦が勃発した。

もしクロウが現代の状況を分析するならば、彼はたぶん一九〇七年の覚書と似た意見を携えて現れるだろう。私がその解釈を以下に概説するが、それは太平洋の両側で広く考えられているものに近く、私の見解とはかなり懸け離れたものとなる。米国と中国は、欧州大陸で言われる文化的アイデンティティを備えた民族国家とは少々異なる。米中両国は経済的、政治的に偉業を達成し、制御できないほどの国民のエネルギーと自信がみなぎっており、このため両国とも歴史的に、自分たちには普遍性があるとの考えを抱いてきた。中国および米国の政府は、たびたび自国の政策と人類全体の利害とを同一視してきた。クロウなら、このような二つの国家が世界の舞台で出会えば、大きな緊張が生じる可能性があると警告するだろう。

中国の意図がどうであれ、クロウと同じ考えの人は、成功した中国の「台頭」を太平洋地域、さらに拡大解釈すれば世界における米国の立場と相容れないものと見なすだろう。いかなる形の協力であっても、単に中国が最終的な危機に備え、能力を拡大する余地を与えられるだけであると見なされる。したがって、第18章で詳述した中国に関する議論全体や、中国が「自らの華々しさを隠す」のをやめるだろうかとの設問は、クロウ式の分析の趣旨にとっては、取るに足らないことになる。すなわち、いつか中国はそうなるのだから(クロウ分析はそう断定する)、米国は中国がすでにそうなったかのように現時点で行動すべきであるということになる。

米国での議論には、クロウの力の均衡の分析手法にイデオロギー上の挑戦が加わる。新保守主義者と他の活動家は、民主主義的な制度が信頼と信用の関係にとって不可欠であると主張するだろう。この観点から考えると、非民主的社会は不安定であり、武力を行使しがちである。このため米国は最大限の影響力(米国の穏当な表現で)を行使するか、あるいは多元的制度がない国家、とりわけ米国の安全保障を脅かす能力を保有する国家に対しては、より多くの多元的制度を受け入れるように圧力を掛けざるを得なくなる。こうした考え方で言えば、体制の変革は、非民主的社会を相手にする際の米外交政策の究極的目標である。中国との和平が保てるかは、戦略問題というより、中国の統治方法の変革という問題になる。

国際情勢を戦略的優位を勝ち取るための回避できない闘争として解釈するのは、西側の戦略家だけではない。中国の「勝利至上主義者」もほとんど同じ論法を用いる。主な違いは、彼らの考え方は台頭する国家からの見方であり、一方、クロウは現状維持国家として過去の遺産を守ろうとする英国を代表していたことである。国家の台頭を背景にした見方の一つは、第18章で紹介した劉明福大佐の『中国の夢』である。劉の見方では、いくら中国が「平和的台頭」を熱心に確約しようとも、対立自体が米中関係に内在している。中国と米国の関係は「マラソン競争」であり、「世紀の決闘」[8]である。さらに、競争は基本的にゼロサムゲームであり、全面的に成功しなければ、屈辱的な失敗に終わる。「もし中国が二一世紀に世界でナンバー1になれず、最強国家になれなければ、見捨てられた敗残兵になることは避けられない(9)」。

クロウの覚書と似た米国の見方も、勝利至上主義者の中国の分析も、両国政府の承認を受けてはいないものの、現在の考え方の底流を示している。もしこうした分析の想定をいずれか一方が採用し、その結果、もう一方もそれを必然と考えざるを得なくなれば、中国と米国は、この章の前段で説明したような一種の緊張拡大にあっけなく陥ることになるだろう。中国は、米国の力を国境からできる限り遠くへ押しやり、米海軍の行動範囲を制限し、国際外交における米国の影響力を弱めようとするであろう。米国は、中国周辺の多数の国々を中国支配の対抗勢力として組織しようとするだろう。両国ともイデオロギー上の相違を強調するだろう。両国間では、抑止と先制の考え方が非対称であるため、相互交流はいっそう複雑化するであろう。米国は圧倒的な軍事力増強に傾注し、中国は決定的な心理的影響を与えることに専念するようになる。遅かれ早かれ、どちらかが判断を誤ることになるだろう。

そのような構図が定着すると、それを打開するのは難しくなる。競い合う陣営は、自ら決めた定義によってアイデンティティを確立する。クロウが言いたかった本質は(中国の勝利至上主義者や米国の新保守主義者の一部も含め)、アイデンティティ確立が自動的に進行するということである。構図が作られ、同盟が形成されると、同盟が課した要件、とりわけ同盟内部の想定から逃れることは不可能となる。

クロウの覚書を読んだ人は、互いの敵意に関する具体例として引用されているアフリカ南部の植民地対立事件や公務員の振る舞いに関する論争は、それがもたらした結果と比べれば比較的些細なことだったことに必ず気付く。対立関係に駆り立てたのは、いずれかがすでに行った行為ではなかった。対立は、いずれかがこれから行う可能性がある行為が引き金となった。具体的な出来事は象徴的なシンボルに変わり、シンボルはそれ自体に勢いがついた。互いに対立する同盟の体制には調整の余地がなく、解決する方法はまったくなかった。

米国が阻止できる場合には、米国と中国の関係においてそうした事態を起こしてはならない。もし中国がクロウの覚書のルールで行動する政策に固執すれば、米国は当然ながらそれに対抗することになるだろう。そうなれば不幸な結果になろう。

米中関係の起こり得る展開について、ここまで長々と書いたのは、私が世界の安定と平和に不可欠と考える協調的な米中関係に立ちはだかる、現実的な障碍に気付いていることを示すためであった。両国が冷戦状態となったら、一世代にわたり太平洋の両側で進歩が止まってしまうであろう。そうなれば、地球規模の核拡散問題、環境問題、エネルギーの安全保障問題、気候変動問題などさまざまな問題が世界の協力を必要としている時に、米中の冷戦はあらゆる地域の内部の政治に紛争を広げることになろう。

歴史の類似性とは元来厳密なものではない。そして、最も的確な類似を提示されても、現代の人々が先人の間違いを繰り返さないとは限らない。結局、［第一次世界大戦の］結果は勝者も敗者も含め、すべての関係国にとって最悪の事態となった。双方が自己分析をする際には、自分たちの予言に自分たちが縛られてしまうような状況に陥らないよう自戒すべきである。

これは簡単なことではない。なぜならば、クロウの覚書が示したように、単に安心させるような言葉では根底にあるエネルギーを食い止めることはできないからだ。というのは、支配を達成しようとしている国は、自分たちの意図が平和的なものだとは言わない、というわけではないからだ。本物の戦略的信頼と協力の気持ちを発展させるためには、最高指導者が常に気を配る真剣な共同作業が必要とされるのである。

中国と米国の関係は、ゼロサムゲームにする必要はないし、すべきでもない。第一次世界大戦以前の欧州の指導者たちが抱えた難問は、一方の利益は他方の損失を引き起こし、譲歩すれば激高した世論の反発を買うということだった。米中関係はそうした状況にはない。国際情勢の最前線での重要な問題は、事実上、地球規模の問題である。コンセンサスを得ることは難しいだろうが、そうした問題で対立すれば自滅を招くだけである。

主要国の国内状況は、第一次世界大戦前の状況と同じではない。中国の台頭を予測する際、過去数十年の並外れた急成長が遠い将来まで続き、米国の相対的な停滞は宿命的であると想定している。しかし、中国指導者にとって、国家の統一維持の問題以上に気を取られている問題はない。中国では社会調和の実現が繰り返し強調されている。沿海地域は先進社会並みの水準であるのに、内陸の一部には世界でも最も遅れた地域が含まれるような国家では、社会調和を実現するのは難しい。

中国の国家指導者は国民に対し、達成すべき課題の項目を提示した。この中には、胡錦濤が「過去にないほどの厳しい任務」と呼び、彼自身がその経歴のさまざまな場面で取り組んだ汚職撲滅が含まれている。[10] また、貧しい内陸省の底上げを図る「西部開発キャンペーン」も含まれており、胡がかつて住んだこともある三つの省もこれに入っている。宣言された重要課題には、指導部と農民との絆を深めることに加え、中国が都市社会に移行していくことに備えて、村民レベルでの民主的選挙や政治プロセスの透明化の向上などが含まれている。

戴秉国は、第18章で紹介した二〇一〇年一二月の論文の中で、中国の国内課題の範囲を概説した。

一日当たり一ドルという国連の生活水準［貧困ライン］に照らしても、中国はいまだに一億五〇〇〇万人が貧困ライン以下で生活している。一人当たり収入が一二〇〇元という貧困基準で見ても、中国は依然、四〇〇〇万人が貧困状態で生活している。現在、一〇〇〇万人が電気を利用できない生活をしており、毎年二四〇〇万人の雇用問題を解決しなければならない。中国は莫大な人口と不十分な社会基盤を抱え、都市と農村の発展は不均衡であり、産業構造は非合理的であり、生産力の後進性も基本的に変わっていない。[11]

中国の指導者の説明による内政の課題は、「中国の歯止めの効かない台頭」という表現の中に包含される状況よりも、はるかに複雑である。

鄧小平の改革には目覚しいものがあったが、当初の数十年にわたる中国の驚異的な成長は、幸運に恵まれたことが原因だった。それは、毛沢東時代には世界経済から「不自然に」切り離されてきた、主に単純労働者の若年層の巨大な一群と、概して裕福で楽天的でクレジットカードを大いに利用して中国製品を購入する西側経済とが、極めて容易に調和するという幸運だった。中国の労働力は年をとり、以前よりも熟練し(このため、基幹製造業の雇用の一部はベトナムやバングラデシュなどの低賃金諸国に移動した)、西側が緊縮経済の時代に入ったために、この構図ははるかに複雑なものになっている。

人口統計がその問題をこじらせることになる。中国は、生活と寿命のレベルアップと一人っ子政策のひずみとが相まって、世界で最も急速に高齢化する人口を抱える国家の一つである。中国の総労働人口は、二〇一五年にピークを迎えると予想されている[12]。この時点から、人口が減少する一五歳から六四歳の間の中国市民が、膨らみ続ける高齢人口を支える必要がある。人口の変化は急激である。二〇三〇年までに、二〇歳から二九歳の間の地方労働者の数は、現在の水準の半分になると予測されている[13]。二〇五〇年までには、中国人口の半分が四五歳以上になり、四分の一が六五歳以上になると予想されている。この時の六五歳以上の人口は現在の米国の人口全体にほぼ匹敵する[14]。

このような大きな国内問題を抱える国家が安易に、ましてや自動的に、戦略的対立ないしは世界支配を自ら追い求めようとはしない。大量破壊兵器や未知の最終結果をもたらす現代の軍事技術の存在は、第一次世界大戦前の状況との重大な違いとなっている。第一次世界大戦を開始した指導者たちは、自らが使用できる兵器がもたらす結果をまったく理解していなかった。現代の指導者たちは、自らが招く壊滅的な可能性について、はっきりと理解する能力がある。

米国と中国との熾烈な競争は、軍事的というよりも経済的、社会的なものになるだろう。両国の経済成長、財政上の健全さ、社会基盤投資、教育基盤における現行の趨勢が続くとするならば、両国の成長の格差と、さらには相対的な影響力についての第三者の感じ方のズレが、特にアジア太平洋地域で明確になる可能性がある。こうした状況を米国が自身の努力で阻止するか、ひょっとしたら覆すかは米国の能力の問題である。

米国には、自国の競争力と国際社会における重要な役割を維持していく責任がある。米国は中国と競争するよりも、むしろこれまでの米国独自の主義主張に基づいて、責任を果たすべきである。競争力の強化は主として米国の課題であり、われわれは中国に対して、米国のためにその課題を解決して欲しいと頼むべきではない。中国は独自の解釈による国家目標を遂行し、引き続き自らの経済を発展させ、アジアとその周辺における幅広い利益を追求していくだろう。これは、第一次世界大戦につながった対立とは異なる一つの見通しである。この展望は、中国と米国が競争もするが、協力もできる多くの局面が生まれることを示唆している。

人権問題は相互関係全般の中で取り上げられるだろう。米国は自らに忠実であるためには、人間の尊厳と国民の政治参加の基本的な原則に関する公約を主張しなければならない。現代技術の性質を考慮に入れると、この原則は国境によって国内だけに封じ込めることはできない。しかし過去の経験を見るなら、対立によってこうした原則を押し付けようとすれば、特に中国のような自国の歴史観を持つ国家では、そうしたやり方では自滅することが明らかである。オバマの最初の二年間を含む代々の米政権は、長期的な主義主張と、個々の案件に国家安全保障の必要性を適用させることとを、実質的にバランスをとって行ってきた。前章までに紹介した基本的なアプローチは効果がある。必要なバランスをどうやって達成するかは、両国の次世代の指導者それぞれにとっての課題である。

問題は結局のところ、米国と中国が現実的に互いに何を求め得るかという点に行き着く。中国を封じ込めるためにアジアを団結させるとか、イデオロギー聖戦のために民主国家によるブロックを形成するという、あからさまな米国の企ては成功しそうもない。その理由の一つは、中国が大半の周辺国にとって欠くことができない貿易相手国であるからだ。同様に、中国が米国をアジアの経済、安全保障問題から排除しようとすれば、大半のアジア諸国は単一の大国に支配された地域にもたらされる結末を懸念し、同じように本気で抵抗するだろう。

米中関係を適切に表現しようとすれば、それは協力関係というよりも「相互進化」であろう。相互進化とは、両国ともに可能な領域では協力しながら自国の課題解決に取り組み、対立を最小限に抑えるように互いの関係を調整するということである。双方ともに相手の目標をすべて受け入れるわけではなく、利害の完全な一致も考えには入れないが、補完できる利害を特定し育成していくことになる。(15)

米国と中国は、自国の国民と世界の安寧と繁栄のために、その試みを実行に移すべきである。どちらも相手に支配されるには大きすぎる。だから、どちらの国も、戦争あるいは冷戦型の対立で勝利するための要件を明示することは、不可能である。米中両国は、クロウの覚書の時代には公式には決して提起されなかった疑問、すなわち「対立すればわれわれはどこに行き着くのか」について自問する必要がある。当事国すべてに、先を見通すことが欠如していたがために、均衡を保つための努力が機械的な対処になってしまったのではないか。もし駆け引きを続ける超大国が機略を尽くすのをやめ、衝突してしまえば、世界はどうなるかということを判断できなかったのではないか。第一次世界大戦を引き起こした国際体制を仕切っていた指導者の誰かが、世界の終末がどのようになるかを理解していたなら、戦争回避に尻込みすることはなかったのではないか。

太平洋共同体に向けて

相互進化の取り組みでは、各国間の関係において三段階の対応をしなければならない。第一は、大国同士の通常の相互関係から生じる問題に関するものである。過去三〇年間に進化した協議の枠組みは、おおむねそうした課題に適切だったことが証明された。通商関係や個別案件における外交協力などの共通の利害は、専門的に進めることができる。危機が起きれば、通常は話し合いによって解決される。

二段階目は、危機に関する通常の話し合いを、危機の根本的解消を目指す包括的な枠組みに格上げする試みである。一つの好例として、朝鮮問題を北東アジアの包括的概念の一環として処理することがある。もし北朝鮮が、交渉当事者が事態の決着をつけることができないのをいいことに、同国の核保有能力を維持しようとするならば、北東アジアおよび中東全域での核兵器拡散が起きることになる。次の一歩を踏み出し、北東アジアの平和秩序に関する一定の合意のもとで、北朝鮮の拡散問題に対処すべき時が到来したのではないだろうか。

世界はよりいっそう根本的な考え方によって、第三段階の相互関係に行き着くことになるだろう。それは、第一次世界大戦の破局前の指導者たちが、決して到達できなかったレベルである。

中国と米国が衝突するように運命づけられているという議論は、両国が互いに太平洋全域で勢力圏を競い合うという仮定に立っている。しかし、これは両国にとって破滅への道である。

現在の世界情勢における戦略的緊張の一側面には、米国が中国を囲い込もうとしているとの中国側の懸念があり、これと平行して、中国が米国をアジアから追い出そうとしているとの米側の懸念もある。太平洋共同体という構想は、米国、中国、その他の諸国すべてが、共同体の平和的発展に参加するというものであり、米中両国の懸念を緩和する可能性がある。この構想によって、米国と中国を共通の活動計画の中に取り込める。共有された目的とそれを実現する作業が、一定程度は戦略的不安に取って代わるだろう。この構想によって、日本、インドネシア、ベトナム、インド、オーストラリアなど他の主要国が、「中国」と「米国」のブロックに二極化するのではなくて、合同と見なされる仕組みづくりに参加することが可能となる。関係する指導者たちがそれに全面的な関心を注ぎ、とりわけ信念を持って臨むならば、こうした取り組みは意味あるものになるだろう。

第二次世界大戦の終結に際し、世界秩序の基礎を築いた人々の最も偉大な成果の一つは、大西洋共同体の考えをつくり上げたことである。同様の構想によって、米国と中国の潜在的緊張を解消するか、少なくとも緩和することができるだろうか。この構想は、米国はアジアの国家であり、多くのアジア諸国がそれを望んでいるという現実を反映している。そして、その構想はまた、世界的な役割を果たしたいという中国の願望にも応える。

共通した地域的、政治的構想［太平洋共同体］はまた、米国が中国に対する封じ込め政策を実行しているとの中国の懸念の大部分に応えることになる。「封じ込め」という言葉が何を意味しているかを理解するのは重要である。大きな国力を保有するインド、日本、ベトナム、ロシアなどの国が中国国境沿いに存在する現実は、米国の政策によってつくり出されたものではない。中国はその歴史を通じて、これらの国々とともに存続してきた。ヒラリー・クリントン国務長官が中国封じ込めの概念を否定した際、彼女が意味した「封じ込め」とは、反中国を基盤とした戦略的ブロック形成を目指す米国主導の取り組みだった。太平洋共同体への取り組みの中で米中両国は、対立するブロックのメンバーとしてではなく、その他の参加国とともに建設的な関係を築くことになる。

アジアの未来は、中国と米国がどのようなアジアを思い描くかによって大きく方向付けられ、また両国が、相手が歴史的に持つ地域的役割にどこまで同調できるかにかかっている。米国はその歴史を通じてしばしば、自国の理想が普遍的に通用するという考えと、その理想を広めるという義務に従って、行動してきた。中国はその特異性に基づき行動し、使命感ではなく、文化の浸透によって拡張してきた。

米中という、自分たちは特別だとする例外論者の、異なったタイプを代表する二つの社会にとって、協力への道は本質的に複雑である。状況の変化は避けられず、変化があっても生き残れるような行動パターンをつくり出すことは、できないことはないが、現在の雰囲気では悲観的だ。太平洋の両岸に位置する二つの国の指導者には協議と相互尊重の伝統をつくる責任がある。そうなれば、彼らの後継者にとって、共通の世界秩序を一緒に構築することが、そのまま国家的願望を表現することになる。

中国と米国が四〇年前に国交回復に向けて動き出した時、当時の指導者たちが成し遂げた最も有意義な貢献は、その時代が直面していた目先の問題を超えて、目標を高く持つ意欲を示したことだった。ある意味で、互いの関係が長期間にわたり断絶していたために、短期間に解決すべき両国間の日常的問題がまったくなかったことも幸運ではあった。そのため、一世代前の指導者たちは直近の難題ではなく、未来をテーマに取り上げ、それまで想像できなかった、そして米中協力がなければ達成できなかった世界の基礎を築いた。

平和の本質を理解するために、私は大学院生だった半世紀以上も前から、国際秩序の創出と影響について研究してきた。私はこうした研究に基づいて、ここで紹介した文化、歴史、戦略をめぐる認識の違いによって、最善の意図と最高の先見の明を備えた両国の指導者ですら、厄介な難題に直面することを知っている。他方で、もし歴史が過去の機械的な繰り返しにとどまっていたら、変革は絶対に起きなかっただろう。あらゆる偉大な成果も、それが現実となる前には構想だった。その意味で、偉大な成果は、不可避なものに屈服するのではなく、本気で関与することで生まれるものである。

哲学者のイマニュエル・カントは著作「永遠平和のために」の中で、永遠の平和は結局、二つある方法のいずれかによって生まれると論じた。それは、人間の洞察力か、あるいは人間が手出しできない規模の対立や大惨事かのどちらかである。われわれはそのような岐路に差しかかっている。

周恩来首相と私が秘密訪問を発表するコミュニケで意見の一致をみた時、彼は「これは世界を揺るがすだろう」と言った。四〇年を経て、米国と中国が世界を揺るがすのではなく、世界を構築する努力に一緒に取り組めるようになれば、なんと素晴らしいことだろう。

解説　米中関係を構築し続ける男
――「密使」から「守護者」への軌跡――

松尾文夫

ヘンリー・キッシンジャー博士の新著『キッシンジャー回想録 中国』(英文題名 *On China*)は、ユニークな価値を持つ労作である。日本を抜いて世界第二位の経済大国にのし上がり、二一世紀の世界で中心的な役割を演じることになった中国と米国との関係を、一九七二年のニクソン訪中の構築者である著者自らが語り、分析し、そして将来のあるべき姿まで提言しているからである。

特に第二次大戦後六七年を経ながらも、いまだにこの隣国、中国との間で不幸な過去を清算できず、本物の和解を果たしていない日本にとっては、持とうとしても持ちえない両国の関係が赤裸々に語られているという点で、必読の書と言ってもよい。いま日米同盟が普天間基地移転問題での立ち往生に象徴される試練を迎えている折から、四一年前にニクソン・ショックという悪夢を経験している日本にとって、こうしたキッシンジャー博士の軌跡を追うこと自体、改めて日米関係の現実を見つめ直すことにもつながると思うからである。日中関係については歴史的な記述がほとんどで、割かれているページは少ない。しかし、それだけに限られた行数のなかで記録されている毛沢東と著者との間の日本をめぐるやりとりは、いまもその重さがずしりと伝わってくる。

本書は、米国の中国研究の大御所であるエール大学のジョナサン・スペンス名誉教授が二〇一一年六月の「ニューヨーク・レビュー・オブ・ブックス」での書評のなかで、「ハイブリッド車」といみじくも表現したように、多くの顔を持つ。

スノー・インタビューは空振り

第一の顔は、過去四一年間の米中関係にかかわり続けている著者自らがその歩みを細述していることである。一九七一年以来、毎年中国訪問を欠かさず、その数は五〇回を超えるキッシンジャー博士の歴史の語り部としての筆はあふれるような情報、そして刺激的な知的アングルを提供してくれている。

やはりそのハイライトは、朝鮮戦争以来二一年間、お互いに「敵」として激しく対峙してきた米国と中国が、文字通り世界の歴史を変える和解達成へと歩む第一歩となった、著者による一九七一年七月の北京秘密訪問が実現するまでの一幕である。いわゆる「秘密文書」が公開されているわけでもない。引用した両国首脳の発言はすべて公開済みのものだと断りがついている。にもかかわらず、その現場にいた著者自らが再構築する世紀のドラマの決定版は、時を超えて興味深い。

毛沢東は、国境紛争でのソ連との軍事的対決も覚悟して「遠交近攻」の戦略を発動し、文化大革命を始める直前の一九六五年二月の段階から、米国人ジャーナリスト、エドガー・スノーとのインタビューを通じて米中対話の用意ありとのシグナルを米国側に送り始める。スノーは一九三六年六月、延安にまで尋ねていって毛沢東を取材、一九三七年に著書『中国の赤い星』をロンドンで出版、全世界に「毛沢東の中国」の存在を伝えたいわゆる「井戸を掘った」古い友人である。

ニュー・リパブリック誌の一九六五年二月二七日号に掲載されたこの最初のインタビューが、中国を仮想敵にしてベトナム軍事介入を始めようとしていたジョンソン政権から無視されると、五年後の一九七〇年一〇月、毛沢東は再びスノーを使う。スノーを国共内戦勝利記念日のパレード観覧で隣に座らせる異例の扱いを演出、「文化大革命は終結するつもりである。米国との問題はニクソン大統領との間で解決されるべきだろう」「中国は米国が五〇の州に責任と富を分散させたことに学ばねばならない」などと踏み込んだ発言をしたインタビューの原稿が、ニクソン政権側に流れることを期待して三カ月以上も発表を差し止める細工が凝らされる（結局、一九七一年四月三〇日号のライフ誌に掲載された）。しかし、この直接の引用が禁じられた原稿は、スノーを中国側の宣伝要員と見ていたワシントンで粗末に扱われ、ニクソン・ホワイトハウス、少なくともキッシンジャー補佐官のもとには届かなかったという。

だが、米国側も、結果としてこうした毛沢東の動きに対応していた。ニクソンは早くも一九六九年八月の国家安全保障会議で、はっきり中国がソ連との戦争で「粉砕」されれば、それは米国の国益に反するとの判断を打ち出した。「米国の外交政策において革命的な瞬間だった」と著者はコメントしている。これを受けて中ソ衝突の場合には、米国は中立の態度をとるものの、最大限中国寄りの姿勢をとるとの指令をホワイトハウスから発したという。

皮肉なことに、中ソ国境のウスリー川珍宝島を中心とする軍事衝突の事実は、ワシントン駐在のドブルイニン・ソ連大使が自ら著者のオフィスに度々現れて説明してくれたおかげで、ホワイトハウスとしても知るところとなり、事態を注目することになったのだという。冷戦時代の常識を破る出来事だったという。その結果、ランド・コーポレーションからは、中ソ国境の衝突はソ連の侵略の結果で、やがて中国の核施設への攻撃が行われるであろうという分析まで入った。こうして米国は、この二つの共産主義大国の衝突が米国の国益に影響を与えるとの立場を全世界に明らかにすることとなり、米国の方針は中立ではなく自らの戦略上の権益に従って行動するとの警告が、当時のリチャードソン国務次官の演説で発信された。事実上、ソ連に対する牽制のメッセージだった。こうした米国の態度のためか、やがてソ連の先制攻撃態勢は縮小され、結果として米国と中国が最終的には国交回復を目的とする接触を開始する心理的な条件が生まれる。

「メヌエット」を踊るように

就任前から「中国を国際社会の外に放置しておく余裕はない」(一九六七年一〇月のフォーリ

ン・アフェアーズ誌寄稿）との認識を持っていた「第一級の機会主義者」（デービッド・リースマン）ニクソンにとっては、願ってもない展開だった。

中ソ関係にくさびを打ち込むのみならず、インドシナからの米軍の「名誉ある撤退」という名の「敗北」を覆い隠す、またとない大義名分を与えてくれることになったからである。

こうして、著者が「メヌエットを踊るように」と形容した動きが太平洋の両側でゆっくりと始まる。一九六九年末から、世界各地でそれまでお互いに口もきかなかった米中の外交官たちが言葉を交わすようになる。一九七〇年二月には、過去二〇年間、一三四回ものむなしい応酬に終始していたワルシャワ大使級会談が再開され、米国側の交渉担当者に対しては中国当局者との直接会談に北京かワシントンで応じる用意があるとのメッセージを繰り返し中国側に伝えるよう指示が出された。

しかし、ここでニクソンのホワイトハウスは、国務省のワルシャワ会談担当者の手痛いサボタージュを受ける。米国側の提案を受けて、中国側から「中米間の緊張を緩和し、抜本的に関係を改善する」ためワルシャワとは別のチャンネルを通じた会談を検討する用意があるという、前例のない提案があったのに対し、米側担当者は、こうした大きなアプローチに対応できず、一切反応しなかった。

ニクソンは、ワルシャワ会談代表団からの報告に接して、「彼らは赤ん坊が生まれる前に殺してしまう」と、怒りを爆発させたという。しかし、ニクソンも中国がどこまで米国との関係改善に本気なのか、まだ測りかねており、この怒りを公にすることは控えた。かたや毛沢東も米軍のベトナムでのエスカレーションの行方とこれに対する米国内でのかつてない反戦デモの高まりに、もしかしたらこれが「正真正銘の世界革命」の始まりなのかどうかと考える時間を必要としたと見られる。同年五月に予定されていたワルシャワ会談はキャンセルされたままとなった。

反戦デモは「米国の革命」か

この行き詰まり状態の打破にイニシアチブをとったのは、著者が「悲観的な戦略家」あるいは「地政学的な好機を見いだし、大胆に行動する頑迷な反共主義者」とクールに距離を置いて評するニクソンだった。ニクソンは一九七〇年七月に行った世界一周の各国訪問旅行の折、パキスタンとルーマニアの首脳に、中国とのハイレベルの接触を求めているとのメッセージを北京側に伝達してもらってもかまわない、と伝えた。この反応が同年一二月になってあらわれた。同月八日、周恩来から「毛沢東と林彪のチェックを受けている」との注つきの手書きの書簡がイスラマバードを経由してパキスタンの駐米大使の手でホワイトハウスに届けられた。内容は「台湾と呼ばれる中国領からの米国派遣部隊の立ち退き」について話し合うために、米国の特使を北京に招待したい、というものだった。過去二〇年間、北京から届いた最も穏やかな文章だったと著者は述懐する。一カ月後、ルーマニア・ルートからも同じような書簡が到着する。この書簡では、ニクソンは既に訪問したベオグラードやブカレストと同じく北京でも歓迎されるだろうと踏み込んであった。

この二つのルートに対する米国の回答では、特使派遣には同意するものの、議題は台湾問題に限定せず、「中国と米国の間に横たわる広範囲な問題」を話し合いたいとだけ述べられ、ニクソンへの招待は敢えて無視された。そしてその後、三カ月間、中国側からの返事は何もなかった。その空白の理由については、依然として反戦デモを基盤とする「米国の革命」の可能性を検討していたこと、外交方針をめぐる政治闘争など毛沢東のリーダーシップにとっての国内基盤の調整が必要だったからではないか、と著者は語っている。

ピンポン外交という奇策

しかし中国は、四月に入ってピンポン外交という奇策で、米国側が待つ米中接触に同意するとのメッセージを発信した。名古屋で開かれていた世界卓球選手権大会に、文化大革命開始後初めて参加していた中国の選手が突如、米国チームを中国に招待したのである。著者によると、この接触について最初、中国外務省は否定的だった。しかし、毛沢東は二日間考えた結果、ある晩遅く不眠症治療のための睡眠薬の影響で朦朧となりながらも、看護婦を呼び出し、外務省に電話して、「米国チームを中国に招待する」ように伝えることを命じた。看護婦が「睡眠薬を服用した後の言葉は効力がありますか」と尋ねたのに対し、毛沢東は、「そうだ、すべて有効だ。早く行動しないと手遅れになる」と応じたとのエピソードを、著者は香港で一九九五年に出版された『歴史の真実――毛沢東の身辺工作人員の証言』を引用して紹介している。

一九七一年四月一四日、米国の若い卓球選手たちは、人民大会堂で周恩来が「あなた方は米中両国の人民の関係に新たな一章を開いた」と演説するのを聞いた。その一五日後、周恩来から四月二一日付の手書きのメッセージがパキスタン大使経由でホワイトハウスに届いた。キッシンジャー大統領補佐官か、ロジャーズ国務長官、あるいは大統領本人の誰でも歓迎するとあり、関係回復の一つの条件として、台湾および台湾海峡からの米軍の撤退のみをあげ、台湾との統一については触れられていなかった。

五月一〇日、米国側は周恩来のニクソン招待を受諾しつつ、著者が大統領名代として、米中首脳会談を準備する周恩来との協議のため、秘密裏に北京を訪れると答える。六月二日に戻ってきた周恩来の返事は、ニクソンが中国の招待を「喜んで」受諾したことを毛沢東に報告したことを伝え、自分が北京で著者を迎えることを確認してきた。しかしこの時の中国側の回答から、林彪の名前が消えていた。著者はこのことにはほとんど注意を払わなかったという。しかし、既にその頃、北京では林彪のクーデターをめぐる血なまぐさい暗闘が進行中だったと見られ、一年後の発表では、林彪はこの年の九月に山海関飛行場からモンゴル方面に脱出、墜落して死亡する。

四人組が力を持つなかでの文化大革命の終焉を目指す毛沢東、ベトナム戦争の「名誉ある撤退」の実現を反戦運動の高まりのなかで迫られるニクソン――まだ相まみえぬ両首脳はそれぞれに国内問題を抱えながら、著者と周恩来にすべてを託すことで、この米中和解の第一幕は終わる。冷戦真っ盛りの時代、文字通り「驚天動地」の事態だった。

有名な、腹痛を理由にした報道陣対策が成功して、著者の「密使」としての北京入りが世界の目を盗んでパキスタン経由実現するのは約一カ月後の七月九日のことである。北京滞在時間四八時間、著者と周恩来、つまり米国と中国だけが持つことができたこの特別な時間は四一年経った今も、両国の関係の新しい起点として記憶されていることを忘れてはならない。

レーガンにも協力

本書が持つ第二の顔は、キッシンジャー博士がこの一九七一年七月に周恩来とともに幕を開けた米中関係の再構築という大きなドラマの出演者の一人として、今も引き続き舞台の上に乗っているという事実である。著者は、ニクソン訪中の意義について、常に手をかける必要がある世界の均衡が回復されたことであるとしたうえで、「そのプロセスでは、お互いが自らの利益の守護者になる」と述べている。過去四一年間、著者はまさにこの「守護者」の道を歩んでいるといえる。それはそのまま、世界第二の経済大国にのし上がった中国の歩みに付き添う記録でもある。

著者は一九七三年九月、ニクソンがウォーターゲート事件で追い込まれるなかで国務長官を兼任、フォード政権下でも留任、一年後、大統領補佐官のポストは退くものの、そのまま国務長官として一九七七年のカーター政権への政権移譲まで留まる。特筆すべきは、中国側で一九七六年に周恩来、毛沢東――と「七一年のドラマ」の相手役が相次いで鬼籍に入った後も、著者は、その後を引き継いだ華国鋒、鄧小平、胡耀邦、趙紫陽、江沢民、そして現在の胡錦濤に至る歴代の中国最高指導者と、時には元大統領補佐官、元国務長官、時にはアドバイザー、コンサルタント、そして最後は「友人」としての様々な顔を使い分けながら緊密な接触を保っていることである。八八歳の高齢ながら、革命も知らず、文化大革命も幼年期の記憶しかなく、中国が最も経済的に成功した時代に育った「第五世代」の指導者たちとの対話の重要性を訴え、自ら実践している。二〇一二年二月に次期国家主席として鳴り物入りで米国を公式訪問した習近平ともその一カ月前に北京で開かれたニクソン訪中四〇周年記念集会にそろって主賓として参加、「共通の利益」を基礎とする米中関係の発展を確認し合った。習訪米は見事なまでにその延長線上で進行した。

もちろん米国側でも、直接仕えたニクソン、フォードに加え、カーターから現在のオバマに至る歴代大統領に対して、党派を問わずこの対中国人脈を生かしての「守護者」としてのアドバイスをいとわない。たとえば、一九八〇年には、台湾防衛問題での強硬姿勢を売り物にしたレーガン候補の意を受けて、まだ選挙戦たけなわの九月の段階で、当時の柴沢民ワシントン駐在中国大使と会い、レーガン当選後の台湾問題をめぐる米中間の対立打開の事前折衝を行う。結果として著者が「米中両国の優れた政治手腕を立証するもの」と自賛する「台湾問題の解決を先送り」するだけのあいまいな工程表で両国は合意、一九八二年八月、いわゆる台湾問題をめぐる第三コミュニケの調印にこぎ着ける。上海コミュニケ(一九七二年)、国交正常化コミュニケ(一九七九年一月)とともに、いまだに米中関係を政治的に支える基幹文書の構築に一役買ったわけである。

鄧小平の勇気

一九七四年の国連資源特別総会に出席した際、ニューヨークでの著者主催の夕食会でその実力者ぶりに接した鄧小平と著者の度重なる心を開いての対話が、中国型社会主義市場経済という現在の中国の経済大国化に大きく貢献する一九七八年末からの改革開放路線の原点となっている点で重要である。経済大国化を実現した今日の中国は「鄧小平の遺産だ」と著者は断言している。

「毛沢東の哲学的な長広舌や寓話と、周恩来の優雅な専門家かたぎ」に慣れっこになっていた著者は、鄧小平の「渋い、きまじめなスタイル、彼が時に挟む皮肉な合いの手、哲学への嫌悪と現実的なものへの偏愛といったものに慣れるには時間がかかった」と述懐する。しかし、時が経つにつれて、この英語を理解し、小柄で果敢な人物を大変尊敬するようになった。彼は信念を曲げず、世の中の激動に直面して平衡感覚を失うことなく、この国をやがて変革する人物だった——と最大級の評価を贈る。

特に一九七五年九月の「科学技術工作を前面に出さなければならない」と題した演説で、

科学技術の重要性、職業意識の回復、個人の技量や主導性の奨励——といった当時の文化大革命に対するアンチテーゼをはっきり口にし、改革開放政策の運動に火をつけたことが重要だと指摘する。しかも一九七八年六月の全軍会議での演説で、こうした運動に「実事求是」「理論と実践の統一」といった毛沢東思想のお墨付きを与えることに成功したことが大きいと分析している。現在まで続く改革開放路線に正統性を与えたというわけである。

しかし、著者によると、「実事求是」などといったスローガンは、毛沢東存命中にはほとんど表に出なかったもので、こうした毛沢東発言の「まとまりのない断片」を「時にはわざと文脈を無視して」整理し引用し、毛沢東に「プラグマティストとしての姿を与える」ことに成功したのが鄧小平だという。彼は数十年間にわたって党内抗争をくぐり抜けてきた古強者として、人民解放軍内に強い人脈を築いた上で、イデオロギー上の論争を政治目的のために役立てるすべを心得ており、完全復活を果たした頃の鄧小平の演説は「イデオロギー的柔軟さと政治的曖昧さの名人芸だ」と言い切っている。

著者は、鄧小平がこうした指導力を確立できたもうひとつの理由として、彼が毛沢東の遺言で国家主席に指名された華国鋒が毛沢東の無謬性を前提にして唱えた「二つのすべて」路線に挑戦し、七〇%は正しく、三〇%は誤り、という毛沢東のスターリンに対する評価を持ち出して、毛沢東もこの「七〇—三〇」評価が妥当だとの考えを示したことを挙げている。毛沢東思想を支えていたラジカリズムとプラグマティズムのうち、はっきり後者を選び、今も中国共産党の公式の毛沢東評価となっている「七〇—三〇」路線を一九七七年の段階で明言した鄧小平の「勇気」のおかげで、改革開放政策は成功する基礎を築いたと著者は位置づける。

周恩来との別れ

この頃、キッシンジャー博士は、「一九七一年のドラマ」の共演者であり、「およそ六〇年間にわたる私の公人としての生活の中で彼より人の心をつかんで離さない人物に会ったことがない」とする周恩来との「別れの儀式」を受ける。著者は彼の身の上に政治的な問題が起きているということを、一九七三年一一月の毛沢東との会談の際、同席した周恩来が今までになく毛沢東にへりくだる態度を見せたことから探知していた。また、著者がその後の鄧小平との会談の場で、周恩来の言葉を引用し、高く評価すると、鄧小平がこれを冷たく無視し、毛沢東の似たような言葉を持ち出すなど、暗に周恩来失脚の気配を感じたという。がんを理由に周恩来が公の場に姿を見せなくなった一九七四年の一二月、著者との最後の別れが演出された。

迎賓館のような「病院」に著者の家族とともに招かれ、約二〇分間対面した。医者に激しい活動を禁止されているとして政治や外交問題の話は一切せず、著者はこの扱いを「米中関係を二人で話し合う時代は終わった」との政治的なメッセージの発信だと受け止めた。一九七六年一月、事実上の政治的な失脚の中でがんで死亡する周恩来に対し、著者は一九七一年七月以来のすべての米側との交渉の場で、毛沢東に対する究極の忠誠心を貫き通した周恩来がこうした終焉を迎えることには、「ひしひしと胸に迫るものがあった」と珍しく感情を吐露している。

二人が求めた米中国交正常化が実現するのは、その三年後の一九七九年一月、民主党のカーター政権下である。

乗り切った天安門危機

キッシンジャー博士の「守護者」としての真骨頂は、改革開放路線の旗手、鄧小平が一九八九年六月四日の天安門広場での流血弾圧の主役となって登場し、米国世論から「天安門広場の虐殺者」として激しく批判される状況を修復する作業にかかわることで発揮される。

天安門事件に対する米国世論、そして議会の反発は激しかった。ニクソン訪中後の初代北京連絡事務所長としての実績を持ち、「米中関係は中国の統治システムの問題とは関係なく、米国の死活的な国益に関わる」との認識を持っていたジョージ・H・W・ブッシュも、政府高官の中国との接触禁止、軍事協力と警察・軍用機器の売却停止、世銀や国際金融機関による新規借款反対などの制裁措置を発表せざるを得なかった。

しかし、ブッシュは著者が「綱渡り」と表現する行動に出る。鄧小平との長年の友好関係を生かし、自らの禁止命令に違反しながら、友人としての親書を鄧小平宛に送り、抗議活動に参加した学生たちへの寛大な措置を呼びかけ、「過去一七年間にわたって忍耐強く築き上げられてきた米中の死活的な関係を台無しにしないために」と特使の北京派遣を提案する。鄧小平は翌日受諾、七月一日、スコウクロフト大統領補佐官とイーグルバーガー国務副長官が米国の標識のないC141輸送機で極秘裏に北京に飛ぶ。中国空軍はこの正体不明の飛行機を撃ち落とすべきかどうか、当時の楊尚昆国家主席に問い合わせたという。

そして、この高官接触が袋小路に入り込むと、すぐ著者の出番となる。今度は中国側の要請もあり、ブッシュ、スコウクロフトとも協議の上、一一月北京入りする。待っていたのは、当時も今も変わらない人権問題をめぐる米中間の根深い対立だった。欧米型民主主義と個人の権利を求める反体制運動の指導者であった物理学者、方励之夫妻は、天安門広場での政府側の実力行使直後、米国大使館に駆け込み、とどまり続けた。中国側は夫妻に逮捕状を出し、双方はにらみ合いを続けていた。出発直前、スコウクロフトから伝えられた「キッシンジャー側から方夫妻問題は出さないで欲しい」との要望を著者は守っていると、帰国の挨拶にいった際、鄧小平の方から突然、「方夫妻問題を含め、事態をセットで手打ちとしたい」との提案が飛び込む。この発言の後、鄧小平は椅子から立ち上がり、二人だけで話したいということを示すために、二人の間にあったマイクを取り外した。

この日の鄧小平による一括解決の提案をきっかけに、方夫妻は米国または第三国に出国し、これに合わせて米国は制裁を解除し、大型経済協力プロジェクトを立ち上げ、総書記に就任したばかりの江沢民を米国に公式招待する――などの取引を盛り込んだ「一括解決」をめぐる交渉が始まり、八カ月後に決着する。こうして天安門事件後わずか一年で、米国と中国はまた、キッシンジャーが一役買って、一つの危機を乗り越える。

しかし、このころ、世界はベルリンの壁崩壊に始まるソ連、東欧の共産主義システム全体の自滅現象を経験する。天安門事件のさなかに訪中したゴルバチョフは、中国からの経済援助、さらには消費必需品の供給まで求める。そしてこの新たな「驚天動地」の事態に、中国が改革開放政策の成功の手応えと同時に、残り少ない共産主義国としての孤立への危機感を高める中で、鄧小平の時代が終わりを迎える。著者は鄧小平から直接引退の決意を聞く。

江沢民から受ける「講義」

しかし、キッシンジャー博士は、さらに働き続ける。今度は上海市長時代から面識があった江沢民の体制の「守護者」としてである。鄧小平から「彼は自らの考え方を持ち、高い手腕を持つ」との折り紙付きの推薦を受けた江沢民は総書記就任直後の一九八九年一一月、著者を招く。

「笑みをかかさず、外国人に対しては論点を強調するために、英語、ロシア語、時にはルーマニア語を交えて話し、時には公的な会談さえも中断し、歌を歌う」と著者が描写した江沢民は、最初から改革開放政策の継続を確認する。そして、米国への「ドアは常に開いている。米国からのいかなる前向きな姿勢にも応える用意がある。われわれには多くの共通した利益がある」と言い切った。さらに天安門事件については「あのような事態に対する「精神的な準備」ができておらず、政治局は分裂し、学生にも党にもヒーローはほとんどいなかった。党は無力であり、分裂していた」と率直に語ったという。

一九九〇年にまた中国を訪れた著者に、江沢民はこう「講義」したという。「中国と米国は、一六四八年(主権国家による最初の国際条約、ウエストファリア講和条約締結の年)以来の欧州の伝統的な国家システムに範をとった新たな国際秩序に向けてともに仕事をすべきだ」。キッシンジャー博士にとってこの論理は、ハーバード大学での博士論文をそのまま処女作として一九五七年に『回復された世界平和——メッテルニヒ、カースルレイ、そして平和の問題一八一二—一八二二年』と題して出版して以来、自らが主張し、政府当局者時代にはその実践につとめてきたテーゼである。「私がすでに数十年も前に書いていたこと、つまり主権国家を基礎とした国際社会のシステムについて、毛沢東の後継者が私にレクチャーするとはなんとも皮肉なことだ」と著者は述懐する。このころ江沢民と側近たちは、ソ連崩壊について「政治改革」を「経済改革」に先行させた失敗であると見なし、「中国にはゴルバチョフはいない」と断言し続けたという。

つまり江沢民は、共産主義の勝利から四〇年を経て社会主義市場経済で成功しつつある中国としては、国境を越えた価値観の輸出をやめる代わりに、国内の人権問題や政治体制のあり方については他国から注文をつけられたくないとの立場を鮮明にしたわけである。著者によれば、この江沢民の主張は内政不干渉、力の均衡に基づく国際秩序の安定という一九五七年以来のキッシンジャー・テーゼに忠実に従い、主権国家、中国の特色を持つ社会主義と「人民の民主」への許容を米国を始めとする西側各国に求めていた。その意味で、米国からの「介入」をめぐるこうした対立、そしてしのぎ合いは、米中関係の「守護者」である著者にとって、今も続く試練である。

著者は、その後、「最恵国待遇」の延長問題でまたこの「袋小路」に入り込み、中国との間で緊張状態を続けていたクリントン政権が、中国経済の驚異的な急成長もあって、第一期を終える頃には、人権問題と「地政学的な課題」とのバランスをとる現実路線に転換したことを高く評価する。江沢民は一九九七年一〇月、ハワイ真珠湾のアリゾナ記念館での「第二次世界大戦で一緒に日本と戦った、米国と中国の犠牲者への献花」を旅のスタートに米国公式訪問を果たし、一〇年近くの米中間の対立に終止符を打つ。

劉氏無視には批判

もちろんこうしたキッシンジャー博士の北京指導者との蜜月関係には、米国内での批判も決して少なくない。今もネオコンを始めとする保守派の間で根強い米国的価値観の世界に対する押しつけ、つまり米国型民主主義の普及こそが米国の義務であり、その実現のためには干渉も辞さないという立場と真正面からぶつかる。中国共産党の一党支配、言論統制、民主化運動指導者の拘束、追放といった江沢民がいう「人民の民主」のコンセプトに対する反発は、元切り上げ問題を含む貿易上の不均衡への産業界、組合勢力などからの「安い中国の輸入製品が米国人の職を奪う」との根強い不満もあって、保守派のみならず、米世論全体に依然として中国に対する一定の違和感を生み出していることも一つの現実である。

従って、本書で、著者がこうした中国政治の「負」の部分にはほとんどと言っていいほど触れておらず、沈黙を守っていることには批判が出ている。事実、著者は「〇八憲章」で知られる中国の有力な人権活動家、劉暁波氏が二〇一〇年のノーベル平和賞を受賞した事実そのもののみならず、依然として牢獄にある事態に一行も割いていない。中国当局が今も国内のインターネットメディアで民主化グループと激しいいたちごっこを演じているジャスミン革命のインパクトについても、短く一行だけ課題として触れられているだけである。

アメリカの保守系メディアを代表するウォール・ストリート・ジャーナル紙の書評は、著者が一九七三年のベトナムでの暫定和平協定締結の功績で同じノーベル平和賞を受賞していることも引き合いに出して、この劉氏無視を問題視し、「単なる道徳的なエラーを超えるものだ」と厳しく批判している。

しかし、キッシンジャー博士にとっては、こうした保守派からの批判は織り込み済みのようで、本書では正面からの論破、説得を試みている。

著者は、クリントン政権下での「取引」を実例に、その代表的な「中国理解」の論理を「私は米国の価値観を広めようという観点から戦おうとする人々に敬意を表する。だが外交政策は目標とともに、そこにいたる手段をも定めなければならない。もしその手段が国際的な枠組み、あるいは自国の安全保障上重要と考えられる外交関係の許容範囲を超えた時には、選択をしなければならない。われわれがしてはいけないことは、その選択の幅を狭めることである」と要約している。

米中関係の「守護者」は、どこまでも「確信犯」である。

第一次世界大戦前との相似性

第三の顔は、キッシンジャー博士の使命感あふれる米中関係の「守護者」としての活動が、母校ハーバード大学で政治学教授として教鞭をとった国際政治学者、とくに一九世紀以降の外交史の専門家としての理論によって支えられていることである。著者は、この顔を本書の終章で、意外な歴史的文書を引用して現在の米中関係との相似性を論じるところで見せる。

取り上げたのは、ドイツ生まれでドイツ人の母親を持つイギリスの外交官エア・クロウが一九〇七年に残した「イギリスのフランスおよびドイツとの関係の現状についての覚書」と題する外務省宛の文書である。クロウはこの覚書で、一八七一年のビスマルクによるドイツ統一後の欧州情勢について、ドイツが海軍力を始めとする軍事力の増強につとめる結果、「英帝国の存在と相容れなくなる」構造が生み出されており、そこではお互いにどのような協力や信頼を生み出すことも不可能で、もはや外交術が入り込む領域はないと分析し、七年後の第一次世界大戦を予言する。著者は、空母建造など海軍力を中心に軍備増強を続け、南シナ海領海問題でも潜在的な火種を抱える現在の中国と米国が同じような道を歩むのかどうか、と問いかける。

著者は、この「クロウの覚書」との相似性が現実のものとなる危険として、米国、中国双方の世論にそれぞれ「ネオコン」、中国の場合は「勝利至上主義者」と呼ばれる声が存在することを挙げる。

中国の場合、二一世紀に入って『不機嫌な中国――偉大な時代、壮大な目標、内部の苦悩と外部の挑戦』(二〇〇九年)と、『中国の夢――ポスト米国時代の大国思考と戦略的位置付け』(二〇一〇年)という極めて民族主義的な二冊が、政府の検閲を通過して販売され、ベストセラーとなっている事実に懸念を示す。

一方、米国側でも、自らの安全保障を脅かす非民主主義の国には体制の変革、つまりイラク戦争でゴリ押ししたレジーム・チェンジを求めるしかないというネオコン・グループが米国政治で一定の影響力を持つ以上、この双方の「ネオコン現象」は互いに連動して、中国と米国は「クロウの覚書」が予言したような「マラソン競争」、「世紀の決闘」、最後は「ゼロサムゲーム」という不毛な選択に追い込まれる可能性は否定できない、と著者は危惧する。

太平洋共同体の提唱

しかし、著者は、「中国海軍の増強に対してアメリカがその同盟国とともに軍備の増強で対応するといった第一次世界大戦前と同じような「落とし穴」にはまり込むのを避けなければならない」と警告はするものの、最後は楽観的である。

その理由として、鄧小平、江沢民に続いて改革開放政策を軌道に乗せ、中国の国際社会入りを実現させたとして、著者が高く評価する胡錦濤―温家宝政権の中核に位置し、著者とも長時間の会談を重ねた戴秉国が二〇一〇年一二月に「平和的発展の道を歩む」と題して発表した論文を引用する。戴秉国はこの中で、二〇一〇年の段階でも一億五〇〇〇万人が貧困ライン以下で生活している中国の後進性と社会的格差の拡大を挙げて、中国脅威論を否定している。

そして、著者は自ら一人っ子政策の影響に触れ、二〇五〇年までには中国人口の半分が四五歳以上となる極端な高年齢化社会の到来というすさまじい不安定要素を指摘して、この戴秉国テーゼに肩入れしている。

つまり、キッシンジャー博士は「このような大きな国内問題を抱える国家が安易に、ましてや自動的に戦略的対立ないしは世界支配の追求に自ら乗り出すことはない。大量破壊兵器が不可知な最終結果をもたらす現代の軍事技術の存在は、第一次世界大戦前の状況との重要な違いとなっている」と述べて、「クロウの覚書」の懸念再現の可能性を否定する。

したがって、著者は、今の米国と中国との関係は、「現実的に互いに何を求めていくかという点に行きつく」として、協力関係を構築するというよりも、ともに可能な領域では協力しながら自国の課題解決に取り組むこと、つまり対立を最小限に抑え、互いの関係を調整し、補完できる利害を特定し、育成していく「相互進化」を推進していくことが重要だと説く。そして最終目標として、米国が「アジア国家」であるとの明確な認識の上に立って、中国に日本などを含めた、太平洋で結ばれるすべての国が参加する太平洋共同体の構築を提唱する。

オバマ大統領が二〇一一年一一月、ハワイでのＡＰＥＣ首脳会議に続くオーストラリア・ダーウィンでの演説で米海兵隊の常駐体制を発表、「太平洋国家」としての米国を再宣言し、中国の海軍力増強にアジア、太平洋諸国間で高まる懸念に応えて「力の均衡」を意識した一石を投じたことは、このキッシンジャー・テーゼとオバマ・ホワイトハウスとの距離の近さを示唆したものとして興味深い。

北朝鮮危機を予測

今、キッシンジャー博士は習近平とのチャンネルまで確立し、その「守護者」としての地位は順風のように見える。毛沢東が著者に「一〇〇年待ってもよい」と言った台湾問題も馬英九総統再選で、「基本政策は平和的統一と一国二制度」(温家宝首相)とする中国との共生が進んでいる。

しかし、著者は本書の終盤で二つの長期的な懸念を隠さない。

第一は、米中経済の相互依存が高まるなかで、人民元の過小評価が米国内での雇用喪失につながるとの米国世論や議会での論議を呼び、選挙ごとに政治的な争点の一つになっている現実である。著者はここでも中国が大幅な人民元の切り上げに踏み切らないのは、通貨操作ではなく、中国企業の倒産を防ぐという政治的安定の必要性のためだと温家宝発言を引用しながら中国側を弁護する。米国が世界経済の成長のために必要だとの観点から、あまりこの人民元切り上げ問題や著作権保護問題で中国への要求を強めると、結果として中国経済のアジアブロック化を助長し、米国にブーメラン現象となって戻ってくるとも述べ、やはり相互利益という観点から太平洋共同体構想を推進することに出口を求めるべきだとしている。しかし、米中経済関係が今や切っても切れない一方で、それぞれの国内で抱える矛盾には、人権問題をめぐる理念的な「しのぎ合い」と同様に、簡単な出口がないことも忘れてはいけないとの立場である。

第二には、著者が二〇一一年一二月に起こった金正日の急死に伴う朝鮮半島情勢不安定化の可能性を本書執筆の段階から注目している。「支配一族のトップが共産主義統治の経験すらなく、ましてや国際関係の経験もない二七歳の息子への権力移譲に着手し始めた」として「予測不能ないしは不可知な理由で内部崩壊する可能性が絶えずある」と予測する。

そして「もし北朝鮮が核武装すれば、日本や韓国だけでなく、ベトナムやインドネシアなどのアジア諸国までもが最終的に核クラブ入りし、アジアの戦略的展望が様変わりすることになる」として、「中国の指導者はそのような結果には反対している。同様に中国は、北朝鮮の壊滅的な崩壊も危惧している。なぜなら、そうなれば六〇年前に中国が阻止しようとして戦ったのとまったく同じ状況が国境地帯に再現される可能性があるからだ」とここでも中国の立場への理解を示している。この「予測不能ないしは不可知」な事態に対処するためには、米国と中国の協議、そして六カ国協議の場が重要だ、とアドバイスする。中国最高指導部との間に深いチャンネルがあり、北朝鮮側ともニューヨーク、北京での接触の実績があることから、米中関係の「守護者」としての仕事の延長で著者の出番があるようにも思える。

「引き出物」としての日米安保条約

最後に、こうしたキッシンジャー博士が構築した米国と中国の関係の中での日米関係の位置付けを、正確にとらえておかねばならない。

一九七一年の秘密訪問以降、毛沢東、周恩来に対し、著者が「中国が危惧する日本軍国主義の復活を阻止する役割も果たす」との論理で説得し、やがて受け入れさせることに成功した日米安保条約、つまり日米同盟は、今やその最終目標として「太平洋共同体」まで視野に入れた著者の青写真の中に組み込まれているからである。現在、普天間基地の移転問題でその負の部分が顕在化している沖縄の米軍基地問題をめぐる日本のジレンマも、突き詰めると、このアイロニーに満ち満ちた日本、米国、中国の三極関係の落とし子であることが浮き彫りになる。

本書では、ページ数は限られながらも、そのアイロニーの原点ともいえる毛沢東と著者との生々しいやりとりが紹介されている。両者のやりとりは「会談記録」として、既に米外交文書館(*FRUS*)で公開されている。その全文を取り寄せて、著者が本書で引用していない部分を加えると、日本にとっては重い実像が明らかになる。

まず、一九七二年二月の毛沢東との初会談の席上で、ニクソンが「日本を中立、無防備の状態にしておくより、当面米国と一定の関係を持たせる方がお互いのために良いことではないのか」と問いかけたのに対し、毛沢東は「こうした面倒な問題すべてについて私は深入りしたくない」とはぐらかす。しかし、米国側は、著者が「日本問題は毛沢東との和解の戦略上、主要な構成要素になることになっていた」と述べているように、一九六九年一月のニクソン政権発足直後から水面下で構築していたシナリオに基づき、沖縄米軍基地を抱え込んだ日米安保体制を、中国の日本軍国主義復活に対する不安を除去する切り札として使う。一九七一年七月のキッシンジャー秘密訪問以来の周恩来首相との接触を通じて、この論理を売り込み、日米安保条約は台湾防衛を含め中国を敵視する条約であり、日本軍国主義の再興の引き金を引くものだ、とのそれまでの公式発言を繰り返す中国側を説得する。

その結果、毛沢東が一九七三年一一月、既に国務長官も兼任していた著者との会談の際に、この米国側の見解を了承したことを明らかにした上で、次のような対話を行ったことを紹介している。

「毛　日本について話したい。今回あなたは日本を訪問し、数日間滞在する予定だね。

キッシンジャー　主席は日本のことではいつも私をしかります。私は主席の言うことを真剣に受け止め、今回は二日半滞在します。主席の言うことはまったく正しい。日本が孤立し取り残されたと感じないことが極めて重要です。日本が何か画策したいと思うような衝動を、われわれはあまり起こさせるべきではありません。

毛　すなわち、彼ら［日本］をソ連側に追いやらないということだ。」

結局、中国としては、日米安保体制という日本に対する米国の核を含む軍事的な傘が、日本軍国主義の復活を阻止する上でも有用であるとの米国の説得を受け入れると同時に、ソ連との対決のためにも米国とともに日本も味方につけておく価値があるとの二段構えのプラス要素を計算した上で戦略的な決定をくだしたということである。つまり、日米安保体制が米国によって、ニクソン訪中、対中和解のいわば「引き出物」として中国側に差し出され、毛沢東もこれを対ソ戦略の一部に組み込んで上機嫌で受け入れたというわけである。現在の沖縄米軍基地問題もここから始まる。

キッシンジャー博士は、一九七三年三月三日付のニクソン宛て秘密メモの中で、次のように誇らしげに報告している。このメモは二〇〇三年以降、米国立公文書館で公開されているものの、本書では触れられていない。

「過去二〇カ月間のわれわれの説得の結果、周恩来は今や非公式の場では、日米安保条約が日本の拡張主義と軍国主義に対する歯止めとなっていることを認めている。彼は北京政府が最近は日本との対応において、安保条約を攻撃するようなことは全くしていないことを指摘していた……」。

この頃から日本軍国主義の再興を懸念し、日米安保を非難する中国のマスコミによる激しい論調はぴたりと止まった。

「日本人のメンツを傷つけるのではないか」

「主席は日本のことではいつも私をしかります」という甘えた表現で著者が毛沢東と話しているくだりは会談記録全文を読むと、本書には記載はされていないものの、一九七三年二月の会談の際、毛沢東との間で交わされた以下のやりとりを受けたものであることがわかる。

この時も、毛沢東は著者に対し「あなたは日本経由で帰国すると聞いているが、日本では彼らともう少し時間をかけて話すべきではないか。一日だけというのは彼らのメンツを傷つけるのではないか」と日本側への配慮を求めている。キッシンジャー博士は「今度の旅行はこの北京での会談が主な目的で、また別に東京を訪問する予定です」と答え、毛沢東は「それがいい。そしてはっきり彼らに言っておいてほしい。日本人のソ連に対する感情は決して良くないはずだ」と述べている。

この後、著者が日本人の対ソ感情について、「彼らは複雑な心境です」と答えると、毛沢東は田中角栄首相が前年の日中首脳会談の際、周恩来に対し、ソ連が第二次世界大戦で日本にやったことは、自ら首をくくろうとしている人間の足もとの椅子を蹴飛ばすようなことだった、と語ったといったエピソードを披露、さらに周恩来まで交えながら、「中国としては日本がソ連と接近するより、米国と仲がよい方を望む」(毛沢東)、「大平外相がモスクワに呼ばれている」（キッシンジャー）、「大平は他の連中と比べて、ソ連のことをよく理解している」（周恩来）といった日ソ関係についての露骨な会話を続けている。

毛沢東が「日本人のメンツ」にまで気を遣ったのは、ニクソン訪中の発表が日本の頭越しに行われ、日本に「ニクソン・ショック」という言葉が残ったことを知り、日本側の反発を心配していたことを意味する。毛沢東の言う「横線」、つまり当時のソ連包囲網に日本を加えようという執念の深さを示すものであると同時に、こうした毛沢東のきめの細かい外交姿勢について、著者が興味深い観察を残していることを報告しておきたい。

毛沢東は国境を接している国々では、どんなに国内情勢が苦しいときでも、中印戦争（一九六二年）、朝鮮戦争（一九五〇—五三年）、中ソ国境紛争（一九六四年—）、中越戦争（一九七九年）と武力行使をいとわなかったとした上で、その他の国々には「毛沢東は物理的な力の代わりに、イデオロギー闘争と心理的認識を用いる独特のスタイルを導入した。それは中国が世界の中心だという見方に世界革命で少々味をつけ、野蛮人たちを巧みに操る中国的伝統を用いた外交を加味したもので成り立っていた。そこでは詳細な計画と相手側を心理的に支配することに非常な注意が払われていた」と著者は分析している。

まさに著者に「しかられた」と受けとらせる日本のメンツ重視の姿勢は、この「相手側を心理的に支配する」一手が発動された実例であろう。毛沢東の後継者たちもこの「中国的伝統」は引き継いでいると見て間違いない。

「永遠のリズム」に敗れた毛沢東

この「中国的伝統」について、著者は本書の最初の五つの章を使ってユニークな考察を行っている。

「文字に記録されただけでも」四〇〇〇年の歴史を持つ中国において、英国とのアヘン戦争で負け、香港島を割譲させられても敗戦とは思わず、欧州列強からの蒸気機関など最新工業技術を贈られても「おもちゃ」としか受け止めなかった清王朝の皇帝たち。その「中国が世界の中心だ」との天命意識の残滓の中で、毛沢東が多分にその伝統を生かしながら、その価値観を変える革命にいかに挑戦し、いかに「継続革命」を構築し続けたかを分析している。

著者は、毛沢東について、「対外政策ではレーニンよりも孫子に負うところが大きかった」、「孫子の弟子の一人」と踏み込んだ上で、「彼は中国古典の読書と表向きは軽侮している中国の伝統から、ひらめきを得ていた。外交政策の戦略を立てる時、毛沢東はマルクス主義理論より、伝統的な中国の著作を参照していた」として、孔子以下の儒教の書物、中国の歴代王朝の勃興と没落について記した正史「二十四史」、「孫子の兵法」、「三国志演義」、その他の戦争と戦略に関する古典、「水滸伝」のような冒険と反抗の物語、ロマンスと優雅な不義密通の小説「紅楼夢」なども読んだと紹介している。そして、中国の伝統的なギャンブルゲームであるマージャン、中国将棋、囲碁の影響を受け、特に包囲戦、長期戦が特徴の囲碁は、食うか食われるかの戦いを演じるチェスとの対比で、毛沢東のゲリラ戦略に影響を与えた、と分析している。

しかし、キッシンジャー博士は、最後はクールに毛沢東を突きはなしている。世界の革命の歴史の中でも例のない「継続革命」を推進し、米国に対しては敵対から同盟へ、ソ連に対しては同盟から敵対へと立ち回り、結果として冷戦の「勝者」としての立場に立つことに成功したにもかかわらず、結局は、中国四〇〇〇年の伝統を変えるところまでは行かなかったからだという。

「従順であると同時に依存はしない。言いなりになると同時に独立独歩である。家族の将来と相容れないと自分が考える命令を実行するにあたっては直接の抗議ではなく、その実行を躊躇することで制限を加えようとする」という四〇〇〇年の歴史の中で培ってきた中国人の生活の「永遠のリズム」を変えることはできなかったのだという。その実例として、毛沢東の死からほぼ四〇年、毛沢東の後継者たちが今や豊かになった中国社会を「和諧社会」と形容し、全世界に中国語を教える孔子学院を展開し、二〇一一年初めには、毛沢東記念堂の見える天安門広場近くに孔子像が設置された事実をあげる(その後近くの国家博物館の内庭に移された)。

その毛沢東に「七〇─三〇」の評価を与えて天安門広場にその肖像を今も掲げ続ける中国は、これからどのような道を歩もうとしているのか──。

日米より六九年も前に始まった米中関係

毛沢東に「ニクソン・ショック」を同情され、そのメンツを心配された日本が今、心しなければならないのは、毛沢東も裏切られたという中国の「永遠のリズム」が米国という国と出会ったのは、日本への「黒船」来航よりも六九年も早い一七八四年七月のことだという単純な歴史的事実である。それは、その名も「中国皇后号」と名づけられた一隻の米国商船が、ニューヨークから四カ月かけてカントンの港にたどり着いた時である。

以後、建国期の米国財政を支えた対中国貿易に続いて、一八三〇年からは宣教師団の組織的な派遣が始まり、その米国人宣教師が書いた米国紹介文がアヘン戦争敗北に学んで編集された魏源の外国事情ガイドブック、「海国図志」の一部として幕末の日本に伝わり、吉田松陰を含む志士たちの必読書となる。明治維新翌年の一八六九年に開通した米国の太平洋岸と大西洋岸を結ぶ大陸横断鉄道の建設は、珠江デルタからの中国人労働者の参加なくしては完成できなかった。二〇世紀に入り、米国の義和団事件賠償金による大学建設、太平洋戦争での抗日同盟、延安での米代表団との交流、国務省中国白書による中国内戦不介入宣言——と続き、朝鮮戦争からニクソン訪中までの二二年間の敵対期間をのぞけば、日本とは対照的に前向きの関係には事欠かない。この米国と中国との四世紀にまたがる接触の時間の中で、キッシンジャー博士の秘密訪問が窓を開けた過去四一年間は、そのほんの一部にすぎない。

本書の一番の価値は、日本が明治以降、ほとんど無視してきたこの米国と中国との間の、日本には持ち得なかった関係の重さをかみしめさせてくれることかもしれない。

訳者あとがき

二〇一二年一月一六日、北京の釣魚台迎賓館では「ニクソン訪中および上海コミュニケ発表四〇周年」の記念集会が開かれていた。中国人民外交学会、中国国際問題研究所などが共催したこの集会の主賓は、本書の著者であるキッシンジャー博士と、秋には一三億人のトップへの就任が確実な習近平国家副主席だった。

博士が、米中接近という世界の流れを変える戦略転換のために極秘訪中した一九七一年七月当時、習近平青年は一八歳。中南海の奥深くで行われた世紀の外交接触など知る由もなく、下放先の陝西省延安市延川県梁家河の農村で、黄土高原での慣れぬ農作業に悪戦苦闘していた。その青年が今や、二一世紀の米中関係を担おうとしている。親子ほども年の違う次期指導者のスピーチに耳を傾ける博士は感慨深げだった。毛沢東、周恩来以来の歴代中国首脳との追憶や、習近平時代の米中関係がどうなるのかといった思いが、脳裏に去来していたのかもしれない。

中国経済が鄧小平モデルによる改革開放政策の成功で、ドイツを抜き、日本を抜き、ついには米国の背中が見えるところまで来た現在、世界が大きな関心を寄せているのは、米中が仕切る世界はどうなるのか、米中はうまくやっていけるのか、文明の対立は起きないのかという点であろう。特に太平洋を挟む両国の間に位置し、双方と緊密な関係を持つ日本は、米中関係の行方に注目せざるを得ない。

本書はこうした問題を考える際に避けて通れない「中国の特異性」について、大きなヒントを提示している。すなわち、本書で詳述された過去四〇年余りの米中関係史はまさに、米国外交が中国の特異性とどうかかわってきたかを示す軌跡であり、欧米の価値観で構成される現在のグローバル・スタンダードと、中国の特異性とは共存可能かというテーマにとって、大いに参考になるからである。

では、中国の特異性とは具体的には何を指すのであろうか。博士は、第1章を「中国の特異性」に充てたほか、随所でそれに触れている。いくつか拾ってみると、中国は(一)長い歴史を持つために、過去の出来事や教訓から物事を判断する、(二)自らを世界の中心であり卓越した存在と考える、(三)時間の観念が長く、長期戦略による相対的な優位を追求する、(四)西欧流の近代化は中国の文明や社会秩序を損なうと考える、(五)本能的に自立更生、自給自足の独自性を主張する、(六)侵入した異民族を中国化させるような文化力や忍耐力を持つ、(七)事物は流動的、相対的であり、矛盾や不均衡の存在は自然と考える、(八)完全な征服より調和を、直接的な勝利より心理的優位を狙う、(九)米国とは異なり自らの価値観を世界に広めようとはしない——などの傾向があると指摘されている。

中国では数年前から「普遍的価値」をめぐる論争が続いている。自由、平等、人権、民主といった概念を、中国も人類が目指すべき価値として認めるかどうかの論争である。二〇一〇年にノーベル平和賞を受賞した劉暁波氏ら民主派は、普遍的価値を認めて政治改革を推進すべきと主張する。これに対し保守派は「普遍的価値とは西側の価値観の押し付け」であり、中国には独自の価値観があると批判する。劉暁波が服役中であることが示すように、中国内で優勢なのは、中国は欧米とは異なるとの主張である。この論争も結局は、中国の特異性に絡むものと言える。もし普遍的価値を認めるなら、中国も最終的には欧米と類似した世界秩序を目指すことになる。しかし認めないのなら、中国の国家目標は欧米とは異なることになり、米中関係の将来に影響を与えかねない。

終章で米中関係の今後について考察したキッシンジャー博士は、両国は相互進化と太平洋共同体の創設で共存を目指すべきだと主張している。確かに、米ソ冷戦時代は経済活動もそれぞれの経済圏の中で行われていた。グローバル化した現在は、中国が米国国債の最大の保有国(二〇一一年一一月現在)であり、米国が中国の最大の輸出相手国(同年)であるように、たとえ価値観が異なっていても、それを理由に対立してはいられない時代になっている。

新華社電によると、冒頭の集会でのスピーチで、習副主席は「中米関係が発展した内在的原動力は両国の共通利益」であると分析、今後も両国人民の根本的利益から出発し、ウィンウィンの精神で協力関係を建設しようと訴えた。キッシンジャー博士は、両国は共通利益を基礎に協力を展開すべきで、意見の食い違いを制御不能にしてはならないと指摘した。両者がともに強調したのは、米中の「共通利益」だった。長い歴史過程で形成された中国の特異性は、簡単に変わるものではない。ますます進展するグローバル化の中で、米中の共通利益と中国の特異性とがどう絡み合って展開していくのかは、二一世紀の国際情勢に影響する底流として、注目していかねばならないだろう。

本書は共同通信社外信部の同僚であった岩瀬彰、塚越敏彦、松下文男、中川潔、横山司が分担して翻訳し、横山司、塚越敏彦が最終的なチェックに当たった。われわれが翻訳に当たるきっかけとなったのは、解説の執筆者で米中関係に造詣の深い先輩の松尾文夫氏の紹介だった。松尾氏と編集作業でお世話になった岩波書店の馬場公彦、中山永基の両氏に謝意を表したい。

二〇一二年二月二〇日

塚越敏彦

本書は二〇一二年三月、岩波書店より刊行された。

〈訳者紹介〉

塚越敏彦

1947年生まれ．共同通信社上海支局長，北京支局長，編集局次長，社団アジア地区総代表，KK国際情報センター長などを歴任．共訳書に『東と西』(クリス・パッテン著，共同通信社，1998年)，『台湾の四十年 ── 国家経済建設のグランドデザイン』上・下(高希均・李誠編，連合出版，1993年)，編著に『最新中日外来語辞典』(日中通信社，1999年)．

松下文男

1947年生まれ．共同通信社ニューデリー支局長，ワシントン支局員，ロンドン支局員，国際局，システム局，KK共同ジャパン・ビジネス・センター編集長などを歴任．共訳書に『チリ33人 ── 生存と救出，知られざる記録』(ジョナサン・フランクリン著，共同通信社，2011年)．

横山 司

1949年生まれ．共同通信社ナイロビ支局長，ロンドン支局員，香港支局長，外信部長，編集委員を経て退社後，翻訳家．共訳書に『チリ33人』．

岩瀬 彰

1955年生まれ．共同通信社本社経済部，香港支局，KK共同情報編集部長，中国総局次長，編集局ニュースセンター副センター長，熊本支局長，社団アジア室編集長などを歴任．著書に『「月給百円」サラリーマン ── 戦前日本の「平和」な生活』(講談社現代新書，2006年)，共訳書に『東と西』．

中川 潔

1957年生まれ．共同通信社上海支局長，中国総局長，外信部長，社団アジア室長などを歴任．

原　注

第10章

(1) "Memorandum of Conversation: Beijing, February 17-18, 1973, 11:30 p.m.-1:20 a.m.," in David P. Nickles, ed., *Foreign Relations of the United States (FRUS), 1969-1976*, vol. 18, *China 1973-1976* (Washington, D.C.: U.S. Government Printing Office, 2007), 124.
(2) Ibid., 124-125.
(3) Ibid., 381.
(4) Ibid., 387-388.
(5) ジョージ・ケナンは，モスクワからの通称「長文電報」(1946年)，およびフォーリン・アフェアーズ誌(1947年)の匿名にはなっているが，著者が誰であるかは明白な論文 "The Sources of Soviet Conduct" の中で，ソ連がイデオロギーによって米国，西側に対して執念深く敵対し，ソ連主導の共産主義が断固たる抵抗に遭遇しないあらゆる地域に拡大するとの論陣を張った．ケナンはソ連の圧力を「一連の絶えず変化する地理的・政治的な地点で，反撃能力を巧妙かつ用心深く適用することによって封じ込めることができる」と断言したが，彼の封じ込め理論はそもそも軍事ドクトリンではなかった．彼の理論は，ソ連の拡張に対抗する防壁として，外交圧力の使用と，非共産主義世界の国内政治および社会改革の力量とを重視した．
(6) "Memorandum of Conversation: Beijing, November 12, 1973, 5:40-8:25 p.m.," *FRUS* 18, 385.
(7) Ibid., 389.
(8) 南北イエメン統一前の，ソ連と同盟関係にあったイエメン人民民主共和国のこと．
(9) "Memorandum from the President's Assistant for National Security Affairs (Kissinger) to President Nixon: Washington, November 1971," in Steven E. Phillips, ed., *Foreign Relations of the United States (FRUS), 1969-1976*, vol. 17, *China 1969-1972* (Washington, D.C.: U.S. Government Printing Office, 2006), 548.

(10)　"Memorandum of Conversation: Beijing, November 12, 1973, 5:40-8:25 p.m.," *FRUS* 18, 391.

(11)　"Memorandum of Conversation: Beijing, February 17-18, 1973, 11:30 p.m.-1:20 a.m.," *FRUS* 18, 125.

(12)　"Memorandum of Conversation: Beijing, November 12, 1973, 5:40-8:25 p.m.," *FRUS* 18, 131. いくつかの証言によると，毛沢東が「横線」の中に取り上げた国々のリストには中国が含まれていた．中国という単語は通訳されず，会話を記録した米側のトランスクリプトにはなかった．中国を含むことは，「横線」を引くと中国の東西にくる国々がリストに存在することで少なくとも暗示されていた．

(13)　Kuisong Yang (楊奎松) and Yafeng Xia (夏亜峰), "Vacillating Between Revolution and Détente: Mao's Changing Psyche and Policy Toward the United States, 1969-1976," *Diplomatic History* 34, no. 2 (April 2010), 408.

(14)　"Memorandum of Conversation: Beijing, February 17-18, 1973, 11:30 p.m.-1:20 a.m.," *FRUS* 18, 134.

(15)　Ibid., 136.

(16)　"Memorandum of Conversation: Beijing, October 21, 1975, 6:25-8:05 p.m.," *FRUS* 18, 794.

(17)　Yang and Xia, "Vacillating Between Revolution and Détente," 413.

(18)　Ibid., 414.

(19)　"Memorandum of Conversation: Beijing, February 15, 1973, 5:57-9:30 p.m.," *FRUS* 18, 38.

(20)　Ibid., 32.

(21)　"Memorandum of Conversation: Beijing, February 17-18, 1973, 11:30 p.m.-1:20 a.m.," *FRUS* 18, 137.

(22)　第13章「「虎の尾を踏む」――第3次ベトナム戦争」参照．以下も参照．Henry Kissinger, *Years of Upheaval* (Boston: Little, Brown, 1982), 16-18, 339-367.

(23)　中国の分析は長期的に見れば，正確でなかったことが明らかになった．1975年に調印されたヘルシンキ宣言は現在，ソ連による東欧支配を弱体化させた主要な要因であると見なすのが一般的である．

第11章

(1) Roderick MacFarquhar, "The Succession to Mao and the End of Maoism, 1969-1982," in Roderick MacFarquhar, ed., *The Politics of China: The Eras of Mao and Deng*, 2nd ed. (Cambridge: Cambridge University Press, 1997), 278-281, 299-301. 毛沢東は中国の「純粋」な青年層からの後継者探しを進める過程で，省レベルの左翼オルガナイザーとして知られているだけだった37歳の王洪文を，共産党序列第3位の地位に昇進させた．彼の流星のような昇進は多くの観測筋を困惑させた．王は江青と緊密に協力したが，その公的地位にふさわしい独立した政治的独自性や権威を確立することはなかった．彼は1976年10月，他の四人組とともに失脚した．

(2) この対比は特に以下の中で詳述されている．David Shambaugh, "Introduction: Assessing Deng Xiaoping's Legacy," Lucian W. Pye, "An Introductory Profile: Deng Xiaoping and China's Political Culture," David Shambaugh, ed.. *Deng Xiaoping: Portrait of a Chinese Statesman* (Oxford: Clarendon Press, 2006), 1-2, 14.

(3) "Memorandum of Conversation: Beijing, November 14, 1973, 7:35-8:25 a.m.," in David P. Nickles, ed., *Foreign Relations of the United States (FRUS), 1969-1976*, vol. 18, *China 1973-1976* (Washington, D.C.: U.S. Government Printing Office, 2007), 430.

(4) "Memorandum from Richard H. Solomon of the National Security Council Staff to Secretary of State Kissinger, Washington, January 25, 1974," *FRUS* 18, 455.

(5) Gao Wenqian (高文謙), *Zhou Enlai: The Last Perfect Revolutionary*, trans. Peter Rand and Lawrence R. Sullivan (New York: PublicAffairs, 2007), 246.

(6) Kuisong Yang (楊奎松), and Yafeng Xia (夏亜峰), "Vacillating Between Revolution and Détente: Mao's Changing Psyche and Policy Toward the United States, 1969-1976," *Diplomatic History* 34, no. 2 (April 2010), 414. この会議議事録は公開されていない．引用は元外務省幹部の王幼平が記した未発刊の回顧録を利用した．王幼平は喬冠華外相が記した政治局会議紀要に内々に通じていた．

(7) Chou Enlai, "Report on the Work of the Government: January 13, 1975," *Peking Review* 4 (January 24, 1975), 21-23.

(8) Ibid., 23.

(9) "Speech by Chairman of the Delegation of the People's Republic of China, Teng Hsiao-Ping, at the Special Session of the U.N. General Assembly: April 10, 1974" (Peking: Foreign Languages Press, 1974).

(10) Ibid., 5.

(11) Ibid., 6.

(12) Ibid., 8.

(13) "Memorandum of Conversation: Beijing, October 21, 1975, 6:25-8:05 p.m.," *FRUS* 18, 788-789.

(14) Ibid., 788.

(15) 北京の米中連絡事務所長ジョージ・H・W・ブッシュ，国務省政策立案スタッフのウィンストン・ロード，および私の3人.

(16) "Memorandum of Conversation: Beijing, October 21, 1975, 6:25-8:05 p.m.," *FRUS* 18, 789-790.

(17) Ibid., 789.

(18) Ibid., 793.

(19) Ibid. ドイツ軍のフランス侵攻により，英国は1940年，海外派遣軍を撤退させた[撤退作戦が行われたダンケルクには，地名を刻んだ記念碑が建っている].

(20) Ibid., 794.

(21) Ibid.

(22) Ibid., 791.

(23) Ibid., 792.

(24) Ibid.

(25) Ibid., 790.

(26) Ibid., 791.

(27) Ibid.

(28) "Memorandum of Conversation: Beijing, October 25, 1975, 9:30 a.m.," *FRUS* 18, 832.

(29) Ibid.

(30) "Paper Prepared by the Director of Policy Planning Staff (Lord), Washington, undated," *FRUS* 18, 831.

(31) "Memorandum of Conversation: Beijing, December 2, 1975, 4:10-6:00 p.m.," *FRUS* 18, 858.

(32) Ibid., 859.
(33) 国共内戦期の延安における毛沢東の仲間で，前将軍，当時の駐米連絡事務所主任．
(34) 王海容とナンシー・タン(唐聞生)．
(35) 喬冠華外相．
(36) "Memorandum of Conversation: Beijing, December 2, 1975, 4:10-6:00 p.m.," *FRUS* 18, 859.
(37) Ibid., 867.
(38) 秦の始皇帝と唐王朝の女帝則天武后の苛烈さを激しく批判した文書があったが，それは毛沢東と江青をそれぞれ指していた．
(39) 以下を参照．Henry Kissinger, *Years of Renewal* (New York: Simon & Schuster, 1999), 897.

第12章

(1) Richard Evans, *Deng Xiaoping and the Making of Modern China* (New York: Viking, 1993), 186-187.
(2) 例えば以下を参照．「軍隊は整頓しなければならない(1975年1月25日)」『鄧小平文選』第2巻，および「今，鉄鋼工業が解決を要するいくつかの問題(1975年5月29日)」同上．
(3) 「全党は大局を重んじ，国民経済を向上させよう(1975年3月5日)」同上．
(4) 「科学技術工作を前面に出さなければならない(1975年9月26日)」同上．
(5) 「軍隊は整頓しなければならない(1975年1月25日)」同上．
(6) 「各分野をすべて整頓しなければならない(1975年9月27日，10月4日)」同上．
(7) Deng Xiaoping (鄧小平) "Memorial Speech," as reproduced in *China Quarterly* 65 (March 1976), 423.
(8) 「「二つのすべて」はマルクス主義に合致しない(1977年5月24日)」『鄧小平文選』第2巻，note 1 (この原則を打ち出した1977年2月の論説から引用)．また，以下を参照．Roderick MacFarquhar, "The Succession to Mao and the End of Maoism, 1969-1982," in Roderick MacFarquhar, ed., *The Politics of China: The Eras of Mao and Deng*, 2nd ed.(Cambridge: Cambridge University Press,

1997), 312-313.

(9)　MacFarquhar, "The Succession to Mao and the End of Maoism, 1969-1982," in MacFarquhar, ed., *The Politics of China*, 312.

(10)　「全軍政治工作会議での講話(1978年6月2日)」『鄧小平文選』第2巻.

(11)　「「二つのすべて」はマルクス主義に合致しない(1977年5月24日)」同上.

(12)　「知識を尊重し，人材を尊重する(1977年5月24日)」同上.

(13)　Stanley Karnow, "Our Next Move on China," *New York Times* (August 14, 1977); Jonathan Spence, *The Search for Modern China* (New York: W. W. Norton, 1999), 632.

(14)　Lucian W. Pye, "An Introductory Profile: Deng Xiaoping and China's Political Culture," in David Shambaugh, ed., *Deng Xiaoping: Portrait of a Chinese Statesman* (Oxford: Clarendon Press, 2006)参照.

(15)　「思想を解放し，実事求是で，前に向かって一致団結しよう(1978年12月13日)」『鄧小平文選』第2巻.

(16)　同上.

(17)　同上.

(18)　「四つの基本原則を堅持しよう(1979年3月30日)」『鄧小平文選』第2巻.

(19)　同上.

(20)　同上.

(21)　鄧小平は1983年まで副首相と中国人民政治協商会議主席，1981年から1989年まで中央軍事委員会主席と中央顧問委員会主任を務めた.

(22)　Evans, *Deng Xiaoping and the Making of Modern China*, 256.

第13章

(1)　「虎の尾を踏む」は毛沢東が広めた中国のことわざで，大胆だったり，危険だったりする何事かを行うことを意味する．華国鋒のこの発言は，私が1979年4月に北京で会談した時のもの.

(2)　文化大革命の間，当時の国防相だった林彪は人民解放軍のすべての階級と記章を廃止し，兵士に対し「毛沢東語録」を使った徹底

的なイデオロギー教育を命じた．軍は，通常の任務から懸け離れた，社会的，イデオロギー的な役割を果たすよう求められた．こうした出来事が第3次ベトナム戦争時の軍に及ぼした損害に関する詳しい評価については Edward O'Dowd, *Chinese Military Strategy in the Third Indochina War* (New York: Routledge, 2007)を参照．

(3) "Zhou Enlai, Kang Sheng, and Pham Van Dong: Beijing, 29 April 1968," in Odd Arne Westad, Chen Jian (陳兼), Stein Tønnesson, Nguyen Vu Tung, and James G. Hershberg, eds., "77 Conversations Between Chinese and Foreign Leaders on the Wars in Indochina, 1964-1977," Cold War International History Project Working Paper Series, working paper no. 22 (Washington, D.C.: Woodrow Wilson International Center for Scholars, May 1998), 127-128. (引用文中の丸括弧は原文のママ)．

(4) 第8章「和解への道」221頁参照．

(5) 私は，(毛沢東にしてみれば)イデオロギー的に正しいポル・ポト派に，周恩来が結局は必要のなかった妥協を迫ったことが，彼の権力喪失につながったと，かねてから考えている．Henry Kissinger, *Years of Upheaual* (Boston: Little, Brown, 1982), 368参照．

(6) Robert S. Ross, *The Indochina Tangle: China's Vietnam Policy, 1975-1979* (New York: Columbia University Press, 1988), 74が引用した1975年8月15日の新華社報道．英語への翻訳は1975年8月18日の中国 Foreign Broadcast Information Service (FBIS) Daily Report, A7による．

(7) Ibid.

(8) Ibid., 98が引用した1976年3月15日の新華社報道．英語への翻訳は1976年3月16日の中国 FBIS Daily Report, A13による．

(9) アフガニスタンでは1978年4月，大統領暗殺と政権転覆が発生．1978年12月5日にはソ連とアフガン新政権が友好善隣協力条約を締結し，1979年2月19日，駐アフガン米大使が暗殺された．

(10) Cyrus Vance, *Hard Choices: Critical Years in America's Foreign Policy* (New York: Simon & Schuster, 1983), 79.

(11) "President Carter's Instructions to Zbigniew Brzezinski for His Mission to China, May 17, 1978," in Zbigniew Brzezinski, *Power and Principle: Memoirs of the National Security Adviser, 1977-1981* (New York: Farrar, Straus & Giroux, 1985), Annex I, 2.

(12)　五原則は「「一つの中国」政策を確認する」「台湾独立運動に米国は支持を与えないと確約する」「日本の台湾への軍事介入がもしあるなら，米国はこれを抑制する」「中国と台湾の関係のあらゆる平和的解決を支持する」「引き続き米中関係の改善に努力する」の5つ．第9章「関係の再開——毛沢東，周恩来との最初の出会い」292頁参照．
(13)　"Memorandum of Conversation, Summary of the President's Meeting with the People's Republic of China Vice Premier Deng Xiaoping: Washington, January 29th, 1979, 3:35–4:59 p.m.," Jimmy Carter Presidential Library (JCPL), Vertical File-China, item no. 270, 10–11.
(14)　"Summary of Dr. Brzezinski's Meeting with Foreign Minister Huang Hua: Beijing, May 21st, 1978," JCPL, Vertical File-China, item no. 232, 3.
(15)　Ibid., 6–7.
(16)　Ibid. サダトは1970年から1981年の暗殺まで，エジプトの大統領を務めた．ここで言及されている彼の「勇敢な行動」とは，エジプトにいたソ連の軍事顧問2万人以上を1972年に追放したことや，1973年10月に第4次中東戦争を戦ったこと，その結果としてイスラエルと平和条約を結んだこと，を指す．
(17)　Ibid., 4.
(18)　Ibid., 10–11.
(19)　"Memorandum of Conversation, Meeting with Vice Premier Teng Hsiao P'ing: Beijing, May 21st, 1978," JCPL, Vertical File-China, item no. 232–e, 16.
(20)　Ibid., 5–6.
(21)　"Summary of Dr. Brzezinski's Meeting with Chairman Hua Kuo-feng: Beijing, May 22nd, 1978," JCPL, Vertical File-China, item no. 233c, 4–5.
(22)　"Memorandum of Conversation, Summary of the President's Meeting with Ambassador Ch'ai Tse-min: Washington, September 19, 1978," JCPL, Vertical File-China, item no. 250b, 3.
(23)　"Memorandum of Conversation, Meeting with Vice Premier Teng Hsiao P'ing: Beijing, May 21st 1978," JCPL, Vertical File-China, item no. 232–e, 6.

(24) 中国の指導者と政策専門家は，現行の国際社会の枠組みの中で大国の地位を獲得しようとする中国の外交政策を「平和的台頭」という言葉で表現する．英国の国際政治学者バリー・ブザンは，この概念に関する中国と西側の研究を統合する秀逸な論文の中で，中国の「平和的台頭」は，鄧小平が中国の国内の発展と外交政策を非共産圏に結び付け，西側との共通利益を図ろうとした，1970 年代末から 1980 年代初頭にかけて始まったとの見方を打ち出した．鄧小平の一連の外遊は，この同盟関係再構築の劇的な例証となっている．Barry Buzan, "China in International Society: Is 'Peaceful Rise' Possible?" *The Chinese Journal of International Politics* 3 (2010), 12-13 参照．

(25) "An Interview with Teng Hsiao P'ing," *Time* (February 5, 1979), http://www.time.com/time/magazine/article/0,9171,946204,00.html.

(26) "China and Japan Hug and Make Up," *Time* (November 6, 1978), http://www.time.com/time/magazine/article/0,9171,948275-1,00.html.

(27) Henry Kamm, "Teng Begins Southeast Asian Tour to Counter Rising Soviet Influence," *New York Times* (November 6, 1978), A1.

(28) Henry Kamm, "Teng Tells the Thais Moscow-Hanoi Treaty Perils World's Peace," *New York Times* (November 9, 1978), A9.

(29) 「武昌，珠海，上海などでの談話の要点(1992 年 1 月 18 日-2 月 21 日)」『鄧小平文選』第 3 巻．

(30) Lee Kuan Yew, *From Third World to First: The Singapore Story—1965-2000* (New York: HarperCollins, 2000), 597.

(31) Ibid., 598-599.

(32) Fox Butterfield, "Differences Fade as Rivals Mingle to Honor Teng," *New York Times* (January 30, 1979), A1.

(33) Joseph Lelyveld, "'Astronaut' Teng Gets New View of World in Houston," *New York Times* (February 3, 1979), A1.

(34) Fox Butterfield, "Teng Again Says Chinese May Move Against Vietnam," *New York Times* (February 1, 1979), A16.

(35) Joseph Lelyveld, "'Astronaut' Teng Gets New View of World in Houston," *New York Times* (February 3, 1979), A1.

(36)　22年は，二つの世界大戦の間の期間に相当する．この時，第2次大戦終結からすでに22年以上が経っており，中国指導部は，一定の歴史のリズムが事態を動かすのではないかと懸念していた．毛沢東も10年前，オーストラリア共産党の指導者E・F・ヒルに同様のことを述べている．以下を参照．第8章「和解への道」223頁；Chen Jian (陳兼) and David L. Wilson, eds., "All Under the Heaven Is Great Chaos: Beijing, the Sino-Soviet Border Clashes, and the Turn Toward Sino-American Rapprochement, 1968-69," *Cold War International History Project Bulletin* 11 (Washington, D.C.: Woodrow Wilson International Center for Scholars, Winter 1998), 161.

(37)　"Memorandum of Conversation, Summary of the President's First Meeting with PRC Vice Premier Deng Xiaoping: Washington, January 29th, 1979," JCPL, Vertical File-China, item no. 268, 8-9.

(38)　"Memorandum of Conversation, Meeting with Vice Premier Teng Hsiao P'ing: Beijing, May 21st, 1978," JCPL, Vertical File China, item no. 232-e, 14.

(39)　"Memorandum of Conversation, Summary of the President's Meeting with the People's Republic of China Vice Premier Deng Xiaoping: Washington, January 29th, 1979, 3:35-4:59 p.m.," JCPL, Vertical File-China, item no. 270, 10-11.

(40)　"Memorandum of Conversation, Carter-Deng, Subject: Vietnam: Washington, January 29th, 1979, 5:00 p.m.-5:40 p.m.," JCPL, Brzezinski Collection, China [PRC] 12/19/78-10/3/79, item no. 007, 2.

(41)　Ross, *The Indochina Tangle*, 229.

(42)　"Memorandum of Conversation, Carter-Deng, Washington, January 29th, 1979, 5:00 p.m.-5:40 p.m.," JCPL, Brzezinski Collection, China [PRC] 12/19/78-10/3/79, item no. 007, 2.

(43)　Ibid., 5.

(44)　Brzezinski, *Power and Principle*, 410.

(45)　"President Reporting on His Conversations with Deng: January 30th, 1979," JCPL, Brzezinski Collection, China [PRC] 12/19/78-10/3/79, item no. 009, 1.

(46) Henry Scott-Stokes, "Teng Criticizes the U.S. for a Lack of Firmness in Iran," *New York Times* (February 8, 1979), A12.
(47) 最も小さな推定人数は Bruce Elleman, *Modern Chinese Warfare, 1795-1989* (New York: Routledge, 2001), 285 に，最も大きな推定人数は Edward O'Dowd, *Chinese Military Strategy in the Third Indochina War*, 3, 45-55 に出ている．
(48) O'Dowd, *Chinese Military Strategy in the Third Indochina War*, 45.
(49) "Deng Xiaoping to Jimmy Carter on January 30, 1979," as quoted in Brzezinski, *Power and Principle*, 409-410.
(50) "Text of Declaration by Moscow," *New York Times* (February 19, 1979); Craig R. Whitney, "Security Pact Cited: Moscow Says It Will Honor Terms of Treaty-No Direct Threat Made," *New York Times* (February 19, 1979), A1.
(51) Edward Cowan, "Blumenthal Delivers Warning," *New York Times* (February 28, 1979), A1.
(52) Ibid.
(53) この通念に挑戦し，ソ連に対抗するという意味でこの戦争が持つ幅広い意義を指摘した数少ない歴史家の一人が，米国海軍大学のブルース・エルマンだ．Bruce Elleman, *Modern Chinese Warfare*, 284-297 参照．
(54) 人民解放軍の戦死者数のさまざまな推定については O'Dowd, *Chinese Military Strategy in the Third Indochina War*, 45 参照．
(55) "Memorandum of Conversation, Summary of the President's First Meeting with PRC Vice Premier Deng Xiaoping: Washington, January 29th, 1979," JCPL, Vertical File-China, item no. 268, 8.
(56) "Memorandum, President Reporting on His Conversations with Deng: January 30th, 1979," JCPL, Brzezinski Collection, China [PRC] 12/19/78-10/3/79, item no. 009, 2.
(57) "Memorandum of Conversation with Vice Premier Deng Xiaoping: Beijing, January 8th, 1980," JCPL, NSA Brzez. Matl. Far East, Box No. 69, Brown (Harold) Trip Memcons, 1/80, File, 16.
(58) Ibid., File, 15.
(59) "President Carter's Instructions to Zbigniew Brzezinski for His Mission to China, May 17, 1978," in Brzezinski, *Power and*

Principle, Annex I, 4.

(60)　ある推定によれば，1986年時点で「ベトナム北部に戦闘部隊70万人」が駐留していた．Karl D. Jackson, "Indochina, 1982–1985: Peace Yields to War," in Solomon and Kosaka, eds., *The Soviet Far East Military Buildup*, as cited in Elleman, *Modern Chinese Warfare*, 206.

(61)　"Memorandum of Conversation, Summary of the Vice President's Meeting with People's Republic of China Vice Premier Deng Xiaoping: Beijing, August 28th, 1979, 9:30 a.m.–12:00 noon," JCPL, Vertical File-China, item no. 279, 9.

(62)　"Memorandum of Conversation Between President Carter and Premier Hua Guofeng of the People's Republic of China: Tokyo, July 10th, 1980," JCPL, NSA Brzez. Matl. Subj. File, Box No. 38, "Memcons: President, 7/80."

(63)　As quoted in Chen Jian (陳兼), *China's Road to the Korean War: The Making of the Sino-American Confrontation* (New York: Columbia University Press, 1994), 149.

(64)　"Memorandum of Conversation, Summary of Dr. Brzezinski's Conversation with Vice Premier Geng Biao of the People's Republic of China: Washington, May 29th, 1980," JCPL, NSA Brzez. Matl. Far East, Box No. 70, "Geng Biao Visit, 5/23–31/80," Folder, 5.

(65)　Lee, *From Third World to First*, 603.

第14章

(1)　George H. W. Bush and Brent Scowcroft, *A World Transformed* (New York: Alfred A. Knopf, 1998), 93–94.

(2)　Taiwan Relations Act, Public Law 96–8, §3. 1.

(3)　Joint Communique Issued by the Governments of the United States and the People's Republic of China (August 17, 1982), as printed in Alan D. Romberg, *Rein In at the Brink of the Precipice: American Policy Toward Taiwan and U.S.-PRC Relations* (Washington, D.C.: Henry L. Stimson Center, 2003), 243.

(4)　Nancy Bernkopf Tucker, *Strait Talk: United States-Taiwan Relations and the Crisis with China* (Cambridge: Harvard Univer-

sity Press, 2009), 151.

(5) Ibid.

(6) Ibid., 148-150.

(7) John Lewis Gaddis, *The Cold War: A New History* (New York: Penguin, 2005), 213-214, note 43.

(8) 胡耀邦「社会主義現代化建設の新局面を全面的につくり出す ── 中国共産党第12回党大会報告(1982年9月1日)」, *Beijing Review* 37 (September 13, 1982), 29.

(9) Ibid., 30-31.

(10) Ibid.

(11) Ibid.

(12) Charles Hill, "Shifts in China's Foreign Policy: The US and USSR" (April 21, 1984), Ronald Reagan Presidential Library (RRPL), 90946 (Asian Affairs Directorate, NSC).

(13) Directorate of Intelligence, Central Intelligence Agency, "China-USSR: Maneuvering in the Triangle" (December 20, 1985), RRPL, 007-R.

(14) "Memorandum to President Reagan from Former President Nixon," as appended to Memorandum for the President from William P. Clark, re: Former President Nixon's Trip to China (September 25, 1982), RRPL, William Clark Files, 002.

(15) George P. Shultz, *Turmoil and Triumph: My Years as Secretary of State* (New York: Charles Scribner's Sons, 1993), 382.

(16) Ronald Reagan, "Remarks at Fudan University in Shanghai, April 30, 1984," *Public Papers of the Presidents of the United States* (Washington, D.C.: U.S. Government Printing Office, 1986), book 1, 603-608; "Remarks to Chinese Community Leaders in Beijing, April 27, 1984," *Public Papers of the Presidents of the United States*, book 1, 579-584.

(17) Donald Zagoria, "China's Quiet Revolution," *Foreign Affairs* 62, no. 4 (April 1984), 881.

(18) Jonathan Spence, *The Search for Modern China* (New York: W. W. Norton, 1999), 654-655.

(19) Nicholas Kristof, "Hu Yaobang, Ex-Party Chief in China, Dies at 73," *New York Times* (April 16, 1989), http://www.nytimes.co

m/1989/04/16/obituaries/hu-yaobang-ex-party-chief-in-china-dies-at-73.html?pagewanted=1.

(20)　Christopher Marsh, *Unparalleled Reforms* (New York: Lexington, 2005), 41.

第15章

(1)　Richard Baum, *Burying Mao: Chinese Politics in the Age of Deng Xiaoping* (Princeton: Princeton University Press, 1994), 231-232.

(2)　ジョナサン・スペンスの指摘によれば，1989年には，「フランス革命200周年，五・四運動70周年，中華人民共和国建国40周年，米中国交正常化10周年」など，いくつかの政治的な記念日が集中していた．Jonathan Spence, *The Search for Modern China* (New York: W. W. Norton, 1999), 696.

(3)　Andrew J. Nathan, "Preface to the Paperback Edition: The Tiananmen Papers—An Editor's Reflections," in Zhang Liang, Andrew Nathan, and Perry Link, eds., *The Tiananmen Papers* (New York: W. W. Norton, 1996), 696.

(4)　Baum, *Burying Mao*, 254.

(5)　Nathan, Introduction to *The Tiananmen Papers*, "The Documents and Their Significance," lv.

(6)　対中関係に条件を付ける試みとしては，人権問題への取り組みを中国への最恵国待遇(MFN)付与の条件としたクリントン政権の例がある．これについては第17章「新たな和解へのジェットコースター——江沢民時代」で詳しく論じる．

(7)　David M. Lampton, *Same Bed, Different Dreams: Managing U.S.-China Relations, 1989-2000* (Berkeley: University of California Press, 2001), 305.

(8)　George H. W. Bush and Brent Scowcroft, *A World Transformed* (New York: Alfred A. Knopf, 1998), 89-90.

(9)　Ibid., 97-98.

(10)　米議会とホワイトハウスは，米国内で中国政府への抗議活動を公然と行った中国人留学生が，帰国後に処罰されることを懸念していた．大統領は，滞在査証の延長申請は好意的に取り扱われると言

明し，議会は，申請を待たずに滞在査証を自動的に延長する措置を検討した．

(11) Bush and Scowcroft, *A World Transformed*, 100.

(12) Ibid., 101.

(13) Ibid.

(14) Ibid., 102.

(15) Ibid.

(16) Lampton, *Same Bed, Different Dreams*, 302.

(17) Bush and Scowcroft, *A World Transformed*, 105-106. 中国の銭其琛外相は回想録の中で，この輸送機に危険が迫ったことはまったくないとして，この証言を否定している．Qian Qichen (銭其琛), *Ten Episodes in China's Diplomacy* (New York: HarperCollins, 2005), 133.

(18) Bush and Scowcroft, *A World Transformed*, 106.

(19) Ibid.

(20) Qian, *Ten Episodes in China's Diplomacy*, 134.

(21) Bush and Scowcroft, *A World Transformed*, 109.

(22) Ibid., 107.

(23) Ibid.

(24) Ibid., 107-108.

(25) Ibid., 107-109.

(26) Ibid., 110.

(27) 鄧小平はごく近いうちに引退するつもりだと述べ，実際に1992年に引退した．もっとも，その後も，影響力のある政策の裁定者と見なされ続けた．

(28) 平和共存五原則は，イデオロギー的傾向の異なる国々の共存と相互不干渉を定めたもので，1954年にインドと中国の協議でまとまった．

(29) 鄧小平は，リチャード・ニクソンが1989年10月に北京を私的に訪れた際にも，彼に同様の趣旨を伝えた．「ブッシュ大統領にこう伝えて欲しい．過去を清算し，米国が主導権を取るべきだ．主導権を取れるのは米国だけだ．米国は主導権を取れる．……中国には主導権は取れない．なぜなら，より強いのは米国であり，より弱いのは中国だからだ．より傷ついたのは中国だからだ．もし，中国がひざまずくことを米国が望んでいるのなら，それはできない相談だ．

もし(中国に対する)制裁が100年間続いても，中国人民は制裁を終わらせるために(米国に)ひざまずくことはできない．……この点に関して中国指導者が間違いを犯せば，彼の失脚は確実だ．中国人民は彼を許さない」．Lampton, *Same Bed, Different Dreams*, 29から引用．

(30) ホワイトハウスの一部高官は，大統領主催の晩餐会に方励之を，彼が批判している中国政府当局者と共に招待することは，必要以上に中国政府を挑発するものだと主張した．彼らは，論議になるかもしれないことを事前に警告しなかったとして，在北京米大使館を非難した．ウィンストン・ロード駐北京大使は方励之を招待者リストに含めることで，中国政府を驚愕させる恐れがあるにもかかわらず，その名前をリストに含める価値のある反体制派だとのお墨付きを，方に与える形となった．

(31) "Cable, From: U.S. Embassy Beijing, To: Department of State, Wash DC, SITREP No. 49, June 12, 0500 Local (June 11, 1989)," in Jeffrey T. Richardson and Michael L. Evans, eds., *Tiananmen Square, 1989: The Declassified History*, National Security Archive Electronic Briefing Book no. 16 (June 1, 1999), Document 26.

(32) Bush and Scowcroft, *A World Transformed*, 99.

(33) U.S. Embassy Beijing Cable, "China and the U.S.—A Protracted Engagement," July 11, 1989, SECRET, in Michael L. Evans, ed., *The U.S. Tiananmen Papers: New Documents Reveal U.S. Perceptions of 1989 Chinese Political Crisis*, National Security Archive Electronic Briefing Book (June 4, 2001), Document 11.

(34) Bush and Scowcroft, *A World Transformed*, 101-102.

(35) 鄧小平がここで言っているのは，ウィンストン・ロード大使のこと．

(36) Qian, *Ten Episodes in China's Diplomacy*, 140.

(37) Bush and Scowcroft, *A World Transformed*, 174.

(38) Ibid., 176-177.

(39) 方励之夫妻は結局，米軍輸送機で中国から英国に向かった．夫妻はその後，米国に移住し，方はアリゾナ大学の物理学教授となった．

(40) Richard Evans, *Deng Xiaoping and the Making of Modern China* (London: Hamish Hamilton, 1993), 304 (quoting Zheng

Ming, Hong Kong, May 1, 1990).
(41) "Deng Initiates New Policy 'Guiding Principle,'" FBIS-CHI-91-215；以下も参照．United States Department of Defense, Office of the Secretary of Defense, "Military Power of the People's Republic of China: A Report to Congress Pursuant to the National Defense Authorization Act Fiscal Year 2000" (2007), 7, http://www.defense.gov/pubs/pdfs/070523-china-military-power-final.pdf.
(42) "Deng Initiates New Policy 'Guiding Principle,'" FBIS-CHI-91-215.

第16章

(1) Richard Baum, *Burying Mao: Chinese Politics in the Age of Deng Xiaoping* (Princeton: Princeton University Press, 1994), 334.
(2) 「武昌，珠海，上海などでの談話の要点(1992年1月18日-2月21日)」『鄧小平文選』第3巻．
(3) 同上．
(4) 同上．
(5) 同上．
(6) 同上．
(7) 同上．
(8) David M. Lampton, *Same Bed, Different Dreams: Managing U.S.-China Relations, 1989-2000* (Berkeley: University of California Press, 2001), xi.
(9) 「武昌，珠海，上海などでの談話の要点」『鄧小平文選』第3巻．
(10) 同上．

第17章

(1) 以下を参照．David M. Lampton, *Same Bed, Different Dreams: Managing U.S.-China Relations, 1989-2000* (Berkeley: University of California Press, 2001), 293, 308.
(2) State Department Bureau of Intelligence and Research, "China: Aftermath of the Crisis" (July 27, 1989), 17, in Jeffrey T. Richardson and Michael L. Evans, eds., *Tiananmen Square, 1989: The*

Declassified History, National Security Archive Electronic Briefing Book no. 16 (June 1, 1999), Document 36.

(3)　Steven Mufson, "China's Economic 'Boss': Zhu Rongji to Take Over as Premier," *Washington Post* (March 5, 1998), A1.

(4)　September 14, 1992, statement, as quoted in A. M. Rosenthal, "On My Mind: Here We Go Again," *New York Times* (April 9, 1993); 声明をめぐる中国と西側の解釈の違いについては以下を参照. Lampton, *Same Bed, Different Dreams*, 32.

(5)　1993年9月27日の国連総会におけるクリントン大統領の演説, *Department of State Dispatch* 4, no. 39 (September 27, 1993)より.

(6)　Robert Suettinger, *Beyond Tiananmen: The Politics of U.S.-China Relations, 1989–2000* (Washington, D.C.: The Brookings Institution, 2003), 161.

(7)　1989年11月, 鄧小平は演説で, 中国は「社会主義を守り, 資本主義への平和的変質は防ぐ」と訴えた. 毛沢東も「平和的変質」には何度も警告を発した. "Mao Zedong and Dulles's 'Peaceful Evolution' Strategy: Revelations from Bo Yibo's Memoirs," *Cold War International History Project Bulletin* 6/7 (Washington, D.C.: Woodrow Wilson International Center for Scholars, Winter 1996/1997), 228.

(8)　「最恵国待遇」という名称は今も使われてはいるが, こうした事情を反映して, 正式には「恒久通常貿易関係」と改称された.

(9)　Anthony Lake, "From Containment to Enlargement," address at the Nitze School of Advanced International Studies, Johns Hopkins University, Washington, D.C., September 21, 1993, from *Department of State Dispatch* 4, no. 39 (September 27, 1993).

(10)　Suettinger, *Beyond Tiananmen*, 165.

(11)　William J. Clinton, "Statement on Most-Favored-Nation Trade Status for China" (May 28, 1993), *Public Papers of the Presidents of the United States* (Washington, D.C.: U.S. Government Printing Office, 1994), book 1, 770–771.

(12)　Ibid., 770–772.

(13)　Lake, "From Containment to Enlargement."

(14)　Suettinger, *Beyond Tiananmen*, 168–171.

(15)　Warren Christopher, *Chances of a Lifetime* (New York:

Scribner, 2001), 237.
(16) Ibid.
(17) Ibid., 238.
(18) Ibid., 238-239.
(19) 例えば「中国と台湾の平和統一の考え方(1983年6月26日)」『鄧小平文選』第3巻.
(20) John W. Garver, *Face Off: China, the United States, and Taiwan's Democratization* (Seattle: University of Washington Press, 1997), 15; James Carman, "Lee Teng-Hui: A Man of the Country," *Cornell Magazine* (June 1995), accessed at http://www.news.cornell.edu/campus/Lee/Cornell_Magazine_Profile.html.
(21) Lampton, *Same Bed, Different Dreams*, 101.
(22) William J. Clinton, "Remarks and an Exchange with Reporters Following Discussions with President Jiang Zemin of China in Seattle: November 19, 1993," *Public Papers of the Presidents of the United States* (Washington, D.C.: U.S. Government Printing Office, 1994), 2022-2025.
(23) Garver, *Face Off*, 92-97; Robert Suettinger, "U.S. 'Management' of Three Taiwan Strait 'Crises,'" in Michael D. Swaine and Zhang Tuosheng with Danielle F. S. Cohen, eds., *Managing Sino-American Crises: Case Studies and Analysis* (Washington, D.C.: Carnegie Endowment for International Peace, 2006), 278.
(24) Madeleine Albright, *Madam Secretary* (New York: Hyperion, 2003), 546.
(25) Robert Lawrence Kuhn, *The Man Who Changed China: The Life and Legacy of Jiang Zemin* (New York: Crown Publishers, 2004), 2.
(26) Albright, *Madam Secretary*, 531.
(27) Christopher Marsh, *Unparalleled Reforms* (New York: Lexington, 2005), 72.
(28) Barry Naughton, *The Chinese Economy: Transitions and Growth* (Cambridge: MIT Press, 2007), 142-143.
(29) Michael P. Riccards, *The Presidency and the Middle Kingdom: China, the United States, and Executive Leadership* (New York: Lexington Books, 2000), 12.

(30)　Lampton, *Same Bed, Different Dreams*, Appendix A, 379-380.
(31)　1997年9月22日「21世紀の中国の経済発展に関する上級セミナー」における朱鎔基の演説と記者への応答，*Zhu Rongji's Answers to Journalists' Questions* (Oxford: Oxford University Press, 2011) (forthcoming), Chapter 5.

第18章

(1)　Richard Daniel Ewing, "Hu Jintao (胡錦濤)：The Making of a Chinese General Secretary," *China Quarterly* 173 (March 2003), 19.
(2)　Ibid., 21-22.
(3)　*Xiaokang* (小康)とは，中国で頻繁に使われている公的な政策用語．2500年前の孔子の言葉から引用したもので，適度の金額の可処分所得がある，中程度の生活レベルを表す．以下を参照．"Confucius and the Party Line," *The Economist* (May 22, 2003); "Confucius Makes a Comeback," *The Economist* (May 17, 2007).
(4)　"Rectification of Statues," *The Economist* (January 20, 2011).
(5)　George W. Bush, "Remarks Following Discussions with Premier Wen Jiabao and an Exchange with Reporters: December 9, 2003," *Public Papers of the Presidents of the United States* (Washington, D.C.: U.S. Government Printing Office, 2006), 1701.
(6)　David Barboza, "Chinese Leader Fields Executives' Questions," *New York Times* (September 22, 2010).
(7)　崔常発，徐明善編，『高層講壇』[*Top-leaders' Rostrums*] (北京，紅旗出版社，2007年) 165-182頁，増田雅之「外交政策のフロンティアを模索する中国 ── 『和諧世界』論の理念と実践」62頁，飯田将史編『転換する中国 ── 台頭する大国の国際戦略』(東京，防衛省防衛研究所，国際共同研究シリーズ，2009年)から引用．
(8)　温家宝 "A Number of Issues Regarding the Historic Tasks in the Initial Stage of Socialism and China's Foreign Policy," 新華社 (February 26, 2007)，増田「外交政策のフロンティアを模索する中国」62-63頁から引用．
(9)　David Shambaugh, "Coping with a Conflicted China," *The Washington Quarterly* 34, no. 1 (Winter 2011), 8.

(10) Zheng Bijian (鄭必堅), "China's 'Peaceful Rise' to Great-Power Status," *Foreign Affairs* 84, no. 5 (September/October 2005), 22.
(11) 胡錦濤「平和が持続し，共に繁栄する調和のとれた世界に向けて」，国連サミットにおける演説(New York, September 15, 2005).
(12) 中国の数霊術で数字の8は吉兆を表す．中国語の方言で8の発音は「繁栄」の発音と同音でもある．
(13) Nathan Gardels, "Post-Olympic Powershift: The Return of the Middle Kingdom in a Post-American World," *New Perspectives Quarterly* 25, no. 4 (Fall 2008), 7-8.
(14) 「第11回駐外使節会議における，胡錦濤と温家宝の講話」中華人民共和国政府のサイトから引用．http://www.gov.cn/ldhd/2009-07/20/content_1370171.html.
(15) 王小東「中国が不機嫌だということを欧米は正視すべきだ」，宋暁軍，王小東，黄紀蘇，宋強，劉仰『不機嫌な中国――偉大な時代，壮大な目標，内部の苦悩と外部の挑戦』(南京，江蘇人民出版社，2009年)，39頁．
(16) 宋暁軍「米国は張り子の虎にあらず，"緑に塗った古いキュウリ"なり」『不機嫌な中国』85頁．
(17) 紛争終結後に平和が訪れると，敵意は消滅することを意味する古い中国の表現．
(18) 宋暁軍「米国は張り子の虎にあらず」86頁．
(19) 同上，92頁．
(20) 同上．
(21) 劉明福『中国の夢――ポスト米国時代の大国思考と戦略的位置付け』(北京，中国友誼出版公司，2010年)．
(22) 同上，69-73, 103-117頁．
(23) 同上，124頁．
(24) 同上，256-262頁．
(25) 一部の専門家は，これらの本で示されている感情は現実のものであり，中国軍エリート層の間で広く共有されているかもしれないが，本の出版はある程度は利潤追求が目的だ，と見ている．刺激的な内容の本はどこの国でもよく売れるのであり，『不機嫌な中国』『中国の夢』といった民族主義的な本は民間の出版社から出版されている．以下を参照．Phillip C. Saunders, "Will China's Dream Turn into America's Nightmare?" *China Brief* 10, no. 7 (Washing-

ton, D.C.: Jamestown Foundation, April 1, 2010), 10-11.
(26)　戴秉国「平和的発展の道を歩む」(北京，中国外交部，2010年12月6日).
(27)　同上.
(28)　同上.
(29)　同上.
(30)　同上.
(31)　同上.
(32)　同上.
(33)　胡錦濤「改革開放政策30周年における講話(2008年12月18日)」，http://www.bjreview.com.cn/Key_Document_Translation/2009-04/27/content_194200.htm.
(34)　戴秉国「平和的発展の道を歩む」.
(35)　同上.

終　章

(1)　クロウは英独双方の問題に通じていた．ドイツのライプチヒで，英国人外交官の父とドイツ人の母親の間に生まれ，17歳で英国に移った．彼の妻も原籍はドイツだが，英王室に仕えていた．クロウは文化的にも家族関係においても欧州大陸と深い関係があった．Michael L. Dockrill and Brian J. C. McKercher, *Diplomacy and World Power: Studies in British Foreign Policy, 1890-1951* (Cambridge: Cambridge University Press, 1996), 27.
(2)　Eyre Crowe, "Memorandum on the Present State of British Relations with France and Germany" (Foreign Office, January 1, 1907), in G. P. Gooch and Harold Temperley, eds., *British Documents on the Origins of the War*, vol. 3: *The Testing of the Entente* (London: H. M. Stationery Office, 1928), 406.
(3)　Ibid., 417.
(4)　Ibid., 416.
(5)　Ibid., 417.
(6)　Ibid., 407.
(7)　Ibid.
(8)　Phillip C. Saunders, "Will China's Dream Turn into America's

Nightmare?" *China Brief* 10, no. 7 (Washington, D.C.: Jamestown Foundation, April 1, 2010), 10 (quoting Liu Mingfu [劉明福] *Global Times* article).

(9) 劉明福,『中国の夢――ポスト米国時代の大国思考と戦略的位置付け』(北京, 中国友誼出版公司, 2010年), 24頁; Chris Buckley, "China PLA Officer Urges Challenging U.S. Dominance," Reuters, February 28, 2010, http://www.reuters.com/article/2010/03/01/us-china-usa-military-exclusive-idUSTRE6200P620100301 を参照.

(10) Richard Daniel Ewing, "Hu Jintao (胡錦濤): The Making of a Chinese General Secretary," *China Quarterly* 173 (March 2003): 29–31.

(11) 戴秉国,「平和的発展の道を歩む」(北京, 中国外交部, 2010年12月6日).

(12) Adele Hayutin, "China's Demographic Shifts: The Shape of Things to Come" (Stanford: Stanford Center on Longevity, October 24, 2008), 7.

(13) Ethan Devine, "The Japan Syndrome," *Foreign Policy* (September 30, 2010), http://www.foreignpolicy.com/articles/2010/09/30/the_japan_syndrome を参照.

(14) Hayutin, "China's Demographic Shifts," 3.

(15) 以下を参照. Joshua Cooper Ramo, "Hu's Visit: Finding a Way Forward on U.S.-China Relations," *Time* (April 8, 2010). Ramo は米中関係を解釈する枠組みとして, 生物学の分野から相互進化の概念を採用した.

キッシンジャー回想録 中国（下）
ヘンリー・A. キッシンジャー

2021年1月15日 第1刷発行

訳 者 塚越敏彦《つかこしとしひこ》 松下文男《まつしたふみお》 横山《よこやま》 司《つかさ》
岩瀬《いわせ》 彰《あきら》 中川《なかがわ》 潔《きよし》

発行者 岡本 厚

発行所 株式会社 岩波書店
〒101-8002 東京都千代田区一ツ橋2-5-5
案内 03-5210-4000 営業部 03-5210-4111
https://www.iwanami.co.jp/

印刷・精興社 製本・中永製本

ISBN 978-4-00-603324-8 Printed in Japan

岩波現代文庫創刊二〇年に際して

二一世紀が始まってからすでに二〇年が経とうとしています。この間のグローバル化の急激な進行は世界のあり方を大きく変えました。世界規模で経済や情報の結びつきが強まるとともに、国境を越えた人の移動は日常の光景となり、今やどこに住んでいても、私たちの暮らしは世界中の様々な出来事と無関係ではいられません。しかし、グローバル化の中で否応なくもたらされる「他者」との出会いや交流は、新たな文化や価値観だけではなく、摩擦や衝突、そしてしばしば憎悪までをも生み出しています。グローバル化にともなう副作用は、その恩恵を遥かにこえていると言わざるを得ません。

今私たちに求められているのは、国内、国外にかかわらず、異なる歴史や経験、文化を持つ「他者」と向き合い、よりよい関係を結び直してゆくための想像力、構想力ではないでしょうか。

新世紀の到来を目前にした二〇〇〇年一月に創刊された岩波現代文庫は、この二〇年を通して、哲学や歴史、経済、自然科学から、小説やエッセイ、ルポルタージュにいたるまで幅広いジャンルの書目を刊行してきました。一〇〇〇点を超える書目には、人類が直面してきた様々な課題と、試行錯誤の営みが刻まれています。読書を通した過去の「他者」との出会いから得られる知識や経験は、私たちがよりよい社会を作り上げてゆくために大きな示唆を与えてくれるはずです。

一冊の本が世界を変える大きな力を持つことを信じ、岩波現代文庫はこれからもさらなるラインナップの充実をめざしてゆきます。

（二〇二〇年一月）